移民の子どもと世代間社会移動

連鎖する社会的不利の克服に向けて

OECD 編著

木下江美／布川あゆみ／斎藤里美 訳

Catching Up?

Intergenerational Mobility and Children of Immigrants

明石書店

経済協力開発機構（OECD）

経済協力開発機構（Organisation for Economic Co-operation and Development, OECD）は、民主主義を原則とする36か国の先進諸国が集まる唯一の国際機関であり、グローバル化の時代にあって経済、社会、環境の諸問題に取り組んでいる。OECDはまた、コーポレート・ガバナンスや情報経済、高齢化等の新しい課題に先頭になって取り組み、各国政府のこれらの新たな状況への対応を支援している。OECDは各国政府がこれまでの政策を相互に比較し、共通の課題に対する解決策を模索し、優れた実績を明らかにし、国内及び国際政策の調和を実現する場を提供している。

OECD加盟国は、オーストラリア、オーストリア、ベルギー、カナダ、チリ、チェコ、デンマーク、エストニア、フィンランド、フランス、ドイツ、ギリシャ、ハンガリー、アイスランド、アイルランド、イスラエル、イタリア、日本、韓国、ラトビア、リトアニア、ルクセンブルク、メキシコ、オランダ、ニュージーランド、ノルウェー、ポーランド、ポルトガル、スロバキア、スロベニア、スペイン、スウェーデン、スイス、トルコ、英国、米国である。欧州連合もOECDの活動に参加している。

OECDが収集した統計や、経済、社会、環境の諸問題に関する研究成果は、加盟各国の合意に基づく協定、指針、標準と同様にOECD出版物として広く公開されている。

本書はOECDの事務総長の責任の下で発行されている。本書で表明されている意見や主張は必ずしもOECDまたはその加盟国政府の公式見解を反映するものではない。

Originally Published in English under the title:

“Catching Up? Intergenerational Mobility and Children of Immigrants”

イスラエルの統計データは、イスラエル政府関係当局により、その責任の下で提供されている。OECDにおける当該データの使用は、ゴラン高原、東エルサレム、及びヨルダン川西岸地区のイスラエル入植地の国際法上の地位を害するものではない。

訳者解説
――移民の親をもつネイティブの統合と世代間社会移動――

本書の位置づけ

本書『移民の子どもと世代間社会移動：連鎖する社会的不利の克服に向けて』は、経済協力開発機構（OECD）が2017年に発表した*Catching Up? Intergenerational Mobility and Children of Immigrants*の邦訳である。

OECDにおける移民をめぐる分析は1970年代より継続的に実施されているが、移民の子どもに特化した検討は2000年代に入ってから着手された比較的新しい課題である。画期となったのは2003年に実施されたPISA調査（生徒の学習到達度調査、Programme for International Student Assessment）であり、ここで初めて多くの国を横断的に把握する統計データが得られたのである。その二次分析として移民の子どもの学力や教育成果に関する課題を引き出し、各国の施策や言語支援プログラムを紹介したのが、2006年の報告書*Where Immigrant Students Succeed: A Comparative Review of Performance and Engagement in PISA 2003*（邦訳『移民の子どもと学力：社会的背景が学習にどんな影響を与えるのか＜OECD-PISA2003年調査 移民生徒の国際比較報告書＞』）である。その後、ネイティブの子どもと比較した移民の子どもの学力の低さ、その要因を検討し、ここにみられる差を社会経済的帰結をともなう「格差」として議論した報告書*Closing the Gap for Immigrant Students: Policies, Practice and Performance*（邦訳『移民の子どもと格差：学力を支える教育政策と実践』）が2010年に発表された。OECDでは移民の社会統合についてさまざまな観点から検討を重ね、年次報告書『国際移民アウトルック（*International Migration Outlook*）』が毎年発表されている。移民の子どもに焦点を当てた報告書としては、2015年に*Immigrant Students at School: Easing the Journey towards Integration*（邦訳『移民の子どもと学校：統合を支える教育政策』）が発表された。これらの研究の基盤には、前述したようにPISA調査から得られたデータがある。そのため、「公共政策としての教育政策」（斎藤, 2016: 223）として各国の教育システム・制度の成果を検討するためのひとつの視角として移民の子どもの状況が検討されている。同時に、移民の子どもに焦点を当てることによって、各国の教育システム・制度の評価がおこなわれたともいえる。

これまで、OECDにおける移民の子どもをめぐる議論では、親の出自に注目しながら親の一人以上が受け入れ国（本書の概念では現居住国）で生まれた「ネイティブの子ども」、両親が外国で生まれた「移民の子ども」というグループを設定して検討を重ねてきた。さらに、「移民の子ども」

は、本人の移民経験に応じて「移民1世の子ども（両親も本人も外国生まれの子ども）」と「移民2世の子ども（両親は外国生まれだが本人は現居住国生まれの子ども）」に区分して議論されてきた。昨今では、移民に関するOECDとEUとの共同プロジェクトにおいて、移民のグループをより詳細に設定するようになってきている（OECD, 2017: 5）。これに対し、今回の報告書では、現居住国で生まれた人びとをすべて「ネイティブ」とし、そのうえで親世代の国境を越える移住経験に照らして「ネイティブ」のカテゴリを区分している。そのため、本人にも移住経験のある子ども世代（従来の「移民1世の子ども」）は本書での検討に含まれていない。このもとで、親世代から子ども世代にかけての教育や就労といった観点からみた世代間社会移動が本書のテーマの中核に据えられている。グループ設定の変化が示唆する本書の問題関心について、以下では特徴をまとめながら論点を探ってゆく。

キー概念からみた本書の特徴

本書では、教育と就労に関する親世代の経験と子ども世代の経験をつなげ、そのあいだにみられる変化を世代間社会移動としてとらえている。とくに第3章と第4章で議論されているように、子ども世代については達成した最終学歴や就労・就業の状況が親世代の経験との関係で論じられており、これまでの15歳時点での「移民の子ども」を対象にした報告書に比べて長期的な成果が論点になっている。こういった関心のもと、OECDにおけるこれまでの「移動（mobility）」概念が空間的な移動をさしていたのに対し、本書においてはこれが世代間の社会移動（階層の変化）をさしている。その際、主な対象として現居住国で生まれた子ども世代に着目し、親世代の移住経験によってこれを3つの「ネイティブ」として整理している。このグループとは、「現居住国で生まれた親をもつネイティブ」「EU圏内で生まれた親をもつネイティブ」「EU圏外で生まれた両親をもつネイティブ」である。親世代は、出生地（現居住国、EU圏内、EU圏外）に照らし、その移住経験を区別したうえで把握されている。

第1のグループ「現居住国で生まれた親をもつネイティブ」とは、両親または親の一人が現居住国生まれである子どものことである。両親の出生国が異なる場合であっても、親の一人が現居住国生まれであれば、もう一人の親の出生国が問われることはない。第1のグループに対置するのが第2と第3のグループで、本書ではこれらを包括的に「移民の両親をもつネイティブ」、「移民背景をもつネイティブ」、「外国生まれの両親をもつネイティブ」などと呼んでいる。うち、第2のグループ「EU圏内で生まれた親をもつネイティブ」には、EU圏内で生まれた親を少なくとも一人もつ子どもが含まれている。EU圏内で生まれた親とEU圏外で生まれた親をもつネイティブは、この第2のグループに含まれる。第3のグループは、「EU圏外で生まれた両親をもつネイティブ」である。親の出生国がともにEU圏外であることを満たすことが要件であるため、このグループについてのみ「両親」という訳語を当てている。このように本書では、現居住国生まれの子ども世代をすべて「ネイティブ」としたうえで、その親の世代については出生国が現居住国か（「現居住国で生まれた親」）、外国か（「EU 圏内／圏外で生まれた（両）親」「移民の両親」など）によって区別した検討をおこなっている。「移民の両親」については、その出生国がEU 圏内であるかEU 圏外であるかに留意することが必要だということである（第３章ではヨーロッパ経済圏（EEA）の内外で区分している）。これは、後述するように、子ども世代の教育や就労における成果がEU 圏内で生まれた親をもつネイティブとEU 圏外で生まれた両親をもつネイティブの場合で大きく異なっている、いわば「統合」をめぐる課題が異なっていることによる。

このように本書では、検討対象のグループや研究枠組みを設定するにあたって、現居住国生まれの子ども世代をすべて「ネイティブ」としたうえで、親世代が「現居住国生まれ」か、「外国生まれ」（「移民」）かという点でまず区別をおこない、続けて「移民」を出生国に照らして「EU 圏内」と「圏外」に区別して検討している。ただし、第３章と第４章を中心とする具体的な考察においては、第３のグループ「EU 圏外で生まれた両親をもつネイティブ」が直面する教育や労働といった現場での困難や格差が批判的に取り上げられている。こういった実際の社会状況、そして統計分析の結果に照らし、第２・第３のグループには「移民の両親をもつネイティブ」内であってもそれぞれ異なった課題が引き出され、焦点化されている。これには、次節で述べるようにヨーロッパにおける「統合」への関心やその問題化の方法が関係していると思われる。たとえば、「EU 圏内で生まれた親をもつネイティブ」の学歴が「現居住国で生まれた親をもつネイティブ」の学歴を上回るといった事例（第３章）では、人の自由な移動を保障・推進してきたEU の政策が、EU 圏内を移動する人びと――本書でいう移民の両親をもつネイティブ、そのなかでもEU 圏外で生まれた両親をもつネイティブ――の経済的成果や教育成果といった観点に照らして成功していることを裏づけるものである。そのため、この文脈では、第２のグループの「統合」は受け入れ国にとって「問題」として浮上しないということになる。ここには、OECD やEU に特有の関心が反映されている。

この「ネイティブ」の３つのグループが採用された経緯として、本書が指摘するのは、従来のOECD ないしPISA 調査の定義のもとで「移民２世の子ども」ととらえられていた人びとが享受できる機会は、予想されているほど楽観的ものではない、という問題である。いいかえれば、「移民２世の子ども」は社会移動に関して依然として困難を抱えている、ということである。こういった問題を受け、本書では、これまで十分には検討されてこなかった移民の世代間社会移動について、先行研究を検討したうえで、とくに教育（学歴）と就労（労働市場）に即して考察している。ここでは、親の出生国、学歴、職業などが視角として採用され、子ども世代への関連が精査されている。

主な知見をみてみよう。まず、親の達成した学歴が同程度であっても、親の移民背景によって、子どもの教育や労働市場の成果にそれぞれ異なるかたちで影響を与えている。しかし同時に、親の移住経験よりも親の達成した学歴のほうが、子どもの学歴により大きな影響を与える、ということも指摘されている。これは、とくに母親に特化した議論で強く論じられている。母親の学歴、労働市場への参加状況は、子どものPISA調査の得点と労働市場への参加に大きな影響を与えるというのである。EU諸国の多くで教育や職業面での成果において移民が困難を抱えているその要因として、本書では「まったく教育を受けた経験のない」母親の割合が高いことをあげている。EU圏外で生まれた両親をもつネイティブの場合、まったく教育を受けた経験のない母親をもつネイティブが15%と、その他2つのネイティブグループの5倍にのぼることが明らかにされている（本書第4章）。これまでもEU諸国では移民の親（とりわけ父親）の学歴が低いことが知られてきたが、本書ではまったく教育を受けた経験のないEU圏外出身の母親の存在に着目し、EU圏外で生まれた両親をもつネイティブの「スタート地点」に大きな困難があることを可視化している。

これまでのOECDによる「移民の子ども」を主題に据えた報告書では、PISA調査の得点に象徴される学力や帰属意識など、移民の子どもの学校での成功に関して検討を重ねてきた。これにくわえ、本書では、学校段階だけでなく、学校から仕事への移行過程（移行期）や労働世界（就労の困難さ）について論じている。学校教育の経験と労働市場での成功が継続したライフコースのうえで論じられるなど、調査・研究デザインのうえで両者の関係は緊密に設定されており、「子ども」への関心が縮小したというよりはむしろ論点を拡張し、より広い文脈に置いたものとみなせよう。

本書に対する考察

EUにおける統合問題

本書でとられている「移民2世の子ども」を「移民」としてではなく「移民の両親をもつネイティブ」として位置づける調査枠組みの背景には、先述したように調査の主な舞台となっているEU諸国ないしEEAの社会構造とその把握の仕方が大きく影響しているものと考えることができる。本書で取り上げられているOECD諸国やEU諸国には、それぞれ特徴的な移民史がある。大別すると、近代国家としての国の成立過程から「移民国家」としてのアイデンティティをもっている国（アメリカ、カナダ、オーストリアなど）、第2次世界大戦後に旧植民地からの移民を受け入れてきた歴史のある国（フランスなど）、あるいは戦後の労働移民の限定的な受け入れからエスニックな社会構造が変化し、「移民国家」として自認せざるを得ない現実に向き合うに至った国（ドイツなど）などがある。こういった各国では、公共政策を整備し、市民または住人の福祉を保証するにあたり、多様な背景をもつ人びとへの対応が課題となってきた。そこでは、民族・ネイションとしての国民を想定するのみならず、新たにやってきた人びとと、数世代前にやってきた人びとの後続世代をも想定することが必要であった。国境を越える人の移動がさらに激しくなり、複雑化・多様化した今日では、この必要はますます高まっている。

この過程で、国外からやってきた人びとは、「外国人」から「移民」へと社会的・制度的な認識のうえでの位置づけが変更されるようになった。移民はさまざまな分野で市民権を享受できるようになってきている。そこでは、もはや「外国人問題」ではなく、「移民背景をもつ人びと」の「統合」が社会的・政治的な課題として議論されている。「統合」が、直近になってやってきた「外国人」としての「移民」のみならず、引き続き「移民2世」「移民3世」と呼ばれ当該の国で生まれ育った人びとをも含めた社会の課題としてとらえられていることがここで示唆される。いいかえれば、多様な移民背景それぞれに特有の課題やありように関心を寄せるのではなく、いったん現居住国で生まれた人びととして包摂的に定義したうえで、共通に存在する「統合」の問題を検討すべく、移民背景の中身に分け入るようなグループの設定がなされているといえる。

「統合」は、まさにOECDの共同プロジェクトのパートナーであるEUにおいて、「移民の受け入れ」のありかたと並んで大きなテーマとなっている（ただしその意味するところは国や行為主体によりさまざまである）。たとえば、2014年以降大規模な難民の受け入れを経験しているドイツでは、「難民の受け入れ」は「統合」と同時に論点となっている。本書における「統合」の議論では、各国とその制度は移入してくる人びとの「受け入れ国」として人の移動のダイナミズムのなかに位置づけられるのではなく、移住してきた人びとが暮らす「居住国」として、制度としての安定やその効果が追求されている。こういった課題を引き取った本書では、移民の移動・移入過程や移動後の課題を中心に置くという、人びとの「移動」行為を中心に据えた枠組み（伊豫谷, 2007）をとるのではなく、移民を受け入れ、移民背景もつ人びと・もたない人びとが暮らす「居住国」の現状と課題を析出している。これは、公共政策ひいては「制度」のありかたを中心に据えた研究枠組みをとっているものとみなせる。

移民に関するグループ設定の可能性と課題

本書の特徴として述べたように、本書では「統合」を議論の基盤に置いたうえで、従来「移民2世の子ども」としてきた現居住国生まれの人びとを、移民背景をもつ「ネイティブ」とみなしている。これにより本書では、「移民」としてラベリングすることによって生じるステレオタイプ化を批判する立場をとっている（第2章49頁）。すなわち、移民経験をもつ親のいる現居住国生まれの人びとに、「移民」という特性が継続的に――ともすれば「遺伝」のように――もたらされるというイメージを回避し（第1章注3）、現居住国・社会で生まれた一員・成員としてとらえ、そのうえで世代間で継続する課題や困難について検討しようという態度がここにはある。こういった立場は、移動の大きな現代社会において、現時点での社会の構成員を平等に含みこんだうえで安定的な「統合」や人びとの福祉のありかたを考えるための基盤をつくることに一役買うであろう。そしてまた、近代国民国家に割り当てられた固定的・本質論的な文化イメージに人びとを結びつけず、個人のなかの多様性を文脈や状況に応じて認めるような人間観につながるきっかけともなりうるだろう。

とはいえ、この枠組みにも限界がないわけではない。ひとつには、「ネイティブ」というグループを設定して「移民」を自動的に継続する特性とはみなさないという立場をとっているものの、「ネイティブ」と対になるグループとして、引き続き「移民」が採用されている。これは、本書でも散見する「移民背景をもつ」「もたない」という表現にもみてとれる。皮肉にも、まさにこのことによって、新たなステレオタイプ化、ひいてはスティグマ化を呼び起こしてしまう可能性がある。すなわち、人びとの多様性（たとえば年齢、ジェンダー、階級、趣味嗜好など）のなかのひとつの要素「移民背景」に矮小化した見方を支持するものになりかねない。これは、「移民背景」概念を中心に据えて統合を追求するドイツにおいて、さまざまな研究で指摘されてきた課題でもある（たとえば Akbaba, 2013）。また、先に述べたようにヨーロッパ諸国の内外で「移民」であるか否かを区切る枠組みにより、EU 内の人の移動の成果は特定の観点から積極的に描けるものの、EU 内外を分断するような言説、EU をひとつの「文化共同体」のように仮想的に位置づけてしまうことにもつながりかねず、注視が必要であろう。

この点と重なりながら、もうひとつ、「統合」を基盤に据えるにあたって現住民を大きく「ネイティブ」ととらえ、包摂する態度をとった一方で、それらの人びとにそもそもそなわった多様性や直面している個別の課題がかえってみえにくくなるという問題がある。親世代の移住経験によるグループ分けは採用されており、今回のカテゴリは結局のところ人びとの移住経験をつぶさにみる作業に対してどのような違いや新たな貢献があるのか、という問題がある。たとえば移住時の年齢や教育経験を踏まえて 1.5 世などにさらに細分化することで初めて浮き上がる課題（三浦 , 2015）や、世代のなかで引き継がれる課題を明らかにするべく 3 世や 4 世の人びとをエスニックマイノリティとして位置づけ、かれらの教育実践や社会実践から照射されたマジョリティや制度の課題を焦点化する試み（森 , 2016）がある。これらの研究では、質的調査の手法がとられ、エスニシティや世代経験に着目し、特定の移民背景をもつ人びとが置かれている状況やかれらが抱える困難を問題化している。これらの研究アプローチの仕方と、本書の「ネイティブ」という包摂的な観点がどのようにつながりうるのか、議論の余地があるだろう。「統合」という政策目標と多様性とのつながりなど、多様な背景をもつ人びとをどのような定義のもとカテゴリ化し、何をどのように「問題化」していくのか、より一層の自覚化が求められている。

移民の母親と世代間社会移動

本書第 3 章では子ども世代の学歴について、とくに親の達成した学歴から検討をおこなっている。ここでは、母親の学歴が、子どもの試験の得点や学歴に大きな正の影響を与えることが論じられている。また第 4 章では労働市場における子ども世代の成果について、親の学歴、親の就業の有無から分析がなされている。ここでは移住経験のある母親がどのような学歴を達成したのか、また調査対象となっているネイティブが 14 歳だったときに母親が働いていたかどうかが、成人した後のネイティブ、とくに娘の労働市場での成果（就業率の高さ）に大きな影響を与えることが論じられている。第 3 章と第 4 章の共通の知見として、移民の世代間社会移動を促進させるためには母親がキーとなることが示唆されている。

しかし第 3 章での議論では、母親自身の現居住国での生活状況は考慮されていない。そのため、これらの知見は、ややもすると学歴の高い母親自身のライフコースや就労経験を移民の世代間社会移動の成功要因に置くことになり、これらが子どもの上昇移動の糧としてのみ、みなされてしまいかねない。これは、ともすると移民の母親に子どもの学習支援を職務として割り当て、子どもをもつ移民女性の労働市場や社会へのアクセスを閉ざしてしまうような言説に陥りかねない。また、母親役割などのほかに移民女性自身の社会とのかかわりをどう見据えながら枠組みを作るのかという課題も残されていよう（移民女性の社会参加については、たとえば丸山（2016）を参照）。さらには、これらの指摘はなにより（学習・学力面を含めた）子どものケアを女性に割り当てるような近代家族規範を再生産あるいは復古的に肯定することにもつながりかねない。

ドイツを事例にした先行研究からは、移民の子どものほうがドイツ人の子ども（本書でいう「現居住国生まれの親をもつネイティブ」に該当）よりも母親を重要な存在だと考えており、正式な婚姻関係にある両親のもとで、より多くのきょうだいのなかで、専業主婦の親によって育てられることを重視していることが明らかにされている（小玉, 2016）。しかし本書では調査対象であるネイティブが14歳だったときに、母親が就労していた場合、成人したネイティブの就業率が高いことが明らかにされており、働く母親の姿を見せることが、労働市場での統合を促進させることが強調されている。むしろ専業主婦は労働市場での統合を阻害する要因として位置づけられている。労働市場における統合を促進する人的資源として、移民の母親が注目されており、その過程で移民の親がもつ価値規範や、移民の母親の自己実現といった観点は捨象されてしまう。「統合の駒」として移民の母親を位置づけるそのまなざしは、とくに政策的関心を呼び起こす機能を果たすOECD報告書として細心の注意をもって読み解く必要があると思われる。

本書では、親世代の移住経験によって子ども世代を3つのネイティブにグループ分けして整理し、とくにEU圏外生まれの両親をもつネイティブの教育・就労面での困難が大きいことを明らかにしてきた。さらに、移民背景をもつネイティブの困難さは排除や差別と隣り合わせであることを示唆している。本書が、社会を構成する一員としてのネイティブのあいだにみられる違いを社会的な問題としてとらえ、議論する一助となれば幸いである。

2018年8月

木下江美／布川あゆみ／斎藤里美

参考文献・資料

Akbaba, Yaliz/ Karin Bräu/ Meike Zimmer (2013) Erwartungen und Zuschreibungen. Eine Analyse und Kritische Reflexion der bildungspolitischen Debatte zu Lehrerinnen und Lehrern mit Migrationshintergrund. In: Bräu, Karin/Viola B. Georgi/Yasemin Karakaşoğlu/Carolin Rotter (Hrsg.) (2013) *Lehrerinnen und Lehrer mit Migrationshintergrund. Zur Relevanz eines Merkmals in Theorie, Empirie und Praxis.* Münster: Waxmann, S. 37-57.

伊豫谷登士翁編著（2007）『移動から場所を問う：現代移民研究の課題』有信堂

OECD (2007)『移民の子どもと学力：社会的背景が学習にどんな影響を与えるのか＜ OECD-PISA2003 年調査 移民生徒の国際比較報告書＞』斎藤里美監訳、木下江美・布川あゆみ訳、明石書店 (OECD, *Where Immigrant Students Succeed: A Comparative Review of Performance and Engagement in PISA 2003*, OECD Publishing, 2006)

OECD (2011)『移民の子どもと格差：学力を支える教育政策と実践』斎藤里美監訳、布川あゆみ・本田伊克・木下江美訳、明石書店（OECD, *Closing the Gap for Immigrant Students: Policies, Practice and Performance*, OECD Publishing, 2010)

OECD (2017)『移民の子どもと学校：統合を支える教育政策』布川あゆみ・木下江美・斎藤里美監訳、三浦綾希子・大西公恵・藤浪海訳、明石書店（OECD, *Immigrant Students at School: Easing the Journey towards Integration*, OECD Publishing, 2015)

OECD (2018)『世界の移民政策 OECD 国際移民アウトルック（2016 年版）』徳永優子訳、明石書店（OECD, *International Migration Outlook 2016*, OECD Publishing, 2016)

小玉亮子「ジェンダーと市民性：多様化するドイツ社会と家族」佐藤学［ほか］編『グローバル時代の市民形成＜岩波講座 教育 変革への展望７＞』岩波書店、217-239 頁

斎藤里美（2016）「移民の教育と学力問題を分析する視角：OECD 移民調査の評価指標とその意味」園山大祐編著『岐路に立つ移民教育：社会的包摂への挑戦』ナカニシヤ出版、209-223 頁

丸山英樹（2016）『トランスナショナル移民のノンフォーマル教育：女性トルコ移民による内発的な社会参画』明石書店

三浦綾希子（2015）『ニューカマーの子どもと移民コミュニティ：第二世代のエスニックアイデンティティ』勁草書房

森千香子（2016）『排除と抵抗の郊外：フランス＜移民＞集住地域の形成と変容』東京大学出版会

序　文

社会移動は包摂的な経済と社会をつくりだすうえで重要な政策の対象である。多くの移民が今よりも高い収入を得るようになる過程で何らかの困難に直面しているということは、驚くにはあたらない。移民は、社会移動に関わる数多くの障壁を乗り越えてきている。この障壁は多岐にわたるが、異なった環境で育ち、異なった教育システムのもとで教育を受け、さらには現居住国や社会で用いられている言語といった、現居住国生まれの人びとが駆使できるものをもたないといった事実に照らし、社会移動に伴う困難を挙げることができる。しかし、少なくとも移民の親をもつ現居住国生まれの子どもにとってはこれらの障壁はもはや消失しており、社会移動に関して他の子どもと同じ機会を享受しているのでは、という期待をもつ人もいることだろう。だが、多くのOECD諸国、とりわけヨーロッパにおいて、移民の親をもつ現居住国生まれの子どもが、現居住国生まれの親をもつ子どもに比べ、現在でもずっと不利な状況にあることを示唆する証拠は枚挙にいとまがない。こういった事態は、移民の親をもつ子どもがますます増え続けているなか、その統合が社会的結束や経済的成功にとって決定的な意味をもつために、とくに憂慮されている。

このような背景に立ち向かうため、OECDはヨーロッパ連合（EU）の支援を受け、親の背景から受ける不利と教育成果や労働市場での成果との関連について、親世代と子ども世代とを移民背景に照らして比較しながらEU諸国とOECD諸国での状況を分析した。本書は、まさに現在進行形のEUとOECDによる豊饒な共同作業の成果をまとめたものである。ここには、政策立案に関する重要な知見や教訓が含まれている。その中心には、移民の親が現居住国や社会で十分かつ自立して活動できるように手助けをすることが、移民自身にとって重要であるのみならず、その子どもの教育成果を向上させるためにも重要な前提条件である、というメッセージがある。

本書では、親が移民か、それとも現居住国生まれかといった違いによって観察される教育成果や労働市場での成果に関する途方もない格差が、子どもの世代では縮小しているという良い報告を読みとることができる。さらに、移民の両親をもつ子どもについて詳細に見てみると、いくつかのグループ――ヨーロッパ内部での移動の自由によるEU市民、北米出身者やアジア出身の親をもつ子どもを含む――が、現居住国生まれの子どもよりも高い上方移動を成し遂げていることも報告されている。しかし同時に、EU圏外で生まれた両親をもつ子どもが同じようなサクセスストーリーをもつことができないような障壁も引き続き立ちはだかっている。こういった子どもは、同程度の社会経済的背景のもとであっても、現居住国生まれの親をもつネイティブに比べ、上方移動が起こりにくいのである。外国生まれの両親をもつ子どもにはさまざまなグループがあるが、これらの子どもがもつチャンスに関してあまりにも大きな差があるために、密接な政策的関心をもつことが求められている。そのため、本書では、さらなる政策的アクションと新しい政策的イニシアティブが必要であると考えている。

移民の親を統合するための投資は、その統合を成功に導くためにも重要であり、これを通じて世代間ペイオフを実現できるようになる。移民の統合は、長期的投資としてみなされるべきである。これによってこそ、移民自身、そしてその子どもの能力に分け入ることができるのである。ここで鍵となる役割は、移民背景をもつ母親によって担われている。母親は、現在の統合に向けた政策的努力のなかでも、とくに家族統合によって受け入れ国にやってきている場合、無視されることの多い存在である。

ヨーロッパ委員会
雇用・社会統合局長
バーバラ・カウフマン
(Barbara Kauffmann)

経済開発協力機構（OECD）
雇用・労働・社会問題局長
ステファノ・スカルペッタ
(Stefano Scarpetta)

謝　辞

本書はOECD国際移民部局（International Migration Division）による報告書である。作成にあたっては、EUの雇用・社会的イノベーションプログラム（European Union Programme for Employment and Social Innovation）「EaSI（2014-2020）」からの財政的支援を得た。本書はThomas Liebig、Almedina MusicとDimitris Mavridisが国際移民部局のメンバーからの協力を得て原稿を作成した。Laurent Aujean、Francesca Borgonovi、Jean-Christophe Dumont、Stefano Filauro、そしてSonia Jemmotteの各氏から、またDG-EMPLおよびDG-HOMEの政策担当者からもコメントを得た。

本書に示された見解や論述は、OECD諸国およびEUの公式見解を反映したものではない。

移民の子どもと世代間社会移動

連鎖する社会的不利の克服に向けて

目　次

図表の一覧

――第 1 章　移民の親をもつネイティブの世代間社会移動とその概観

――第 2 章　移民の親をもつ子どもと世代間社会移動に関する先行研究の検討

――第 3 章　教育における世代間社会移動

要約

- ほとんどのEU諸国において、移民の両親をもつネイティブは、現居住国で生まれた親をもつネイティブに比べ、学歴と学習成果が低い。これはとりわけ、過去に学歴の低い移民を大規模に受け入れた経緯のある国にみられる現象である。

- 外国で生まれた両親をもち自身は現居住国で生まれたネイティブは、国を問わず実質的に増え続けている。EUでは、こういった人びとは15歳から34歳までの若者の9%を数えるが、15歳未満の子どもに限ってみてみると11%にのぼる。

- 移民の両親が現居住国で暮らした年数は、子どもの教育成果にポジティブな影響を与えている。これは、大きくは親の言語スキルが長い年月を経て向上していることによる。さらにいえば、とくに幼い子どもの場合、親の言語スキルの高さが子どもの教育成果に良い影響を与えている。

- 移民の両親は概して高い教育アスピレーションをもっている。しかし、教育アスピレーションが教育面での上方移動を支える一方で、アスピレーションだけでは効果が十分だとはいえない。これはとくに、教育に関する目標をどのように達成するかに関する支援体制や知識が不十分な場合にあてはまる。

- 幼児教育が広範に整備されており、質が高く、隔離が生じていなければ、教育による世代間社会移動を強く促進することができる。

- 親の学歴が同程度のとき、EU圏外で生まれた両親をもつネイティブは、現居住国で生まれた親をもつネイティブに比べ、高等教育を選択する可能性が4パーセントポイントほど低い。

- ヨーロッパの多くの国において、学歴の低い移民の両親をもつネイティブは、学歴が低く現居住国で生まれた親をもつネイティブと比べた場合、後期中等教育や高等教育を修了する可能性が低い。

- それでも、世代が進むにつれ、最終的な学歴は収束してゆく傾向にある。ヨーロッパにおけるOECD諸国を平均すると、移民の両親をもつネイティブは、親に比べて1.3年ほど長く学校に通っている。現居住国で生まれた親をもつネイティブの場合、この差は0.7年ほどである。親世代についてみてみると、ネイティブと移民のあいだの就学年数にはおよそ1.2年分の差がある。子ども世代では、この差は0.7年分へと縮小している。

- 就学システムは、現居住国で生まれた親をもつ子どもについては逆境に負けないレジリエンスをもつ子ども（不利な背景にもかかわらず高いパフォーマンスを示す子ども、すなわち「オッズに抗して成功する」子どもとして定義される）を生み出しており、移民の両親をもつ子どもの将来の可能性を高めている。これによってレジリエンスが獲得されている。

- EU圏内で生まれた親をもつネイティブは、世代の進行にともなう上方の社会移動がきわめて高い。親が達成した学歴の程度を問わず、EU圏内で生まれた親をもつネイティブは、現居住国で生まれた親やEU圏外で生まれた両親をもつネイティブよりも就労率が高い。

- ヨーロッパでは、親の学歴が高い場合、現居住国で生まれた親をもつネイティブに対してよりも移民の両親をもつネイティブのほうが労働市場でのチャンスが小さくなる。就労については、EU圏外で生まれた学歴の低い両親をもつネイティブは、現居住国で生まれた学歴の低い親をもつネイティブと同等の可能性をもつ。しかし、中等教育を受けた親をもつ場合、現居住国で生まれた親をもつネイティブの就業率は10パーセントポイントほど高くなる。EU圏外で生まれた両親をもつネイティブであれば、この上昇は5パーセントポイント程度にとどまる。この傾向は、高等教育を受けた親をもつ場合についてもほぼ同様である。

- ヨーロッパでは、EU圏外で生まれた両親をもつネイティブと現居住国で生まれた親をもつネイティブに関する雇用をめぐる差は、学歴を考慮すると縮小している。このことは、その人自身の受けた教育が、EU圏外で生まれた移民の両親をもつネイティブにとっては、現居住国で生まれた親をもつネイティブと比べ、労働市場での統合を強力に推進していることを示唆する。EU圏外で生まれ、学歴の低い両親をもち、自身も学歴の低いネイティブは、現居住国で生まれた親をもつネイティブと比べて就労率が8パーセントポイントほど低くなっている。この差は、学歴にのみ着目したときの約半分である。

- EU圏外で生まれた両親をもつネイティブについてみてみると、実に15%の母親は、いかなる教育課程修了証も有していない。この割合は他のどのグループの割合と比べても5倍にのぼる。EU圏外で生まれた両親をもつネイティブに関し、教育を受けていない母親の多さが際立っていることは、こういったネイティブがより困難な「スタート地点」に立っていることを示唆する。このスタート地点は、労働市場でのパフォーマンスの低さを部分的にではあるが説明するものである。

- 現居住国で生まれた親をもつネイティブと比べ、移民の母親の労働市場への参入は、移民の両親をもつネイティブの成果に対して重要な影響をもっているとみなせる。これは男女ともにあてはまるが、女性に関してとくに強く関連している。

- EU 圏外で生まれた両親をもつネイティブは、EU 圏内で生まれた親または現居住国で生まれた親をもつネイティブよりも職業面での上方移動を経験しにくい。それでも、後者２つのグループにあるネイティブの約３分の１が職業階層の上昇をめざしている。EU 圏外で生まれた両親をもつネイティブについてみてみると、父親の職業世界で必要とされるスキルよりも高いスキルを要求する職業に携わることを希望している人びとはわずか５分の１にとどまる。

- 経済的な脆弱さが世代の進行とともに広まる傾向は、ネイティブの各グループに共通している。子ども期の経済状況は貧困や経済的困窮を大きく予言するものではあるが、この関連は学歴を考慮に入れると消失する。このことから、子ども期を過ごす家計の経済状況は将来のライフチャンスに大きな影響を与えるが、子どもがより高い教育を受けるチャンスによって影響が変わることが示唆される。

- 多くの OECD 諸国では、公共部門で移民の両親をもつネイティブの雇用を促進する政策をとっている。情報・広告キャンペーンから広範な政策に至るまで、公的部門の雇用主にとりわけ移民の両親をもつ子どもを対象としたグループの雇用努力を義務づけるツールは多岐にわたる。

第 1 章

移民の親をもつネイティブの世代間社会移動とその概観

本章では、EU 諸国や OECD 諸国に住む移民が親として置かれている不利な立場と、将来にわたる子どもの成果との関連を分析している。欧州委員会出資の OECD プロジェクトの主な調査結果をまとめたものである。

第1章

はじめに

すべての人に等しく機会を保障し、上方の社会移動を推進することは、包摂的な社会をめざすうえできわめて重要な政策目標である。このような文脈においてとくに注目を集めるグループは、増え続けている移民とその子どもである。またこれらの人びとは、EU 諸国および OECD 諸国の人口の重要な構成要素である。移民とその子どもは、複数の不利な立場に立たされているが、絶対的な面と相対的な面の両方において移民が置かれている不利な立場が世代間で引き継がれてしまうこと、また現居住国生まれの移民の子どもがレジリエンスを獲得できる条件を把握することは、経済成長と社会的結束の推進をめざし、エビデンスに基づく政策を構築するうえで重要である。これは、学校を中退する子どもの数を減らし、就業率を向上させるという EU 諸国の目標の達成にとっても重要なことである。本報告書は、経験的研究の成果や国家間比較分析を基に、これらの問題を扱うことをめざしている。

概要を説明する本章では、第３章（教育に関する章）および第４章（労働市場に関する章）でも詳しく述べるように、これまでの研究で明らかとなった調査結果と、既存の研究（第２章）による広範囲な概説をまとめている。本章ではまた、特定の国および移民の子どものグループに関する国別の OECD 報告書（OECD, 近刊 a）による背景報告から得られた知見についても述べている。

本報告書では外国生まれの両親をもつ現居住国生まれの人びとに焦点をあてているが、これらの人びとの数は、拡大が続いている。EU 諸国では、このような人びとが 15 歳から 34 歳までの若者全体の 9% を占めているが（図 1.1 参照）、15 歳未満の子ども全体ではすでに 11% を占めている [1]。

両親が外国生まれであっても、親が EU 圏内の国で生まれた場合と、EU 圏外の国で生まれた場合の区別が重要となる。これは、この２つのグループがその特性や社会統合の可能性において異なるからである [2]。実際のところ、これら２つのグループの子どもの将来にわたる成果には顕著な違いがある。さらに、外国生まれの両親をもつすべてのネイティブのうち、これら２つのグループの分布は EU 諸国間で大きく異なり、EU 圏外の国で生まれた両親をもつ若者の割合は、イギリスとポルトガルでは 90% 以上、ルクセンブルクでは 10% 未満となっている（図 1.2 参照）。後述するように、EU 圏外で生まれた両親をもつ子どもは、世代間社会移動や社会経済的成果に関して、EU 圏内で生まれた親をもつ子どもよりも多くの困難に直面している。

同時に、先行研究からは、移民の両親をもつ現居住国生まれの人びと [3] が不利な立場に置かれていることが明らかとなっている（OECD, 2010; OECD/European Union, 2015）。とくに、ヨーロッパのほとんどを占める OECD 諸国では、現居住国生まれの親をもつ者と比べて学歴と雇用面における成果が低く（図 1.3）、これは、過去に低学歴の移民を大規模に受け入れた国々で顕著である。しかし、これにはいくつかの例外が存在し、高学歴で専門職に就いている移民の親をもつ現居住国

図 1.1　移民の親をもつ若者の割合
（本人の出生国および親の出生国別、OECD 諸国の 15 ～ 34 歳）（2014 年）

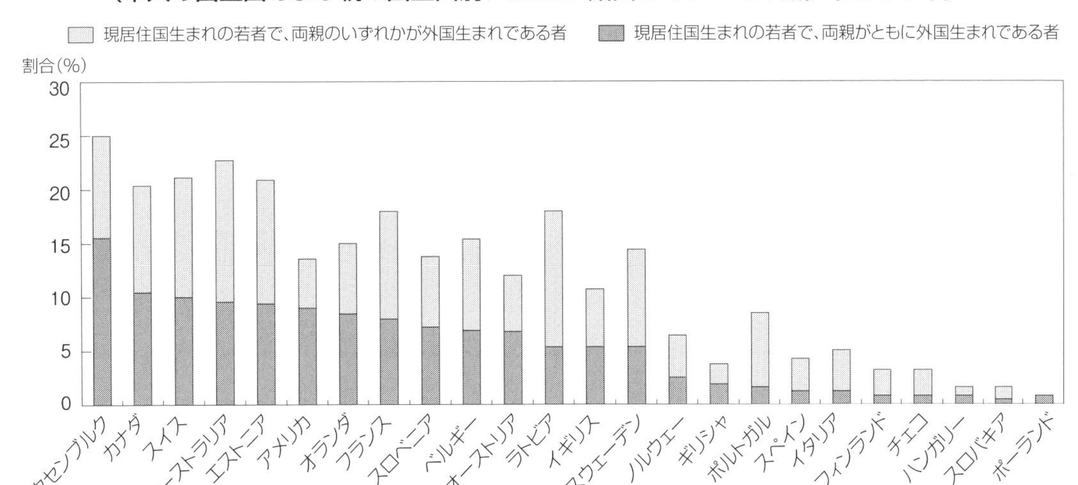

出典：OECD 事務局算定（各国の労働力調査のデータを含む）。OECD/European Union（近刊）, *Indicators of Immigrant Integration 2018: Settling In* 参照。

図 1.2　移民の両親をもつ現居住国生まれの若者の構成比
（親の出生国別、ヨーロッパ諸国の 15 ～ 34 歳）（2014 年）

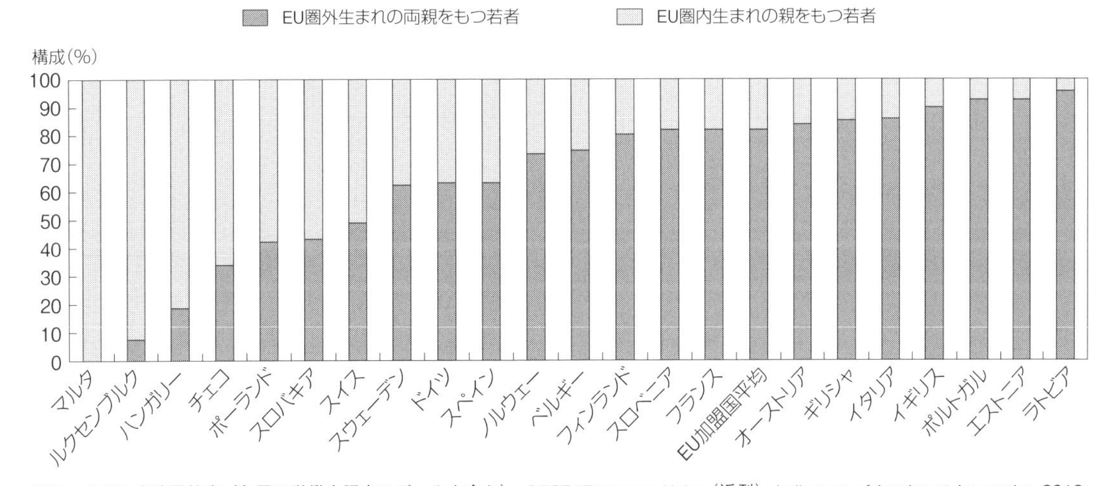

出典：OECD 事務局算定（各国の労働力調査のデータを含む）。OECD/European Union（近刊）, *Indicators of Immigrant Integration 2018: Settling In* 参照。
訳注：本図は原著刊行後に修正がなされたため、OECD の許諾を得て日本語版では修正後の図を掲載した。

生まれの子どもが小規模ながらも一定程度存在する国々ではそうではない。これと同様のことが、就学、就労、職業訓練のいずれも行っていない若者（NEET ＝ニート）の割合においてもみてとれる（図 1.4）。ニートと呼ばれる人びとの割合をみることで、若者に関する重要な情報を得ることができる。

図 1.3　現居住国生まれの後期中等教育未修了者の割合（親の出生国別、25 ～ 34 歳）（2014 年）

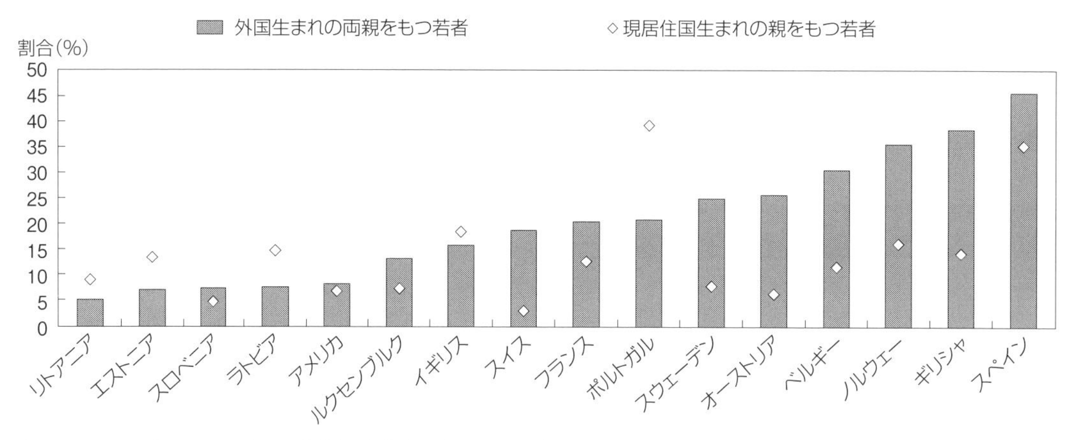

出典：ヨーロッパ諸国は 2014 年 EU 労働力調査特定目的モジュール（EU Labour Force Survey Ad-hoc module 2014）、アメリカは人口動態調査（Current Population Survey）。
訳注：本図は原著刊行後に修正がなされたため、OECD の許諾を得て日本語版では修正後の図を掲載した。

図 1.4　ニート（NEET）の若者の割合（親の出生国別、15 ～ 24 歳）（2014 年）

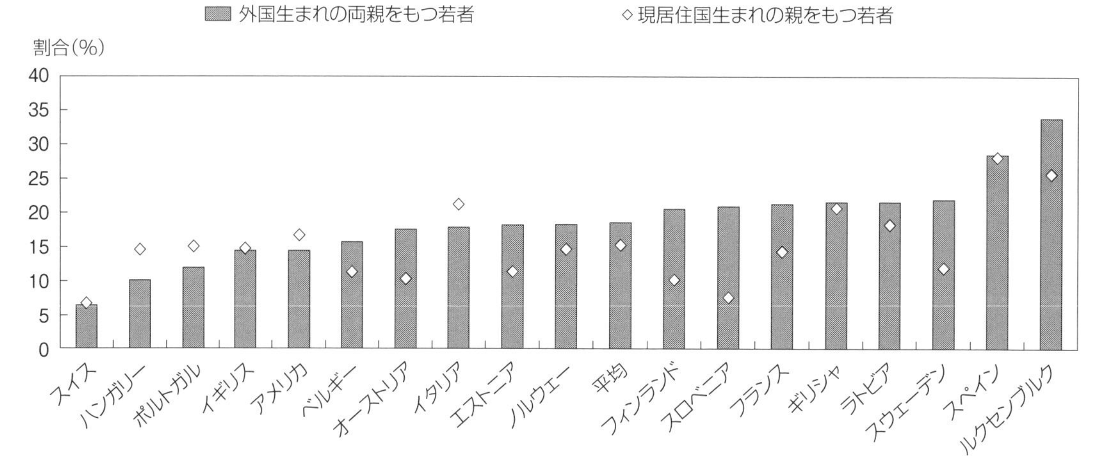

出典：ヨーロッパ諸国は 2014 年 EU 労働力調査特定目的モジュール（EU Labour Force Survey Ad-hoc module 2014）、アメリカは人口動態調査（Current Population Survey）。
訳注：本図は原著刊行後に修正がなされたため、OECD の許諾を得て日本語版では修正後の図を掲載した。なお、本図の「平均」は、本図掲載国の平均を表わしている。

これらの困難は移民の親たちが置かれている不利な状況とどの程度の関連性があるのか。移民の人びとの世代の進行に伴う社会移動について、どのようなことがいえるのであろうか。世代間社会移動に関する研究、つまり移民の親と子どもの成果とを比較した研究は実際ほとんどなされていない。また、移民の両親をもつネイティブの世代間社会移動を、現居住国生まれの親をもつネイティブの子どもと比較し、分析した研究は、それよりさらに数が少ない。しかし実際には、これらの関連をより深く理解することは、移民の子どもの将来にわたる成果の低さを改善する政策手段の設計に非常に重要である。

世代間社会移動とは、一方では親の社会経済的地位と、その子どもが成人したときに達成する地位とのあいだの変化および関連のことをいう。公平な世代間社会移動は、経済的不平等の世代にわたる再生産を縮小することで、公平さを示すひとつの指標としてとらえることができ、また、社会的公正の促進、社会的結束の達成にも貢献している。

本章では、次の3つの問いに対する答えを模索する。

1）移民の両親をもつネイティブは、現居住国生まれの親をもつネイティブと比べて世代間社会移動が小さいのか、大きいのか。
2）移民の両親をもつネイティブの世代間社会移動を促進する要因と妨げる要因にはどのようなものがあるのか。
3）移民の両親をもつネイティブの世代間社会移動を促進する政策手段は何か。

第1節　移民の両親をもつネイティブの世代間社会移動に関する主な論点

親は、さまざまな経路で自身の子どもの成功と人生の可能性に影響を与えている。親は子どもに多くの資源を伝えており、これらの伝達経路にそれぞれ特徴があるということ、これがネイティブの子どもの世代間社会移動と移民の子どもの世代間社会移動が異なる根本的な理由である。とくに、親は子どもの教育にお金をかけたり、子どもの成功にとって重要と考えられる文化的な活動に時間を費やしたりして、投資をおこなっている（Waldfogel and Washbrook, 2011; Price, 2008）。また、親は遺産や贈与を通じて富（金銭的なものと物質的なもの）を子どもに伝える場合もある。子どもの将来の可能性は、親が経済的に投資することによって得られるものもあるが、それ以上に親の社会関係資本に依存するものもある。裕福な親の場合、その社会関係資本を子どもに与えることによって、子どもは学校で交流する仲間や家族の知り合いや友人とのネットワークを形成し、広げている。社会関係資本の豊富な親は、自身の子どもが学校でつまずいたときや、職探しに「ツテ」を必要としているときに、子どもを助けることができる。さらに、その人が育つ地域の質も、子どもの将来の成果に影響を与える重要な要素である（第2章参照）。最後に、親のアスピレーションや信念、心構えも、子どもの成人後の仕事の成果に影響を与える。

これまでのOECDの研究からは、世代間社会移動全体が大きなものであることがわかっている。過去数十年における世界的な教育機会の拡大に伴い、多くの人が自分の親よりも高い学歴を得ている。全世界では、就学を終えた成人（25～64歳）の約半数が自分の親とは異なる学歴を得ており、上方移動のケースが下方移動の約4倍も多い（OECD, 近刊 b）[4]。

論点1　移民の両親をもつネイティブは、現居住国生まれの親をもつネイティブと比べて世代間社会移動が小さいのか、大きいのか

親から子に与えられる教育と社会関係資本の大きさは、子どもの学歴に影響を与える重要な要因であると広く主張されてきた。親の社会関係資本は、一般に、子どもの成功（通常は学歴や所得、職業的地位として定義される）と相関がみられるが、移民の親は、とりわけ現居住国の使用言語の能力や社会的ネットワークが乏しいため、現居住国生まれの親と比べて不利な状況に置かれていることが多い。

ほとんどの国では、移民はネイティブよりも社会経済的成果が低く、これは子どもの成果にも影響を与えている

ほとんどのEU諸国とOECD諸国では、移民が教育階層や職業階層の下層に集中していることが多い。これはとくにヨーロッパのOECD諸国において顕著である。EU諸国では、EU圏外生まれの両親をもつネイティブのうち、正規の教育を受けたことのない母親をもつ人の割合は実に15%にのぼり、これはその他のグループと比べて5倍も高い割合である。この移民の下層への集中は、EU圏外で生まれた親をもつネイティブが置かれる「スタート地点」が、より困難なものであることを示しており、労働市場においてEU圏外で生まれた両親をもつネイティブの成果が低い理由のひとつだろう。

したがって、移民の両親をもつネイティブが、現居住国生まれの親をもつネイティブと比べて平均的に教育成果が低いことは、驚くに値しない。労働市場における可能性が教育と結びついているのと同様、移民の両親をもっているということが全体的な労働市場における成果をいくらか低下させるものと思われる。実際、移民の両親をもつネイティブ、とくにEU圏外で生まれた両親をもつネイティブは、現居住国生まれの親をもつネイティブと比べて教育や労働市場における成果が低いというデータがある[5]（Ammermüller, 2005; Crul and Schneider, 2009; Heath, Rothon and Kilpi, 2008; Marks, 2005; Schnepf, 2004; van Tubergen and van de Werfhorst, 2007 等を参照）。大部分の研究は、社会経済的背景、とくに親の学歴の違いによって、子どもの教育成果の差を説明できるとしている。同じような境遇にある個人を社会経済的背景の面から比較すると、観察された差の一部（しかし差のすべてではない）が消失する。たとえば、オランダでは、クルール（Crul, 2017）が、親の学歴による教育成果の差について、トルコ出身の親をもつ子どものなかで比較した場合は差の半分が、モロッコ出身の親をもつ子どものなかで比較した場合は差の4分の3がなくなることを明らかにした。またドイツでは、旧ユーゴスラビア出身の移民を親にもつ現居住国生まれの子どもの職業的地位は、ドイツ生まれの親をもつ現居住国生まれの子どもの職業的地位と統計的に有意といえるほどには異なっていない。しかし、トルコ出身の親をもつネイティブと現居住国生まれの親を

もつネイティブとのあいだにはわずかながら差が残っている（Diehl and Granato, 2017）。

移民の親の社会経済的特性が、現居住国生まれの自分の子どもの成績に大きな影響を与えていることは広く受け入れられていることであるが、研究では、社会経済的地位の伝達がマジョリティと同じようには移民の人びとに作用しないことが示唆されている（Heath *et al.*, 2008; Nauck, Diefenback and Petri, 1998）[6]。

移民の両親をもつネイティブと現居住国生まれの親をもつネイティブにみられる世代間学歴差の縮小

分析対象となったほとんどの国では、世代間にみられる学歴差の収束・縮小が起きている。両グループの世代間の差異を比較すると、世代間社会移動がはっきりとわかる。ヨーロッパのOECD諸国全体の平均をみると、移民の両親をもつネイティブは、親よりも平均1.3年長い教育を受けている。親の世代で比較すると、ネイティブと移民とのあいだには学校教育にして約1.2年分の学歴差があるが、子どもの世代ではこの差は約0.7年にまで縮小している。こうしたことから、子ども世代のコーホート内に存在する学歴差は、親世代内で観察される学歴差よりも小さいことが明らかになっている。平均して、この差は1世代でほぼ半分にまで縮小している。つまり、移民の両親をもつネイティブと現居住国生まれの親をもつネイティブとのあいだには、明らかな学歴差の縮小がみられるのである。

移民の子どもが越えるべき水準は低い

移民の親は教育階層の最下層に多く集中しているだけでなく、就労できない場合が多く、就労していたとしても熟練度の低い職業についていることが多い（OECD/European Union, 2015）。同時に、世代間社会移動は、これらの特性から親が最下層にいる人にとって起こる可能性がもっとも高い。

このように、一見すると移民の子どもは平均的に大きな社会移動を示しているが、移民の子どもが越えなければならない水準が低いことを考えると、これは驚くに値しない。移民の両親をもつネイティブの世代間社会移動のパターンを、ネイティブの親をもつネイティブのそれと比較して明らかにするためには、スタート地点が同じ、すなわち親の学歴が同じグループの世代間社会移動と比較することが重要である。OECDのPISA調査のデータからわかるように、親の学歴の向上に伴う子どもの学歴の向上は、移民の子どもにおいて現居住国生まれの子どもほど顕著ではない（第3章）。

つまり、両グループにおいて世代間の差の縮小がみられ、全体としては学歴の向上によって世代間社会移動がもたらされている部分があるものの、移民の場合は教育によって受けている恩恵は不均一であり、移民のスタート地点が平均して低いために上方移動を経験した可能性が高いと考えられる。

不利な立場の世代間伝達は、移民に顕著にみられる

まず、多くのヨーロッパ諸国において、後期中等教育を修了していない移民の親をもつネイティブは、同じく後期中等教育を修了していない現居住国生まれの親をもつネイティブと比べて、後期中等教育以上の教育を修了する可能性が低いことが懸念事項として挙げられる。しかし、この影響は若い世代（40歳未満）では弱まっており、近年の上方移動の可能性も示している。

しかし、ヨーロッパでは、現居住国生まれの親をもつネイティブの子どもと比べて、移民の両親をもつ子どもの場合は、親の学歴が高いことが必ずしも労働市場における可能性を広げることにつながりにくくなっている。このことは懸念すべきもうひとつの点である。EU圏外生まれで後期中等教育を修了していない両親をもつネイティブの子どもの就業率は、同程度の学歴の現居住国生まれの親をもつネイティブの子どもの就業率とほぼ同じである。しかし、親が後期中等教育を受けている場合、現居住国生まれの親をもつネイティブの子どもでは就業率が10パーセントポイント上昇するのに対し、EU圏外出身の両親をもつネイティブの子どもでは、わずか5パーセントポイントしか上昇しない。これは、親が高等教育を受けている場合でもほぼ同じである。

移民の親をもつネイティブは、高等教育を受ける可能性が低い

一般に、移民の後続世代とネイティブの後続世代の両方でみた場合、親が高等教育を受けていない子どもは、高等教育を受ける可能性が低い。高等教育を受けていない親の子どもが高等教育を受ける可能性はわずか15%であるが、OECD諸国の平均では、少なくとも親のいずれかが高等教育を受けていれば、子どもが大学へ進学する可能性は4倍に上がるとみられている。高等教育を受けた者に絞ってグルーピングし、そのなかでも高い教育水準のみに目を向けると、結果はさらに顕著となる。親の学歴が前期中等教育以下の場合、子どもが修士号以上を取得する可能性は3%と低い。その可能性は、親が後期中等教育を受けた場合は4倍に、高等教育をすでに修了している場合は7倍になる。

同時に、それよりも高い高等教育を受けた親をもつ場合は、下方移動の可能性はほとんどない。学歴の高い家庭出身の子どもは、親の学歴が低い家庭出身の子どもと比べて中等教育前期かそれ以前の段階で中退をする可能性が低い。

また、中等後教育を受けた移民の親をもつネイティブは、進学トラックに進む可能性が低く、職業教育や職業訓練を受ける可能性が高い（第3章）。これは、親の学歴を考慮に入れた場合であっても変わらない。

学歴により縮小する就労率の差

先行研究および本書の第4章が明らかにしているのは、親の学歴が似ていても（親の学歴を考慮に入れた後であっても）、EU圏外出身の両親をもつネイティブは労働市場における成果が低く、高い能力が必要とされる職を得るのが困難だということである。ただし、各移民グループや性別

間には大きな違いがある。たとえば、フランスでは、アルジェリア系移民の息子の失業率は27%、メインストリームの男性人口の失業率は14%と、前者の失業率は後者に比べて、最初に学業を終えた7年後で約2倍である（Beauchemin, 近刊）。この差は、トルコ系移民の親をもつ女性とネイティブの親をもつ女性との間ではさらに大きく、失業率はそれぞれ44%と16%である。多変量解析を行うと、これらの差の一部が、とくにEU圏外出身の親をもつ人びとのあいだで、個人や家族の特徴を考慮した後でも変わらないことがわかっている。これは、とくにEU圏外出身の親をもつネイティブの人びとが克服しなければならない要因が他に存在する可能性を示している。また、それによって、このグループの労働市場における成果の低さを部分的に説明できるだろう。そのような説明につながる差異は、既存の社会的文脈における制度的差異、雇用主による被用者の選別、もしくは労働市場機能に関するネットワークや知識の少なさといった他の要因に起因する可能性がある。

さらに本報告書の第4章では、親の学歴別の就業率を両グループで比較した場合、つまりEU圏外で生まれた親をもつグループと現居住国生まれの親をもつネイティブのグループとで比較した場合、両グループの就業率の差は、高学歴の親をもつグループのほうが低学歴の親をもつグループよりもはるかに小さいことが示されている。たとえば、EU圏外で生まれた両親をもつ学歴の低いネイティブは、現居住国生まれの親をもつネイティブと比べて就労している可能性が12%低い。またこの差は、中等教育を修了した人では10%、高等教育を修了した人では6%にまで下がる。学歴は、一般的に労働市場における成果に影響を与える大きな要因のひとつであるが、移民の両親をもつ子どもの労働市場における成果には、よりいっそう大きな影響を与えている。

高度な熟練技能が必要とされる仕事へ向かう上方移動の達成は、今後もますます困難となっていく

EU圏外で生まれた両親をもつネイティブは、EU圏内で生まれた親をもつネイティブもしくは現居住国生まれの親をもつネイティブと比べて、職業面での上方移動が少ない。たとえば、EU圏内で生まれた親をもつネイティブもしくは現居住国生まれの親をもつネイティブの3人に1人は、なんとか職業面における上方移動に成功しているが、EU圏外で生まれた両親をもつネイティブは、自身の父親が就いている職業で求められている技能よりも高い技能を必要とする職業に従事できている人はわずか5人に1人である。さらに、国別報告書（OECD, 近刊 a）のデータからは、移民の子どもにとって、高等教育を受けることが高度な熟練技能を必要とする職業への就労につながりにくいことが明らかとなっている。これらの調査結果は、移民の子どもにとって、労働市場の頂点に上り詰めることがもっとも難しいことを示している。

低学歴の親をもつことが、移民の両親をもつネイティブの労働市場における成果に強いマイナスの影響を与えている

同程度の学歴の親をもつグループを比較すると、移民の両親をもつネイティブにとって、学歴の低い親をもつことは、現居住国生まれの親をもつネイティブと比べて上方移動が少いことと関連している。後期中等教育を修了していない親をもつことは、とくにEU圏外で生まれた両親をもつネイティブにとって、現居住国生まれの親をもつネイティブと比べて、労働市場における可能性に強いマイナスの影響を受けている。より正確にいえば、EU圏外で生まれた後期中等教育を修了していない両親をもつネイティブは、国によっていくらか異なるものの、現居住国生まれの親をもつ同じ年齢、学歴、性別のネイティブと比べて、就業の可能性が低い。オーストリア、スイス、スペイン、フランス、ノルウェー、イギリスでは、就業率の差は5～10%の範囲にある。ベルギーでは、EU圏外で生まれた後期中等教育を修了していない学歴の低い両親をもつネイティブは、現居住国生まれの親をもつネイティブと比較して、就業の可能性が18%も低い。

ただこれには、背景がある。第一に、後期中等教育を修了していない移民の両親をもつネイティブのグループをみると、移民の親は、学歴が非常に低いグループに偏って存在することが多い。第二に、後期中等教育を修了していない移民の親は、同程度の学歴のネイティブの親よりも所得が低い（OECD/European Union, 2015）。したがって、かれらは子どもの人的資本に投資できていないという可能性がある。貧困リスク、失業、基礎教育の欠如が蓄積し、社会的排除のリスクが高い人びとを多く生み出す可能性が高い。言葉の壁も、この問題をさらに悪化させている。最後に、本報告書の第2章と第3章で示すように、特定の学校に低学歴の移民の両親をもつ子どもが数多く集まっていることが、教育成果全体に悪影響を与えているという説得力のあるデータもある。

高等教育を受けた移民の親は、子どもにその優位性を伝えられないことが多い

同時に、高等教育を受けた移民は、多くの場合、自らの高い「地位」を子どもに伝えることができないでいる。この現象は、不自然な社会移動として知られており、多くの国で一般的にみられる（Heath and Zwysen, 近刊）。これには、いくつかの理由が考えられる。たとえば、移民自身がもつ資格は、とくにそれが外国で取得したものであれば、現居住国の労働市場においてその価値が大幅に減じられているというものである。したがって、高等教育を受けた移民の親であっても、高度な熟練技能が必要とされる仕事に就く可能性は低い。しかし、外国生まれの親が高度な熟練技能が必要とされる仕事に就いている場合でも、かれらが子どもにこの有利な立場を伝える可能性は、現居住国生まれの親よりも低い。これは、高度な熟練技能が必要とされる職に就いていた外国生まれの親をもつ人びとにとって職業面における下方移動の可能性を高めている。

移民の子ども自身の教育——労働市場における統合を強力に推進する要因

全体的に、EU圏外で生まれた移民に関しては、子どもの特定の教育レベルにおいて親の学歴と子どもの労働市場における成果のあいだにみられる関連性は弱いが、子ども自身の学歴は労働市場での成果に大きく影響する。すなわち、子ども本人の学歴が高いほど、親が移民かどうかにかかわらず就業率の差が縮小するのである。言い換えれば、教育は、親が現居住国生まれの子どもと比べ

て、移民の子どもの労働市場における統合をより強く推進するものとなっている。

労働市場における移民の母親の地位と子ども、とくに女子の成果との強い関連性

母親の労働市場への参入は、親が現居住国生まれの場合よりも親が外国生まれの場合のほうが、子どもの成果に大きな影響を与えているようである。これは男女両方の性別において確認されているが、とくに両親がEU圏外出身の女性の場合、この関連性が強い。14歳時点で（専業主婦の母親とは対照的に）働く母親をもつ場合、EU圏外出身のネイティブの就業率は9%上昇する。この数字は、現居住国生まれの親をもつネイティブの子どもの4%と比べて、2倍以上である。

移民の両親をもち、後期中等教育を修了していない女性は、出産後就労していない可能性が高い

移民の両親をもつ現居住国生まれの女性は、全体的に就業率が低い。また、複数の国のデータによれば（OECD, 近刊a）、これらの女性は、現居住国生まれの親をもつ女性と比べて、第一子の誕生とともに仕事をやめる可能性が高い。彼女たちがそのような選択をする重要な要因となっているのは、育児にかかる費用だと考えられる。収入が低く、育児にかかる費用が高いと感じられるほど、就労によって得られるメリットがコストに見合わず低いものになるからである。

EU圏内の地理的移動性の高い市民の子どもにみられる高い成果

教育と労働市場の両方の成果に関わる、興味深く確実な知見は、地理的移動性の高い人びと（EU圏内生まれの親をもつ人びと）の子ども世代は、多くの場合、現居住国生まれの親をもつ人びとよりも優れた成果を示しているということである。かれらの親の直面している問題は、後期中等教育を修了していない親を含むEU圏外の国からの移民が直面している問題と一部の共通点があるため、とくに注目すべきである。2つのグループ間の世代間社会移動のパターンにみられる顕著な対比は、さらなる調査に値する。

平均が、性別と親の出生国別グループ間の有意な不均一性を隠している

本プロジェクトにおいて作成された国別報告書（OECD, 近刊a）では、特定のグループについての調査がなされ、グループと性別に関する興味深い点が明らかになった。とくに、移民の両親をもつ女子は、学校では良い成績を示す傾向があり、したがって一般的に高い水準の教育的移動を示している。彼女たちはしばしば自分のきょうだいよりも高いレベルの教育を受け、実際に家族内で最高水準の教育を受けている。スウェーデンとオランダの両国では、モロッコ系移民の女子が、非常に高い水準の上方移動をみせている。これは、モロッコ人の場合のように、それぞれの親のコミュニティにおける人的資本の平均レベルが低いことが、子どもの進学を妨げていないことを示している。カナダとアメリカでは、アジア諸国からの移民の子どもが、教育制度において現居住国生まれの親をもつネイティブの子どもよりも高い教育成果を上げているが、これは南米からの移民の子どもにはあてはまらない。

しかし、上述のとおり、学業面での成功は必ずしも労働市場、とくに女性の成功につながるわけではない。後期中等教育を修了していない女性らには大きな差がみられ、女性の学歴が低いことがしばしば労働市場へのアクセシビリティの低さにつながっている。たとえば、オランダでは、学歴が低い人びとのうちトルコとモロッコ出身の女性は、労働市場への参加率が同国出身の男性の２分の１である。

EU 圏外生まれで比較的低い学歴の両親をもつ男性グループのなかにも、重要な違いが存在する。とくに、親が旧ユーゴスラビア出身の男性らは、教育と労働市場における成果の両方に関して比較的良好な成果を上げている。これは、このグループにはレジリエンスがありうることを示唆している。それと同時に、他のグループの成果が懸念すべきレベルで低いことも示している。さらなる調査を行うために不可欠な問いは、旧ユーゴスラビア出身の親をもつグループがより好ましい結果を示す要因として、親の学歴や移住の目的がどの程度関連しているかということである。

移民の祖父母をもつ人びとに関する研究結果が乏しいことは、これらの問題が根強く残っていることを示唆している

移民の祖父母をもつ人びとに関する情報は非常に限られている。このグループの識別を可能にする登録データと、それらを詳細に調査できる十分な数のデータが存在するのはわずか２か国だけである。その２か国はスウェーデンとベルギーであり、これらの国では、この差が縮小しつつある一方で、いくつかの不利な立場が世代にわたって継続していることも示唆されている。ベルギーでは、2017 年度社会経済モニタリング（SPF Emploi, Travail et Concertation sociale and UNIA, 2017）で、出生時からベルギー国籍の両親の下に生まれたネイティブの若者と、祖父母のいずれかが出生時に外国国籍である若者の統合に関する基本的な数値が、関連する登録データに基づいて算出された。たとえば、出生時に少なくともいずれかの親が EU 圏外の国籍を保持しているネイティブの失業率は、両親、そして母方、父方の４人の祖父母が全員ベルギー国籍であるネイティブと比べて約３倍高い。出生時に EU 圏外の国籍を保持している祖父母が１人でもいるネイティブの場合だと、失業率は２倍高くなる。スウェーデンの研究では、移民、移民の親をもつ現居住国生まれの子ども世代、そして孫世代の収入を、外国生まれの家族がいないネイティブの子どもとを比較した調査がなされている（Hammarsted, 2009）。この研究からは、移民である祖父母（主に他のヨーロッパ諸国から移住労働者として移住した移民）の収入が、ネイティブのスウェーデン人労働者の収入を上回っていることが見出された。しかし同時に、次の世代ではこの状況が逆転し、孫世代ではさらに格差が引き継がれることが明らかにされている。

論点2　移民の両親をもつネイティブの世代間社会移動を促進する要因と妨げる要因にはどのようなものがあるのか

幼児教育、後のストリーミング、教師らによる支援

幼児教育は、幅広くアクセスが可能であり、質が高く、分離されていなければ、世代間社会移動を高める可能性があるが、移民の子どもはしばしば不均一な恩恵を受けている。現居住国の言語を家庭で話さない移民の子どもや、学歴の低い親をもつ子どもに関しては、とくに、教授言語の早期イマージョン教育や家庭で不足している支援を提供している早期の幼児教育や保育施設に子どもを託すことで、恩恵を受けている（Schnepf, 2004）。移民の親自身も、健康のモニタリングや、その他の利用可能な社会サービスへのアクセスへの手助けなどの追加サービスを提供しているECEC（幼児教育・保育）施設の恩恵を受けることができる。しかし、移民の子ども世代は、とくに2～4歳という重要な時期にECECサービスを受けていないことが多い。

15歳の移民の子どものうち、PISA2015年調査のデータによると、OECD諸国全体で41％の子どもが、自宅でかれらが住んでいる国の使用言語とは異なる言語を話している。これらの生徒は、PISA調査の読解リテラシーの得点が他の生徒と比べて低い。研究ではさらに、あまり評価の高くない進路へのトラッキングは、生徒の技能だけでなく、社会経済的背景とも結びついていることが示されており、これは移民の親をもつ子どもに不均衡に影響を与えている。最後に、移民の親をもつ子どもに対する教師の姿勢と技能も重要である。

親のアスピレーション、言語能力、制度に関する知識

親からの支援は、子どもが学校で成功するための鍵であるが、多くの親は子どもの学校教育に十分に関わっていない。これ自体は主に社会経済的な問題であり移民問題ではないが、移民の親は、言葉の壁や教育制度、労働市場の機能に関する知識の欠如など、さらなる問題に直面することがよくある。また、言葉の壁が原因で教師とのやりとりに躊躇する場合があり、子どもが学校でサポートを必要としているときに関与できない場合が多い。とくに、学歴の低い親は、家庭で子どもをサポートする能力が低いことがあり、学校環境で教職員らと対話すること自体を居心地よく思わない場合がある（第2章参照）。

さらに、子どもが生まれる前に親が現居住国で過ごした年数が長いと、主に親の言語能力が高いことから、子どもの教育成果に良い影響を与えることが示唆されている（Worswick, 2004; Nielsen and Schindler Rangvid, 2012; Smith, Helgertz and Scott, 2016）。親が現居住国で使用されている言語を流暢に話す場合、これは子どもの学歴にプラスの影響を与える可能性が高く、子どもの年齢が小さいときはその可能性がさらに高い。親が教育制度に精通していると、親が子どもの学校を選ぶことができ、学校選択に関する決定を早期に下さなければならない場合、自らの教育経験を通じて子どもを支援し導くことができるかどうかに影響を及ぼす可能性がある。したがって、そのような知識の欠如は、親と子どもの学歴の関連性を増幅させるメカニズムとなる可能性がある。

移民の親とその子どもの教育アスピレーションは、一般的に高いとされている（Beauchemin, 近刊などを参照）。PISA 調査の結果からも、ほとんどの移民の親とその子どもは、多くの場合、子どもの成功へのアスピレーションがネイティブ家族のアスピレーションを上回っていることがわかっている。たとえば、いくつかの国の移民背景をもつ生徒の親は、移民背景のない生徒の親よりも、自身の子どもが大学で学位を取得することを期待している傾向がある。同様の社会経済的地位をもつ生徒を比較すると、親の教育的期待の面で移民背景の有無の差がさらに大きくなる。自らの教育の将来性に野心的かつ現実的な期待を抱いている生徒は、努力し、目標を達成するための機会をより有効に活用する可能性が高いため、これは重要である。高等教育へのアスピレーションは、当初の不利な立場を克服するために重要な前提条件であり、これはレジリエンスの前提条件となる。しかし、これらの目標を目に見える結果に変えるためには、高いアスピレーションが実践的な知識と結びつく必要がある。

居住区域と学校における不利な立場の集中

貧しい地域で育つことが、労働市場における成果に負の影響を及ぼしているという十分な証拠がある。ある居住区域における移民の集中が、移民の親をもつネイティブの社会移動にどの程度影響を与えているかは、あまり知られていない。移民に特有の居住地域のセグリゲーション（隔離化）の要因をとらえようとした研究からは、その影響が、移民コミュニティ特有の社会経済的資源に依存していることがわかる。

同様に、PISA 調査の結果によれば、移民の親をもつ子どもは少数の学校に集中して存在している。興味深いことに、問題と思われるのは学校に移民の親をもつ子どもが多く集中していること自体ではなく、その子どもの集中と親の学歴が相互に影響し合っていることである。ヨーロッパでは、このような移民の子どもの集中と親の低い学歴がセットになっているケースが多い（すなわち、学歴の低い移民家族が特定の学校に集中している）。これは、カナダのような、移民の定着が進んだ他の OECD 諸国ではあまりみられないケースである（Lemaître, 2012）。

ネットワーク

学校を卒業し、仕事に就くまでの移行期が、移民の親をもつネイティブにとって重要な時期であると先行研究は強調している。ほとんどの国では、このことが学歴の差によって説明されることはない。人的ネットワークの少なさは、とくに、就労の助けとなるような機会を親が子どもに与えられない場合、移民の親をもつネイティブにとって学校を卒業して就労することに困難が伴う要因のひとつだろう。実際、とくに労働市場における最初の足場において、親からの支援とネットワークはしばしば重要となる。

特定の職業や分野に移民とその子どもが集中していることは、労働市場における社会移動を妨げる可能性もある。移民の親をもつ子どもが各職業にどのように分布しているか、またその分布が親の職業とどの程度関連しているかについての詳細な分析はまだ限られている。

差別

差別は、世代間社会移動においてしばしば過小評価されている壁である。偽の履歴書を用いた実験的研究では、外国人の名前をもつ現居住国生まれの人が、その国の「ネイティブらしい」名前をもつ他の同じような人と比べて、就職で書類選考を通過するのに３～４倍の数の履歴書を企業に送らなければならないことがわかっている。移民の両親をもつ現居住国生まれの若者は、少なくともヨーロッパのOECD諸国において、親世代よりも、そのような差別をより強く認識しており、また差別に対してより非寛容である（Heath, Liebig and Simon, 2013）。こうした差別が、移民の両親をもつ現居住国生まれの人びとが現居住国との一体感を感じたり、現居住国と関わったりすることを妨げ、世代間社会移動だけでなくより広い社会的結束においても否定的な反応を示す要因になっている。移民の両親をもつ子どもが、現居住国生まれの親をもつネイティブの子どもよりも多くの履歴書を送らなければならないということが、差別の一端を表しており、それに対する反応ともいえる。

論点３　移民の両親をもつネイティブの世代間社会移動を促進する政策手段は何か

若者が置かれている状況を改善することを目的とした政策は、移民の両親をもつネイティブに手を差し伸べ、かれらを支えるものでもあるが、かれらを取り巻く具体的な課題のいくつかに対処するには、かれらに的を絞った政策が必要だと考えられる。たとえば、移民の両親をもつネイティブは、現居住国の労働市場の機能に関する情報をあまり知らず、現居住国で最初に仕事を見つけるうえで役立つネットワークにアクセスするのが困難な環境で育つことが多い。さらに、政府による積極的な労働市場政策は、しばしば現居住国生まれの人びとに対するものとは違った影響を移民に与えていることが、多くのOECD諸国において明らかとなっている（OECD, 2014）。しかし、こうした影響が現居住国で生まれた子どもにどの程度及ぶかは、まだ明らかとなっていない。移民の賃金に対する助成金は、いくつかの国において移民が定職に就くのに非常に効果的であることが証明されているが、見習い助成金のような手段も、不利な立場に置かれた移民の子どもにとって同様の役割を果たす可能性がある。

とはいえ、移民の両親をもつ現居住国生まれの若者のために具体的な政策を有している国はほとんどない。実際、そのような若者だけに的を絞った労働市場対策は、ステレオタイプを助長するおそれがある。しかし、間接的な対象設定（たとえば、不利な立場に置かれている若者全般を対象にするなど）も、移民の両親をもつネイティブの若者に不利な影響を及ぼすことがある。そのようなプログラムが機能するためには、透明性を高め、プログラムに関する情報がすべての子どもに行き渡るようにすることが重要な前提条件である。

第２節　政策上の示唆

前述のような留意事項はあるが、前節で述べた移民の親をもつ子どもの上方移動という課題に取り組むうえでの政策上の教訓が数多く示されている。

移民の親の統合支援

第一の政策的示唆は、必要に応じて教育と職業訓練をおこない、またより一般的にいえば労働市場を統合することにより、移民の親の統合を支援する措置である。これは、移民の子ども、とくに女性の成果に重要な意味をもつ拡散効果をもたらすだろう。移民の親、とくに、OECD 諸国、EU 諸国が進めている統合支援の盲点となっている母親たちに関わり、支援することは、かれらの子どもの上方移動を達成するために必要かつ重要な第一歩である（OECD, 2017)。同時に、移民の親が、自身の子どもの進学をよく理解し、かれらを励まし、社会的な力を与える必要がある。このような文脈において、学歴の低い移民の母親をもつ子どもにとっての幼児教育・保育（ECEC）サービスへのアクセスと参加の問題は、とくに注意を払うべきである。

早期の介入と卓越性の向上による上方移動

言葉の壁を抱えている不利な立場にいる子どもに焦点をあてた幼児教育・保育へのアクセスの拡大は、母親たちの労働市場への参入を可能にするだけでなく、多くの OECD 諸国で得られた証拠に示されているように、その子どもにも多くの恩恵を与えるだろう。多くの OECD 諸国には、言葉の壁を抱えている移民の子どもを支援する具体的な方針があり、それらは就学前の体系的な言語スクリーニングと、フォローアップの補習的な言語習得訓練に基づいていることが多い（oecd.org/els/mig/Policies-to-foster-the-integration-of-young-people-with-a-migrant-background.pdf 参照)。

移民の子どもの世代間社会移動を促進することは、卓越性の向上も意味している。高等教育は、労働生活において等しく機会を得るための分岐点である。進学先や受講する科目内容が成功の決定要因であるため、評価の高い学校への進学率を上げることは重要である。エリート校は低所得層の生徒にとってはある種の壁があるが、これは主に一部の国ではエリート校への進学に費用がかかるのが理由であるだけでなく、進学に特定の準備が必要な場合が多いのも理由である。情報やリソースが少ない場合だと、若者は、労働市場における社会的評価が低い職であってもより早く就労できるだろうという理由から、短期で終えられる中等後教育に進んだり、難易度の低い学校を選んだりしがちである。これに対処するための政策には、不利な背景をもつ潜在能力の高い受験生が入学試験で不合格となる状況を回避する、いわゆる大学による「背景を考慮した入学者選抜」が挙げられるだろう（Mountford-Zimdars, Moore and Graham, 2016）。たとえば、「背景を考慮した入学者選抜」で対象となる学生は、追加の配慮がなされ、期待される成績や実際の成績のみに基づいて不合格とされることはなく、平常の評価点に基づいた面接やこれに類する追加の機会を与えられる。

この点に関するOECD諸国の取り組みには、エセック・ビジネススクール（ESSEC Business School）が開始し、現在他の複数の一流大学で利用可能なフランス語プログラム（Cordées de la Réussite）などがある。これは高校生のためのメンタリング・プログラムやワークショップである。これに参加している生徒の約90%が高等教育に進み（全体平均では75%）、プログラム参加者は一流校へ進学する割合が2倍も高い（Accenture, 2012）。アメリカでもこれと同様の取り組みがなされている。シカゴの12の公立学校ではカレッジコーチ・プログラム（College Coach Program, CCP）が実施され、生徒の大学進学を支援した。プログラムの受講者は、コーチのいない人よりも大学に進学する確率が13%高く、2年制の大学よりも選抜度の低い4年制大学に進学する確率が24%高かった（Stephan and Rosenbaum, 2015）。これら2つの取り組みは移民の親をもつ子どものみを対象にしたものではないが、不利な背景をもつ子どもを対象としており、そのなかでも移民の親をもつ子どもの割合は高い。

全体として、ある国で生まれた人にとって、教育制度は社会経済的に不利な立場とその世代間伝播を緩和する可能性を秘めている。うまく機能している学校、質の高い教師、的を絞った支援はすべて、より良い学校環境の構築に寄与する（OECD, 2015）。学歴は考慮すべき重要な成果のひとつであるが、不利な背景をもつ生徒は義務教育期間を終える前からいくつかの問題に直面しており、これらが長期的な問題をもたらす可能性がある。言い換えれば、義務教育やそれ以前の期間で社会経済的背景の影響を緩和できない国は、いったん生徒が労働市場に参入したら、すべての人びとの機会均等を確保するうえで大きな課題に直面するだろう。移民の親をもつ子どもは教育制度の下層から抜け出すことができず、親の指導やロールモデルとなる人が少ないため、教育制度の内部に、より評価の高い中等教育や高等教育へ移行できるようなしくみを用意することがとくに重要である。

差別の撲滅と多様性の促進

ほとんどのOECD諸国は、差別的な雇用慣行に対処するための措置を講じているが、そのような措置の規模と対象範囲は大きく異なる。差別を撲滅するためのもっとも一般的な措置は、法的救済である。たとえば、多くのOECD諸国は、差別禁止法を実施し、さらにその適用を監視する機関を設置している。オーストラリア、カナダ、アメリカなど、移民が定住したOECD諸国では、このような法律が数十年前から制定されている。EUでは、重要なものは人種平等指令2000/43/ECに盛り込まれている。

いくつかのOECD諸国はまた、雇用の機会均等とアファーマティブ・アクション（積極的差別是正措置）に関する方針をすでに導入している。そのような政策は、差別的行為に対して罰則を科すだけでなく、労働市場へのアクセスや職業における上方移動を妨げる障壁を取り除くことによって「公平を保つ」ことをめざしてきた。政策は、規制はほとんどなく、多くの場合、目標に基づいたものである。フィンランド、フランス、ドイツ、ノルウェーなど一部の国では、匿名の履歴書を試験的に実施している。また、これらのツールは、慎重な設計と監視がなされた場合、差別的雇用の慣行の抑制に効果的であることがデータからわかっている（Heath, Liebig and Simon, 2013）。

多くのOECD諸国が、多様性政策という方法を採用するようになっている。たとえば、フランスの場合は、公平な雇用・昇進慣行を導入しているかどうかについて企業に対する監査をおこなうことが認められている。6つの基準を満たしている企業は、フランス政府から多様性ラベル（label diversité）が与えられる。この6つの基準とは、企業の多様性に対する正式なコミットメント、企業内の社会的パートナーの活発な役割、公正な人事手続き、多様性の問題に対する企業からのコミュニケーション、多様性のための具体的な措置、そして実際の慣行を評価するための手続きである。同様に、ベルギーは多様性を促進する企業体制を備えた雇用主らに多様性に関する賞を授与しており、カナダの場合は、包摂的な雇用慣行の開発、新入社員の採用・定着プロセスに多様性に関する研修と支援を提供することにより、雇用主が多様な労働力の課題に対応するための支援をおこなっている。EU圏内では、多様性を求めた採用やキャリアマネジメントの実践へのコミットメントを企業に求める「多様性憲章（Diversity Charters）」を導入する国が増えてきている。同様に、EUでは「統合をめざす雇用主（Employers Together for Integration）」という取り組みも近年おこなわれている。しかし、それには自己選択の傾向があり、すでにコミットメントが進んでいる企業が署名する可能性が高い（Heath, Liebig and Simon, 2013; OECD, 2008; OECD, 2007）。

一般的に、政策による効果のかなりの部分は、差別の解消や機会均等の促進に関する特定の政策による直接的な影響ではなく、その課題に対する認識を高めることから生まれる。これは、法的制約が絡んでいる場合にとくに関係がある。差別的行動は、必ずしも個人の好みからではなく、移民とその子どもに対する否定的なステレオタイプから生じることが多いこと、移民とその統合成果についてバランスのとれた公の場での話し合いが差別を防ぐ助けになることが示されている（Heath, Liebig and Simon, 2013）。さらに、移民は、現居住国の社会に対する社会的コミットメントを顕示するボランタリーな活動やその他の取り組みを通じ、雇用主らに統合への意思を示すことができる。たとえば、架空の就労申請をもとにしたベルギーの調査からは、社会的な関心が移民の求職者に対する就労差別を抑制するだけでなく、根絶することもわかっている。ボランタリーな活動をしていないネイティブの求職者が、ボランタリーな活動をしていない移民の求職者よりも2倍の面接通知を受け取ったのに対し、移民の求職者がボランタリーな活動を明らかにした場合は、ネイティブと移民とのあいだで不平等な扱いはみられなかった（Baert and Vuljic, 2016）。

多様性を促進することは、居住地域や学校での分離問題に取り組むことも意味する。確実な解決策がないようにみえるが、不利な立場の集中を避けることを目的とした住宅政策と教育政策の両方を含むさまざまな政策介入が必要であることは間違いない。

カウンセリングとメンターシップ

先に述べたように、移民の親をもつ人びとは、労働市場の動きに関する知識や人的ネットワークが少ない傾向がある。政策は、たとえばより良いカウンセリングなどを通して、これを克服するよう支援することができる。メンターシップ・プログラムは、多くの国できわめて高い効果をみせている。とりわけ、移住まもない移民において、高い効果がみられるようになってきている。しかし、現居住国生まれであっても、移住の親をもつ子どもが同様の問題に直面している場合にはそうした障害を克服するために活用することも可能である。そのような手段が、社会全体における結束を促進する重要な副次効果をもたらす可能性もある。

ロールモデルとしての公共部門

公的部門、とくに行政部門は、その職の性質上、成人移民が就く職業としては稀であるが、統合、そして移民の子どもの世代間社会移動を支援するうえで重要な役割を果たす。これにより、移民の人びとにとってキャリアの選択肢が広がるだけでなく、さまざまなメリットが生まれる。第一に、移民が公務員として存在することは、公共機関内の多様性を高め、移民とその子どものニーズをよりよく理解するのに貢献する。第二に、より多くの人びとに移民とその子どもを認識してもらうためには、公的な生活においてかれらが「見える」状態になることと、かれらが「見える」ようになる状況が重要である。移民が公務員として教師、警察官、行政機関の職員となれば、移民が社会の不可欠な部分であることを示し、また移民の親をもつ他のネイティブの若者たちに対するロールモデルとなる。最後に、移民の子ども世代を積極的に雇用することによって、公共部門は民間部門の雇用主らに対するロールモデルの役割を果たす。

実際、これは各国がとくに積極的に活動している分野であり、OECD の加盟国約 10 か国では、移民の子ども世代の公共部門での雇用を促進するための政策が実施されている（www.oecd.org/els/mig/Policies-to-foster-the-integration-of-young-people-with-a-migrant-background.pdf 参照）。移民の子ども世代を対象とした手法はすでに幅広く導入されており、ドイツなどで実施されているキャンペーンから、公共部門に移民グループに属する人を積極的に雇用することを義務づける北欧諸国の政策など幅広い方針に至るまで、種々のものが存在する。イギリスやアメリカなどの他の国では、不利な立場に置かれている若者を対象とした長年にわたるアファーマティブ・アクションがある。

結　論

自分たちの子どもがより良い将来を得ることは、他の国に移住しようと考えている多くの人びとにとって鍵となる重要な目標である。移民は、労働市場において多くの壁に直面しているが、それは現居住国で必要な技能、ネットワーク、知識が不足しているということと関連している。移民は、多くの指標で明らかとなっている労働市場における不利な立場を受け入れているが、それは同時に、現居住国で生まれ育ち、教育を受けた自分の子どもたちは、自分たちと同じ問題に直面することはないだろうという明るい希望を抱いているからである。実際に、移民の親をもつネイティブの子どもが上方の社会移動をどれほど享受し、現居住国生まれの親をもつネイティブの子どもと同じような成果をどれほど手にすることができるかは、まさに、統合政策の長期的成功のリトマス試験とみなされる。

この点に関して、移民の親をもつ現居住国生まれの子どもが、かれらの親世代と比較したとき、教育制度と労働市場の両方において、ネイティブの子どもとの格差の少ない時代に生きているということは、良い知らせといえるだろう。ただし、ひとつ懸念されることは、これが低学歴の親をもつ子どもの全体的な世代間社会移動によって引き起こされており、そのような低学歴層に移民が非常に多く集中しているという事実である。同様のスタート地点に立っている場合、EU 圏外生まれの移民の親をもつネイティブは、現居住国生まれの親をもつネイティブよりも低い上方移動に留まっている。ただし、ここで留意すべきことは、EU 圏内で生まれた親をもつケースでは、むしろ逆の結果になるということである。これらから、統合は、世代間の視点からみれば明確なサクセスストーリーであり、ヨーロッパの労働市場の統合と EU 全体のモビリティにとっては良い知らせである。

一方、EU 圏外の国で生まれた親をもつ者に高いモチベーションがみられているにもかかわらず同様のサクセスストーリーを手にするのを妨げるような根強い壁があることから、とりわけこうしたグループが事実上あらゆる場所で拡大していることから、政策上の注意を払う必要がある。それと同時に、かなりの不均衡も存在する。ほとんどのEU諸国とOECD諸国では、移民の女子は教育制度において移民の男子よりも教育成果が高いが、労働市場では立場が逆になる。また、特定の地域から移住してきた移民の子ども世代は、他の地域から移住してきた移民の子ども世代よりも困難に直面している。それは、さまざまな背景やグループを考慮した場合であっても、ヨーロッパと北米の両方の国でみられている。これは、障害が克服できるという事実を指し示している一方で、一部のグループにとって、とくに教育における世代間社会移動がとくに小さい男性の場合、状況が一般よりもさらに困難なものであることを示している。もうひとつ心配なのは、祖父母が移民である者にとって、不利な点のいくつかは、世代が進むことで状況が明らかに改善されていったとしても、孫世代に根強く残る（すなわち、かれらは現居住国生まれの祖父母をもつネイティブの子どもよりも成果が低い）ということである。しかし、この問題に関して、今後多くの研究が必要であることはいうまでもない。この問題のひとつの答えは、教育と労働市場の両方において過小評価されている制度的な差別を含めた差別問題に取り組んでいくことにあると思われる。特定の居住地域や学校に移民が多く集中するという不利や状況の集中に取り組むこともうひとつの対策であるが、これらの問題は多くの場合非常に困難で費用がかかる。

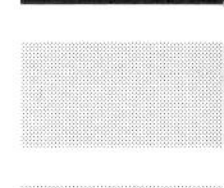

最終的には――そしてこれはおそらく本研究から得られたもっとも重要な知見であるが――移民の親の社会統合に先行して投資することは、世代を超えた成果をもたらす。したがって、移民の親をもつ子どもの可能性をより広げるという点に関してだけでなく、社会的結束という点に関しても、長期的な投資となりうる。ここで重要な役割を果たすのは、統合の試みにおいてしばしばおろそかにされてきた移民の母親たちである。両親がともに現居住国の社会で完全かつ自律的に行動できるように支援することは、OECD 諸国や EU 諸国の将来を担う移民の子ども世代がより良い成果を出すための重要な前提条件である。

注記

1. ヨーロッパ以外の OECD 諸国のデータが不足しているため、多くの経験的知見は EU 諸国とヨーロッパの OECD 諸国に焦点をあてている。
2. 一方の親が EU 圏内で生まれ、もう一方の親が EU 圏外で生まれた子どもは、「EU 圏内生まれの親をもつ子ども」として分類している。
3. 「移民第二世代」という用語は広く使われているが、本報告書では、移民の地位が世代を超えて継続することを連想させるため、この語の使用を避けている。この用語は、該当する者が移民ではなく現居住国生まれであることから、実際には誤った表現である。カナダやオーストラリアなどの移民定住国では、このような人びとを一般に「第二世代のカナダ人／オーストラリア人」と呼んでいる。この報告書では、「移民の親をもつネイティブ」という用語を使用している。
4. マクロ経済の動向は、世代間の上方移動にとって重要である。経済成長は、生産性の伸びが賃金と生活水準を左右する根本要因であるため、社会移動を促す。全体的な生産性と賃金水準の向上は、やがて平均して、子どもを親世代よりも豊かにする傾向がある。
5. たとえば、Ammermuller, 2005; Crul and Schneider, 2009; Heath *et al.*, 2008; Marks, 2005; Schnepf, 2004; van Tubergen and van de Wefhorst, 2007 を参照。
6. Heath *et al.* (2008) などの多くの研究者は、これを「エスニック・ペナルティ (ethnic penalty)」と呼んでいる。

参考文献・資料

Accenture (2012), "Une grande école : pourquoi pas moi? Un programme qui fait bouger les lignes", ESSEC and Accenture Foundation, https://www.accenture.com/frfr/ company-etude-sroi-mecenat-competences-acn-pqpm.

Ammermüller, A. (2005), "Poor Background or Low Returns? Why Immigrant Students in Germany Perform so Poorly in Pisa", *ZEW - Centre for European Economic Research Discussion Paper* No. 05-018, https://ssrn.com/abstract=686722 or http://dx.doi.org/10.2139/ssrn.686722.

Baert, S. and S. Vujic, (2016), "Immigrants Volunteering: A Way Out of Labour Market Discrimination?", *IZA Discussion Paper*, no. 9763, http://ftp.iza.org/dp9763.pdf.

Beauchemin, Cris (近刊), "Intergenerational mobility outcomes of French natives with immigrant parents", in OECD *Catching Up? Country Studies on Intergenerational mobility and children of immigrants*, OECD Publishing, Paris.

Crul, M. (近刊), "The intergenerational mobility of the native-born children of immigrants in the Netherlands: The case of Moroccan and Turkish immigrants' native offspring", in OECD *Catching Up? Country Studies on Intergenerational mobility and children of immigrants*, OECD Publishing, Paris.

Crul, M. and J. Schneider (2009), "Children of Turkish Immigrants in Germany and the Netherlands: The Impact of Differences in Vocational and Academic Tracking Systems", *Teachers College Record*, volume 111, number 6, pp. 5-6, http://www.tcrecord.org/Home.asp.

d'Addio, A. (2007), "Intergenerational Transmission of Disadvantage: Mobility or Immobility Across Generations?", *OECD Social, Employment and Migration Working Papers*, No. 52, OECD Publishing, Paris, http://dx.doi.org/10.1787/217730505550.

Diehl, C. and N. Granato (近刊), "Ethnic inequalities in the education system and on the labour market: Immigrant families from Turkey and the former Yugoslavia in Germany", in *Catching Up? Country Studies on Intergenerational Mobility and Children of Immigrants*, OECD Publishing, Paris.

Driessen, G. and M. Wolbers (1996), "Social class or ethnic background? Determinants of secondary school careers of ethnic minority pupils", *Netherlands Journal of Social Sciences*, Vol. 32, Issue 1, pp. 109-126.

Granato, N. and C. Kristen (2007), "The Educational Attainment of the Second Generation in Germany: Social Origins and Ethnic Inequality", *IAB Discussion Paper*, No. 4.

Hammarstedt, M. (2009), "Intergenerational Mobility and the Earnings Position of First-, Second-, and Third-Generation Immigrants", *Kyklos International Review for Social Sciences*, Vol. 62, Issue 2, pp. 275-292, http://dx.doi.org/10.1111/j.1467- 6435.2009.00436.x.

Heath, A. and W. Zwysen (近刊), "Entrenched disadvantage? Intergenerational mobility of young natives with a migration background", in *Catching Up? Country Studies on Intergenerational mobility and children of immigrants*, OECD Publishing, Paris.

Heath, A., T. Liebig, and P. Simon (2013), "Discrimination against immigrants – measurement, incidence and policy instruments", in *International Migration Outlook 2013*, OECD Publishing, Paris, http://dx.doi.org/10.1787/migr_outlook-2013-7-en.

Heath, A., C. Rothon and E. Kilpi (2008), "The Second Generation in Western Europe: Education, Unemployment, and Occupational Attainment", *Annual Review of Sociology*, Vol. 34, pp.211-235, https://doi.org/10.1146/annurev.soc.34.040507.134728.

Lemaître, G. (2012), "Parental Education, immigrant concentration and PISA Outcomes", in *Untapped Skills: Realising the Potential of Immigrant Students*, OECD Publishing, Paris, http://dx.doi.org/10.1787/9789264172470-8-en.

Marks, G. N. (2005), "Accounting for immigrant non-immigrant differences in reading and mathematics in twenty countries", *Ethnic and Racial Studies*, Vol. 28, issue 5, https://doi.org/10.1080/01419870500158943.

Mountford-Zimdars, A., J. Moore and J. Graham (2016), "Is contextualised admission the answer to the access challenge?", *Perspectives: Policy and Practice in Higher Education*, Vol. 20, issue 4, pp. 143-150, https://doi.org/10.1080/13603108.2016.1203369.

Nauck, B., H. Diefenbach and K. Petri (1998), "Intergenerationale Transmission von kulturellem Kapital unter Migrationsbedingungen. Zum Bildungserfolg von Kindern und Jugendlichen aus Migrantenfamilien in Deutschland", *Zeitschrift für Pädagogik*, Vol. 44, No. 5, pp. 701-722.

Nielsen, H. S. and B. Schindler Rangvid (2012), "The impact of parents' years since migration on children's academic achievement", *IZA Journal of Migration*, Vol. 1 (6), pp. 1–23.

OECD (近刊 a), *Catching Up? Country Studies on Intergenerational Mobility and Children of Immigrants*, OECD Publishing, Paris.

OECD (近刊 b), *All Different, All Equal: Levelling the Playfields and Addressing Social Mobility*, OECD Publishing, Paris.

OECD (2017), *Making Integration Work: Family Migrants*, OECD Publishing, Paris, http://dx.doi.org/10.1787/9789264279520-en.

OECD (2015), *Immigrant Students at School: Easing the Journey Towards Integration*, OECD Publishing, Paris. http://dx.doi.org/10.1787/9789264249509-en.（『移民の子どもと学校：統合を支える教育政策』OECD 編著、布川あゆみ，木下江美，斎藤里美監訳、三浦綾希子，大西公恵，藤浪海訳、明石書店、2017 年）

OECD (2014), *International Migration Outlook 2014*, OECD Publishing, Paris, http://dx.doi.org/10.1787/migr_outlook-2014-en.

OECD (2010), *Equal Opportunities? The Labour Market Integration of the Children of Immigrants*, OECD Publishing, Paris http://dx.doi.org/10.1787/9789264086395-en.

OECD (2008), *Jobs for Immigrants (Vol. 2) : Labour Market Integration in Belgium, France, the Netherlands and Portugal*, OECD Publishing, Paris, http://dx.doi.org/10.1787/9789264055605-en.

OECD (2007), *Jobs for Immigrants (Vol. 1.) : Labour Market Integration in Australia, Denmark, Germany and Sweden*, OECD Publishing, Paris, http://dx.doi.org/10.1787/9789264033603-en.

OECD/European Union (2015), *Indicators of Immigrant Integration 2015: Settling In*, OECD Publishing, Paris, http://dx.doi.org/10.1787/9789264234024-en.

OECD/European Union (近刊), *Indicators of Immigrant Integration 2018: Settling In*, OECD Publishing,

Paris.

Price, J.(2008), "Parent-Child Quality Time. Does Birth Order Matter?", *Journal of Human Resources*, Vol. 43, No. 1, pp. 240-265, http://dx.doi.org/10.3368/jhr.43.1.240.

Schnepf, S.V. (2004), "How Different Are Immigrants? A Cross-Country and Cross- Survey Analysis of Educational Achievement", *IZA – Institute for the Study of Labor Discussion Paper*, no. 1398, http://ftp.iza.org/dp1398.pdf.

Smith, C. D., J. Helgertz and K. Scott (2016), "Parents' years in Sweden and children's educational performance", *IZA Journal of Migration*, Vol. 5 (6), pp. 1–17.

SPF Emploi, Travail et Concertation sociale and UNIA (2017), *Monitoring socioéconomique*, SPF Emploi, Travail et Concertation sociale and UNIA, Brussels.

Stephan, J.L. and J.E. Rosenbaum (2015), "Can High Schools Reduce College Enrolment Gaps with a New Counselling Model?", *Educational Evaluation and Policy Analysis*, Vol. 35, Issue 2, pp. 200–219.

van Tubergen, F. and J. van de Werfhorst (2007), "Postimmigration Investments in Education: A Study of Immigrants in the Netherlands", *Demography*, Vol. 44, pp. 883- 898.

Waldfogel, J. and E. Washbrook (2011), "Early years policy", *Child Development Research*, pp. 1-12, http://dx.doi.org/10.1155/2011/343016.

Worswick, C. (2004), "Adaptation and Inequality: Children of Immigrants in Canadian Schools", The Canadian Journal of Economics, Vol. 37 (1), pp. 53–77.

第 2 章

移民の親をもつ子どもと世代間社会移動に関する先行研究の検討

本章は、移民の親から子どもへと社会経済的な面での移動を左右する重要な要因を特定するために、世代間の観点から先行研究を整理することを目的としている。第一に、世代間社会移動がきょうだいの数や親の現居住国における滞在期間の長さ、親の言語スキル、教育アスピレーションなどの、家族に起因する要因からいかに影響を受けているかを論じる。第二に、不利な環境で幼少期を過ごすことと世代間社会移動との関連性について明らかにする。第三に、学校レベルでみられるさまざまな要因についても概観する。それはたとえば移民背景をもつ子どもが集中して在籍する学校への通学、就学前教育、中等教育段階における選抜制度や学校制度に対する親の親和性、教師の期待、教師のふるまいなどが切り口となる。本章の最後には、教育にくわえて、労働市場における世代間社会移動に影響を与える３つの要因に着目する。それは移民背景をもつネイティブの学校から仕事への移行を、職業、採用過程で経験する差別、採用後に経験する差別、の３つの切り口から論じることを意味する。

第2章

検討結果の要旨

家族の背景的特徴

- 先行研究では、教育成果に影響するきょうだいの数については共通の見解が得られていない。むしろ家族規模は説明要因とはならないという指摘が中心である。年下のきょうだいにとって年上のきょうだいは資源となりうるが、教育成果への影響はほとんど明らかとなっていない。

- 親が現居住国に滞在している期間が長いほど、子どもの教育成果への影響は大きくなる。滞在期間が長くなることによって、親の言語スキルが向上することがその要因である。一般的には、親の言語能力が高いと、子どもの教育成果に大きく影響することが明らかにされている。とくに子どもの年齢が低い場合にはその影響力は大きいとされる。

- 移民家庭の教育アスピレーションは一般的に高いことが明らかにされている。教育アスピレーションは教育を通じた世代間社会移動のための前提条件となる。ただし、支援を十分に受けられず、目標を達成するための情報が不足している場合には、教育アスピレーションが高いだけでは効果的ではない。

不利な環境にある幼少期

- 先行研究からは、不利な環境で幼少期を過ごすことは、長期的な影響を及ぼし、成人してからの労働市場における成果を左右することが明らかとなっている。これらの先行研究では移民背景の有無による違いについて言及していないが、OECD 諸国の多くで、不利な環境で幼少期を過ごす割合は移民の両親をもつネイティブのほうが圧倒的に高いことが示唆されている。

- 移民コミュニティによる居住地域のセグリゲーション（隔離化）が進むことは、世代間社会移動の障壁になるという仮説が根強い。しかしセグリゲーションが教育成果や雇用に及ぼす影響については実証されていない。同じエスニシティの比率が高い集団では、仕事のあっせんや求職情報の共有が進みやすいという有利な面もあるかもしれない。しかし移民コミュニティがそうした集団的なリソースをもっていない場合、労働市場における成果はさらに小さいものとなりうる。つまり、移民コミュニティによる居住地域のセグリゲーションが及ぼす影響は、移民グループがもつ社会関係資本に左右される。

学校レベルの決定的要因

- 移民の両親をもつ子どもの特定の学校への集中と教育成果とは、しばしばネガティブな関連があることが指摘されるが、それは大きくは社会経済的に不利な状況と結びついていることが関係している。社会経済的不利な状況が集中していることは、多くの場合、移民が居住する地域の環境レベルをあらわしているといえる。

- 就学前教育――ただしアクセスがしやすく質が良いという条件に限り――を受けることで、教育に関する世代間社会移動の可能性が高まる。

- だがこれもいくつもある文脈的な要因のひとつにとどまる。先行研究の大半は、親の社会経済的背景の重要性を弱められるのは、おおよそ15歳時点という遅い年齢段階で生徒を振り分ける学校制度だと指摘している。

- 子どもの学校選択や早期の進路振り分けの際に、親に選択の余地がある場合には、教育制度に対する親の親和性が強く求められることが、先行研究から示唆されている。教育戦略を立てるのに必要な知識が不足していた場合、教育における世代間社会移動の障壁となる。しかし実際、進路選択に親の知識がどの程度影響を与えていたかを明らかにする先行研究はほとんどない。

- 多くの先行研究によれば、移民背景をもつ子どもに対して教師の期待がどの程度あるかが、移民背景をもつ子どもの進路選択に影響を与えることを指摘している。しかし、移民背景をもつ生徒に対する教師の期待や態度がエスニシティや移民が置かれた地位や立場、あるいは社会階層からどの程度影響を受けているかは議論が分かれている。

労働市場における世代間社会移動の経路と障壁

- 仕事を探すにあたって、ネットワークや個人的なつながりの重要性が指摘されている。ネットワークが十分に築けていない場合、とくに親が有益なネットワークを子どもに提供できない場合には、移民背景をもつネイティブの学校から仕事への移行が妨げられることになる。

- 職業教育訓練制度は特定の状況下では学校から仕事への移行を促し、上方移動の経路となりうる。しかしながら職業教育訓練の制度化が進んでいる国であっても、移民背景をもつネイティブの在籍率は決して高くない。

- 英語圏の国では、特定のエスニックマイノリティが賃金の低い仕事に就いている傾向がある。また、同じ資格をもっていても、白人労働者に比べてエスニックマイノリティのほうが、賃金が低い傾向にある。

➢ フィールド調査からは、移民背景をもつネイティブやエスニックマイノリティはエスニシティや宗教、ジェンダーによって採用過程で差別を経験していることが明らかにされている。一方で量的調査においては採用過程や賃金、昇給、一時解雇などに関する差別については、まだ十分に論じられていない。

はじめに

移民の子どもが学校や労働市場で成功するとは——とくに現居住国で生まれた親に比べて移民の両親の学歴や収入が低い場合——、出発点で抱えていた不利を克服したことを示唆する。効果的な支援制度があれば、移民の両親をもつ若者の社会的地位を上げることができる。移民の子どもの世代間社会移動は機会の平等や統合の進み具合をはかるリトマス紙といえる。

移民背景をもつ子どもや若者の社会経済的な面での成果は、政策対象として、また広く社会の関心を集めるテーマでもある。これは、EU諸国やOECD諸国において、移民背景をもつ人の割合が大幅に増加していることによる関心の高さのあらわれともいえる。2013年時点のデータによれば、22のOECD諸国で、15歳から34歳の若者のうちおおよそ20%が移民の親をもつあるいは自身が現居住国に移動してきた移民である（OECD/European Union, 2015）。同時にこの間、移民背景の有無による教育や労働市場における成果の比較研究が進んできた（Damas de Matos, 2010; Liebig and Widmaier, 2010）。これらの研究は、多くのOECD諸国において移民背景をもつ子どもともたない子どもとのあいだに依然として「学力格差」がみられるものの、親の社会経済的背景を考慮した場合には両者の学力差はほとんどみられなくなることを指摘している。

本章の目的は、移民の子どもとネイティブの子どもとの比較にとどまらず、世代間社会移動の観点から、先行研究を整理していくことである。本章では、移民の親から子どもへの世代間社会移動にあたって影響を与える要因が何かを、先行研究にもとづいて論じていくことを課題としている。たとえば、親の職業的地位や学歴が低いとき、基本的に親世代に比べて子ども世代はより良い生活水準を手にする傾向にあるが、現居住国で生まれた親をもつ子どもに比べると、移民の子どもは十分な成果を得ることはできていない。このことは統合や世代間社会移動が関連していることを示しているものの、移民背景をもつ子どもが教育制度や労働市場において直面している困難とは分けて論じる必要がある。

移民家庭の世代間社会移動に実際どの要因が影響しているのかは、これまでほとんど研究がなされていない。そのため、本章では必ずしも世代間社会移動に焦点をあてた先行研究だけではなく——たとえば、移民の子どもの教育成果をテーマとした先行研究など——幅広いテーマにアプローチし、世代間社会移動に影響を与える要因について検討を進める。

先行研究整理でもっとも大きな関心を置いたのは、両親が外国生まれで自身は現居住国生まれの子どもである[1]。従来用いられてきた「移民第二世代」という用語は、逆効果を生む可能性があるため、本章では用いない。なぜならば、移民第二世代という表現は、移動の家族史をもつ現居住国生まれのネイティブとしての位置づけよりも、今現在も移民であるというまなざしを強化する傾向にあるからである。そのかわり、本章では両親ともに外国生まれで自身は現居住国生まれの子どものグループに言及する際には、移民背景をもつネイティブという表現を用いる[2]。このグループは理論的には現居住国で生まれた親をもつネイティブグループと同様に教育や労働市場にアクセスしていることが考えられ、世代間社会移動を考えるうえでは外せないグループである。だが先行研究によっては、移民背景をもつネイティブに関する研究が限られていることから、特定のエスニックグループに限定して論じている場合もある。とくにアングロサクソン的文脈が該当する。

OECD 諸国や EU 諸国だけでなく、移民グループ別にみた場合も、移民の両親をもつ子どもの教育的・経済的移動は多様な傾向にある。特定のマイノリティグループによっては、ある国では上方移動の傾向が強くみられるが、別の国ではその傾向がみられない場合もある。こうした国ごとや移民コミュニティによってみられる違いに対しては、これまでにも親がもつ人的資本や移民選別政策の影響などが指摘されてきた（Borjas, 1995; Solon, 2014; Becker *et al.*, 2015）。しかし、学校制度などの制度的要因（Bauer and Riphahn, 2013; Schnell, 2014）やメゾレベルの構造、たとえば移民ネットワーク（Beine, 2015）や差別などによっても、移民の子どもの世代間社会移動は特徴づけられる。

以下では、世代間社会移動の分析方法について取り上げる。そのうえで移民の両親をもつネイティブの世代間社会移動に影響を与えるさまざまな要因について、家族の背景的特徴、不利な環境、学校レベル、学校から仕事への移行を切り口に概観する。本章の最後では、結論と今後の研究課題について言及する。

第１節　移民の親と子どもの世代間社会移動に関する分析

世代間社会移動、すなわち親の社会的地位とその子どもの社会的地位とを比較することは、絶対的あるいは相対的な観点から論じることができる。絶対的な観点とは、社会経済的な面での成果や生活水準などからなり、大卒者の割合や賃金の変化など、世代間でみられる実際の社会移動を意味する。相対的な観点とは、家族の背景的特徴が与える影響を意味する。相対的な観点からみた世代間社会移動が多い社会というのは、移動が少ない社会に比べて、有利な条件をもつ家族も不利な条件にある家族も、どちらも上方移動しやすい社会ということができる。

移民背景をもつネイティブの世代間社会移動の文脈では、相対的観点にもとづく移動の促進が前提にあり、親の背景的特徴と自身の教育成果や労働市場における成果との関連が弱い傾向は望ましい成果あるいは政策目標として位置づけられている。実際にはこのケースは親の学歴が低い場合がとくにあてはまる。一方で親の学歴が高い場合、あるいは高い資格をもった移民の親が、その有利な条件を子どもに継承させることができず、下方移動を経験した場合が問題となる。この現象は「歪曲されたオープンさ」(Hout, 1984) と表現されることもある。すなわち、白人アメリカ人に比べて、アフリカ系アメリカ人は職業的な面での成果において出身階層が必ずしも決定要因とならないことを明らかにしている。それゆえに、親と子どもという世代間における社会経済的な面での成果の関連性だけでなく、相対的な観点からみた世代間社会移動を方向づける要因に目を向けることも重要になる。

親と子どもの世代間社会移動を検討するため、社会経済的な面での成果、学歴、職業と階層、収入の観点から先行研究を整理する。移民背景を考慮するだけでなく、国際比較も視野に入れると、収入からみた世代間社会移動に関しては、アメリカやイギリス、フランス、南ヨーロッパ諸国よりもスカンジナビア諸国、オーストラリア、カナダのほうが多くみられる (d'Addio, 2007; Black and Devereux, 2011)。学歴からみた世代間社会移動に関する国際比較からは、世代によって、また国によってその傾向は大きく異なることがわかる。ラテンアメリカ諸国では、親と子どもの就学年数とのあいだに強い関連がみられる一方で、スカンジナビア諸国ではその関連が弱い (Hertz *et al.*, 2007)。

これはすべてのレベルにわたって機会の平等をあらわす指標となる。移民グループごとに教育や経済的な面で移動の傾向が大きく異なることから、移民背景をもつネイティブに関する幅広い国際比較をおこなうことは難しい (Hammarsted and Palme, 2012; Bauer and Riphahn, 2013; Luthra and Soehl, 2015)。さらに、移民の親と子どもの世代間社会移動を分析するにあたって、以下で述べるように、さまざまな点に注意を払う必要がある。

学歴からみた世代間社会移動とは、就学年数や取得した資格について、親子間で比較して算出する。教育背景については安易に、あるいは直感的にみられがちだが、親の出身国と現居住国とのあいだで学校制度が異なる場合には、移民の親と子どもの教育成果について単純に比較することは難しい。さらに、経済水準の低い国では教育へのアクセスが限られていることも考えられる。こうしたケースでは、親の学歴が学習意欲や認知的能力を適切に測定した指標とはならない。どちらかといえば、親の学歴の低さは出身国において教育へのアクセスが制限されていたり、平等に保障されていないことをあらわす指標となる (Luthra, 2010)。それゆえに、移民の親の学歴の低さを現居国生まれの親の学歴の低さと単純に比較することには問題があることがわかる。

職業と階層に関する世代間社会移動――職業はその人の社会的な地位や文化資本、経済資本、社会関係資本（社会的ネットワーク）を把握する指標として位置づいてきた。収入と教育を考慮した職業ランクは、相対的な観点からの移動を把握するために、また階層カテゴリに基づいた職業ランクは分類システムとしても用いられてきた (Erikson, Goldthorpe and Portocarrero, 1979; Erikson and Goldthorpe, 2002)。もし移民の親が現居住国で得た職で必要とされる以上の資格をもっていた場合、その職業はかれらの学歴やスキルを表していなければ、出身国での社会的地位をも表していない。多くの先行研究が出身国での親の社会経済的地位を考慮に入れて検討すべきとして、この問題を強調してきた（Feliciano, 2005; Ichou, 2014; Feliciano and Lanuza, 2017）。しかし、この指摘は成果に関する分析を難しくさせる。たとえば、大学で教育を受けた経験をもつ移民の親が、現居住国で低いスキルしか求められない仕事に就き、その後中級程度のスキルが求められる仕事に就いた場合、上方移動したとみなすのか、あるいは下方移動したとみなすのか、議論が分かれるからである。

収入に関する世代間社会移動は、多くは世代間の賃金の相関関係や係数をみて判断する。たとえば、係数がおおよそ0.4であることは、平均より10%高い賃金を親が得ていることを意味し、同時に、子ども自身は平均より4%高い賃金を得ていることを意味する。逆にいえば、係数がゼロに近い場合、子どもの収入は親の背景とほとんど関連していないことを意味する。係数は世代間社会移動を分析するうえで独立した媒介変数として位置づく。ただし、この係数では、収入の分散によって世代間社会移動が異なるのかどうかを明らかにすることはできない（たとえばアメリカについてはMazumder, 2005; カナダについてはCorak and Heisz, 1999; アメリカ、イギリス、北欧諸国についてはBratsberg *et al.*, 2007）。さらに係数は、世代間社会移動が上方移動なのか、下方移動なのかを示しているわけでもない（たとえば、Bhattacharya and Mazumder, 2011は直接的に把握できる指標を設定し、世代間における収入に関する移動を分析している）。係数が標準化された測定方法ではないので、時代を超えて、収入をめぐる不平等の変化も反映される。この問題を回避するためにも、調査・分析では世代間の相関関係の係数をみていかないといけない。これは標準化された方法で、親と子どもの収入がいかに互いに強く関連しているかを明らかにすることができる。このように、世代を超えても収入の不平等に変化がない場合、相関係数と係数を同定することができる。しかし、この両方のアプローチは常に失業者を除外してきた。このことが、親の失業率が高い場合――多くのOECD諸国における移民の親があてはまるのだが――移民の子どもの労働市場における機会に関して、誤ったイメージをもたらしてきた。

OECD諸国における移民の子どもの世代間社会移動に関して、包括的で比較可能な知見を提示することは難しい。先行研究では多様な収入変数が用いられており方法も異なることなどが関係している。またどの移動が上方移動か下方移動なのかが明確にされていないことも要因である。

さらに、移民グループによっても知見は異なる傾向がみられる。このことはある程度移民の親の選別がなされていることに目を向けさせる。フェリシアーノ（Feliciano, 2005）はこの選別性を、国境を越えた移動の経験がない親と移民の親との相対的な学歴の高さを考慮しながら分析した。フェリシアーノによれば、アメリカを事例とした場合、子ども世代の教育成果の違いを親の選別性の観点から一部説明することができる。それは現居住国における親の社会経済的背景を考慮に入れても同様の結果が得られる。たとえば、アジア出身の両親をもつ若者の大学進学率は高いが、これはかれらの親が国境を越えた移動を経験していない親に比べて、出身国において相対的に高い学歴をもつことが関係している。このポジティブな選別の過程はヨーロッパやカリブ海諸国、ラテンアメリカではほとんどみられない。選別性の高さは、カナダにおける移民の子どもの高い成果を部分的に説明することも可能である（Hou and Bonikowska, 2016）。同様の知見はフランスでも得られている。フランスに移動してきた移民の親が、出身国に居住している親に比べて、比較的高い学歴を獲得している場合、子どもの教育成果に与える影響は大きく、この傾向はフランスにおける社会経済的背景に関する指標を考慮に入れても、なおみられる（Ichou, 2014）。

コラム 2.1　母親の学歴と父親の給与

これまで多くの先行研究が父親と息子の関係にしか目を向けてこなかった。それゆえに、世代間社会移動に女性が及ぼす影響については、十分に検討がなされてこなかった。また女性の労働市場への参画の低さや父親の社会経済的背景が家族の資源として位置づくという仮説が、データ収集を阻んできた（Korupp, Ganzeboom and van der Lippe, 2002）。だが父親の背景的特徴のみに焦点をあてるだけでは、1）就業状況にかかわらず母親の社会経済的背景が重要な影響を与えるという事実を無視し、2）家族の特徴がますます反映されなくなる。なぜならば労働市場に参画する女性はますます増え、学歴の高い女性もますます増えているからである。

データからは子どもの移動に関して、母親の社会経済的背景が大きな影響を与えていることが示唆される。アメリカの事例では、働く母親と専業主婦両方の母親の社会経済的背景を考慮しない場合、子どもの移動が過大評価されることが明らかにされている（Beller, 2009）。さらに、母親が働いている場合、娘も労働市場に参入する可能性が高くなる（Farré and Vella, 2013; McGinn, Lingo and Castro, 2015）。

世代間社会移動では親の両方の背景的特徴が重要だが、親の背景的特徴による影響の大きさは子どもの性別によっても異なる。その影響の大きさや度合いは各国の文脈や学歴からみた世代間社会移動、あるいは収入や職業からみた世代間社会移動を論じるのかによっても、大きく異なることが明らかにされている。オランダや旧西ドイツ地域、アメリカのデータを用いた分析（Korupp, Ganzeboom and van der Lippe, 2002）は、多数のモデルを検証し、父親の背景的特徴だけを検討するのでは、データを十分に検証できないことを明らかにし、両親を含めたモデルの検討が重要であることを示唆した。教育成果に影響を与える親の変数としては、親の社会的地位が高いほど、教育成果に与える影響が大きくなることを指摘している。同様の結果がオランダでも確認されている（Buis, 2013）。両親が働いている場合、親の性別ではなく、親のどちらがより高い学歴をもつかが重要になる。ただし、もし父親よりも高い教育を受けている母親が働いていない場合、働いている父親よりも、母親のほうが子どもの教育成果に与える影響は重要なものとなる。

以上のとおり、世代間社会移動の分析には難しさがともなうものの、移民の子どもの世代間社会移動に関する定説は数多くある。

- 移民の親と子どもとの教育成果の関連の強さについては、数多くの先行研究が言及しているが、学歴の高い親と学歴の低い親とのあいだで関連の強さがどの程度の違いをみせるのかについては、ほとんど研究がなされていない。大半の先行研究では移民の両親をもつネイティブは学歴からみると上方移動を経験していることを指摘している。しかしこれは多くのOECD諸国がそうであるように、OECD非加盟国出身の移民の両親の場合、学歴が低いことに起因している（第3章とZuccotti, Ganzeboom and Guveli, 2015を参照）。
- 現居住国で生まれた学歴の低い親をもつ子どもと外国で生まれた学歴の低い両親をもつ子どもの学歴からみた世代間社会移動をみてみると、非常に多様な傾向がみられる。たとえば、カナダについては移民背景のある学歴の低い父親をもつネイティブの場合、カナダ生まれの父親をもつ子どもに比べると、学歴からみた世代間社会移動は上方移動を経験する傾向にある（Aydemir, Chen and Corak, 2013）。ドイツの場合、移民の子どものほうが、ドイツ生まれの親をもつ子どもよりも、社会経済的に困難な状況にしなやかな強さでもって対応しており、親の学歴の低さが影響しにくい（Luthra, 2010）。ノルウェーでも上方移動は社会経済的背景が不利な状況にある現居住国で生まれた親をもつ子どもと外国生まれの両親をもつ子どもによりみられる（Hermansen, 2016）。逆に、オーストリアでは移民家庭のほうが学歴の低さが引き継がれる（Altzinger *et al.*, 2013）。だがこれらの教育の面からみた成果は、現居住国生まれの学歴の低い親と外国生まれの学歴の低い親とのあいだにある多様な要因が十分に検討されてこなかったことも影響している。すでにみてきたように、OECD諸国出身の学歴の低い親と、OECD非加盟国出身の学歴の低い親とでは背景的特徴という点で大きく異なることが示唆される。
- 収入に関する世代間社会移動については、結果が分かれている。多くの国で、収入をめぐる世代間社会移動については、現居住国で生まれた親をもつ子どもに比べて、外国生まれの両親をもつ子どものほうが移動の幅が小さいことが明らかにされている（たとえばスイスについてはBauer, 2006; ドイツについてはYuksel, 2009）。一方でカナダの場合、収入をめぐる世代間社会移動の幅は両者のあいだで同程度の傾向にある（Aydemir, Chen and Corak, 2013）。
- さらにOECD諸国のうちEU諸国に着目してみると、EU圏外で生まれた両親をもつネイティブの場合、世代を超えて就労可能性が低いことが明らかにされている。EU圏外出身の学歴の低い親をもつネイティブと現居住国生まれの学歴の低い親をもつネイティブを比較すると、子ども自身の教育成果を考慮しても、EU圏外で生まれた両親をもつグループのほうが、就労可能性が低いことが明らかにされている。就業率の差をみてみると、オーストリア、スイス、スペイン、フランス、ノルウェー、イギリスについては、5～10パーセントポイントの差があり、ベルギーに関しては18パーセントポイントとその差が広がる傾向にある（第4章参照）。
- 職業に関する世代間社会移動について、EU諸国をみてみると、EU圏外で生まれた両親をもつネイティブのほうが、現居住国で生まれた親あるいはEU圏内で生まれた親をもつネイティブに比べて、上方移動が経験されにくい。EU圏外で生まれた両親をもつネイティブの場合、父親の仕事で求められるスキルよりも高いレベルが必要とされる仕事についている割合は、５人に１人にとどまる。一方で、現居住国で生まれた親あるいはEU圏内で生まれた親をもつネイティブの場合は３人に１人の割合に達する（第４章参照）。子ども自身の教育成果を考慮すると、EU圏外で生まれた両親をもつネイティブのほうが現居住国で生まれた親をもつネイティブに比べて職業からみた世代間社会移動の割合が13～21パーセントポイント低下し、上方移動が経験されにくい。この傾向はオーストリア、ノルウェー、スペイン、ベルギーでみられ、４～６パーセントポイントの差がイギリス、フランス、スイスでみられる。

先行研究では、現居住国で生まれた親をもつネイティブの教育制度と労働市場における成果に影響を与える多様な要因について、とくに親の世代との関連から、上方移動を阻むのか、あるいは促すのか、分析がなされている。これらの要因については本章で引き続き検討を進める。

第２節　世代間社会移動に影響を与える家族の背景的特徴

外国生まれの両親をもつネイティブの世代間社会移動に関して、潜在的に影響を与える要因として家族の背景的特徴の数々が先行研究では指摘されてきた。以下では、きょうだいの数や現居住国における親の滞在期間や言語スキル、教育アスピレーションがいかに世代間社会移動に影響を与えるかを検討する。

きょうだいの数と生まれた順番

お金や時間といった資源には限りがあることから、子どもへの投資については、量と質のトレードオフの問題に親が直面することを多くの先行研究が言及している。きょうだいが多いと、子どもの教育成果にネガティブな影響を与えると指摘する研究もある（Becker and Tomes, 1976）。したがって、大家族で育つ場合、世代間社会移動の幅は小さく、収入の低い家庭出身の子どもは投資される資源もごくわずかにとどまる可能性がある。きょうだいの数と教育成果のネガティブな相関について指摘している先行研究もある（Sieben, Huinink and de Graaf, 2001）。たとえ家族規模を考慮しても、経済的な資源が限られていることなど、大家族がもつ社会経済的特徴の影響が大きいことが指摘されている（Meier Jæger, 2008）。だが全体的な傾向として、先行研究による見解は分かれており、分析モデルや分析に用いられているデータによって大きく異なる結果がみられる（Angrist, Lavy and Schlosser, 2006）。さらに、何番目に生まれたのか、出生順が重要な要因となることが考えられる。たとえばノルウェーの場合、出生順を考慮すると家族規模の影響はなくなる（Black, Devereux and Salvanes, 2005）。同様の結果がアメリカやオランダでもみられる（de Haan, 2005）。

移民家庭の世代間社会移動に家族規模ときょうだいの数が与える影響について焦点をあてた先行研究では多様な結論がみられる。多くの国で、EU圏外で生まれた両親をもつ若者は、現居住国で生まれた親をもつ場合に比べて、きょうだいの数が多いことで知られる[3]。さらにOECD諸国やヨーロッパ諸国における移民背景をもつ若者は貧しい家庭環境で育つ傾向にある。それは、親が子どもに投資できる資源が限られていることを意味する。きょうだいの数が移民の子どもに与える影響について論じている先行研究では、その結果が分かれている。

きょうだいの数はドイツにおける中等教育段階の学校での教育成果に大きな影響を与えていない（Kristen and Granato, 2007; Luthra, 2010）。同様の結果がノルウェーにもみられ、移民の親をもつネイティブの教育成果にきょうだいの数が及ぼす影響はとても小さいことが指摘されている。だが第一子の場合、平均して男女ともに0.4年分の教育段階に相当する高い教育成果を得ている（Hermansen, 2016）。フランスの場合、その他の家族の背景的特徴に比べて、きょうだいの数が移民背景をもつネイティブに対して相対的に負の影響を与えることが明らかにされている（Domingues Dos Santos and Wolff, 2011）。

逆に、スイスの場合、少なくとも親のどちらか一方が外国生まれで自身がスイス生まれの子どもについては、きょうだいの数が増えると、より高い教育段階の教育を受ける割合が小さくなる（Bauer and Riphahn, 2007）。家族の背景的特徴を複数考慮しても、移民背景をもつ若者には家族規模が負の影響を与えることが明らかにされている。親の学歴が低く、きょうだいが3人以上いる場合、きょうだいがいない、あるいは1人しかきょうだいがいない場合に比べて、より高い教育段階の教育を受ける割合が6パーセントポイント下がる（21%から15%）。同様の傾向がフランスとドイツでもみられる。この研究では、きょうだいの数によって家族規模が与える影響の大きさが変わることを明らかにしており、3人以上きょうだいがいた場合に限って、教育成果に強く影響を与えることを明らかにしている（Meurs, Puhani and von Haaren, 2015）。ただし、外国で生まれた両親をもつネイティブは、自身に移動経験のある移民の子どもや現居住国で生まれた親をもつ子どもに比べて家族規模の影響を受けにくい（ただしドイツでは影響が大きい）。

しかし、家族規模が教育成果に逆の影響を与える場合もある。年上のきょうだいが年下のきょうだいに対してポジティブな影響を及ぼす場合である。とくに、学校システムに関する知識が不足していたり、子どもの面倒をみる体制が十分に構築できない移民の親の場合には、年上のきょうだいが年下のきょうだいに対して、学校制度へと導く役割を担うこともある。年上のきょうだいの重要性について言及している研究もあるが、議論は分かれており、質的研究を中心に研究がなされている。これらの研究の多くがインタビュー調査にもとづいており、年長のきょうだいが年少の子どもの面倒をみるための重要な資源となっていることを明らかにしている（たとえばMoguérou and Santelli, 2015）。

オーストリア、フランス、スウェーデンにおいては、トルコ生まれの親をもつネイティブの子どもは、家族規模が大きくなるほど年長の子どもによるサポートの量、たとえば宿題の手助けなどが増えていることが明らかにされている（Schnell, 2014）。このことは、きょうだいの数が多くなると、親から年長のきょうだいへと責任がシフトしていくことを示唆している。さらに、オーストリアでは年上のきょうだいの数が多くなるほど、早期に離学する割合が小さくなり、後期中等教育段階へと進学する割合が大きくなる。この相関は親の学歴と収入を考慮した後でもみられる。一方でフランスとスウェーデンでは年長のきょうだいのサポートがまったく影響しない場合もある。研究からは、教育制度の違いが要因となってこうした知見が引き出されたことが指摘されている。フランスやスウェーデンではフルタイムの学校制度であるのに対し、オーストリアでは半日の学校制度であり、家庭が学校と宿題支援においてより重要な資源となることを反映しているといえる。

とはいっても、移民の子どもに対して家族規模が与える影響については、結論は一様ではない。とくに大家族で育つ場合、教育成果に対して不利に働くことを指摘する研究もあれば、家族規模は説明変数とはならないと指摘する研究も少なくない。それゆえに家族規模それだけが影響を与えるのではなく、大家族で育っていくにあたって関連する他の要因、たとえば限られた経済資本などがより重要な要因となることが考えられる。それゆえに、教育費負担や学校制度など、制度的な要因が世代間社会移動における家族規模の影響の大きさを左右することが示唆される。さらに年上のきょうだいが年下のきょうだいにとって資源となること、また、年下のきょうだいのほうが世代間社会移動の可能性が高くなることはほとんど知られていない。

現居住国における親の滞在期間の長さ

現居住国に移動してきたときの年齢と滞在期間の長さが、統合に大きな影響を与えることをこれまで多くの先行研究が指摘してきた。一般的に、若い年齢段階で現居住国に移動し、長年にわたって現居住国に滞在している場合、就業や言語スキルなどの統合に関する指標に正の影響を及ぼすことが明らかにされている（Schaafsma and Sweetman, 2001; Böhlmark, 2008; OECD/European Union, 2015）。だがこれまで、移民の親の現居住国における滞在期間の長さが世代間社会移動に与える影響については、ほとんど研究されてこなかった。新規に入国した移民に比べて、親の滞在期間が長ければ長いほど、言語スキルや就業率が向上し、教育制度に対する知識も増加し、広範なネットワーク形成が進み、子どものサポートが促進されることからも、これは意外な結果ともいえる。

カナダでは親の滞在期間の長さは、幼稚園卒業時の子どもの語彙量にもっとも大きな影響を与え、7歳時点での算数と読解の得点に若干の影響を残すことが明らかになっている（Worswick, 2004）。このことからも、親の滞在期間の長さは言語スキルの伝達に大きな影響を及ぼすといえる。親の母語が英語でもフランス語でもない場合、親の滞在期間の長さが語彙テストの得点に与える負の影響が大きくなり、子どもの語彙テストの結果は下位10％に位置する。

デンマークの研究によれば、デンマークにおける親の滞在期間の長さが、子どもの学業成績に正の影響を及ぼすことが指摘されている（Nielsen and Schindler Rangvid, 2012）。母親の滞在期間の長さが子どもの、とくに息子のデンマーク語の試験結果に、正の影響を及ぼしている。一方で父親の滞在期間の長さは子どものデンマーク語の得点には影響しないが、算数の成績やドロップアウトの減少に正の影響があることを明らかにしている。

スウェーデンの事例からは、現居住国における親の滞在期間の長さは、子どものスウェーデン語の成績と標準化された言語テストの得点に正の影響を及ぼすことが明らかにされている。親の出生国別に世代間社会移動について分析すると、ヨーロッパ以外の国で生まれた親もつ子どものほうが、関連性が強くみられた（Smith, Helgertz and Scott, 2016）。

したがって現居住国における親の滞在期間の長さは正の影響を及ぼすが、しかし現居住国生まれの子どもに対してはわずかな影響にとどまる。さらに、親の滞在期間の長さは主に言語スキルの伝達において有利となることがわかる。これまでのところ、現居住国における親の滞在期間の長さが世代間社会移動に及ぼす影響について論じている先行研究はほとんどなく、カナダ、デンマーク、スウェーデンの3つの国の傾向しか把握できていない。そのため、これらの結論についてはあくまでも一時的なものとして理解する必要がある。これまでのところ、親が帰化しているかどうかに関するデータはまったくないが、帰化をしている場合には、滞在期間が長期にわたっていることが考えられる。帰化に関するデータが収集されれば、子どもの将来の成果との関連やそもそもなぜ現居住国に移動したのかその動機が子どもの移動パターンに与える影響などについても論じることにつながるだろう。

親の言語スキル

言語の学習過程では学校教育や仲間とのやりとりが大きな影響を与えるが、子どもの言語能力は親の言語スキルとも関連があり、とくに家庭で実践される言語学習が重要な役割をもつことが指摘されている。親の言語スキルは移民背景をもつネイティブが学校でうまくやれている、あるいはうまくやれいないのかはなぜか、教育に関する上方移動が経験されているかなどを説明する重要な要因である。

家族の一人の言語能力が、他の家族の言語能力ととても強く関連していることが先行研究から明らかにされている（Chiswick, Lee and Miller, 2005）。しかし言語スキルとは日々の会話などで適切な言語を話せればそれで良いというわけでもない。読解力を量・質ともに高め、適切な文章表現ができることが、学校、労働市場、将来の生活で求められる。外国で生まれた親であろうと現居住国で生まれた親であろうと、学歴の低い親をもつ子どもは、語彙が乏しく、学業上の言語の使用に困難を抱える傾向がある（Pan, Spier and Tamis-Lemonda, 2004; Becker, 2011）。結果として、文章を読んで理解したり、文書を作成することなどが難しく、教育面で高い成果を得にくい。それゆえに、先行研究では移民の親から子どもへといかに言語スキルを伝達できるかが議論されている。また同時に社会経済的背景要因の考慮も求められている。というのも、移民特有の問題としてではなく、社会経済的背景の低さに目配りする必要があるからである。

だが、移民の親から子どもへの言語スキルの伝達を分析するにあたって、数々の困難があることが先行研究では指摘されている。先行研究の多くが現居住国における親の滞在期間の長さや自己申告に基づく言語レベル評価に即して、言語スキルを測定しているが、ある程度は出生国によって言語スキルが規定されるというバイアスがある（ドイツについてはEdele *et al.*, 2015）。さらに、家庭で使用される言語についてもその国の公用語と異なる場合には教育成果に対して負の影響をもたらすことが指摘されている（Schnepf, 2007; Dustmann, Frattini and Lanzara, 2012; Sweetman and van Ours, 2015）。これらの知見は実際の子どもの言語スキルや親の言語スキルを明らかにするわけでもなければ、世代間における言語能力の伝達をあらわしているわけでもない。さらに、移民の親によっては言語習得が容易で、短期間で進む場合もある。それはとたとえば親の学歴が高かったり、現居住国の言語と自身が使用する言語とが言語学的分類上近い場合などがあてはまる（言語学的分類上の近さが言語学習に与える影響については、Chiswick and Miller, 2005やIsphording and Otten, 2013を参照）。先行研究からは現居住国の言語スキルは親から子どもへと伝達されるだけでなく、その逆もありうることが明らかにされている。学校で言語スキルを向上させた子どもは、今度は親の言語スキルに正の影響をあたえる。一方で、子どもがいることが原因で労働市場へのアクセスが困難になっている場合、子どもをもつということそれ自体が親の言語能力を低めてしまうこともある（Chiswick, Lee and Miller, 2005）。これらの注意点を念頭に置きながらも、親の言語スキルが低い場合、子どもの言語習得や進路において負の影響をもたらすことを、多くの先行研究が指摘している。

アメリカを事例に、アメリカ生まれの子どもの自己申告に基づく言語能力をみてみると、親の言語能力から正の影響を受けていることが明らかにされている。だが子どもの年齢が上がるにつれてこの効果は下がり、子どもが中等学校に進学する頃には効果がゼロになっている（Bleakley and Chin, 2008）。

ドイツを事例にした研究では、「言語資本」が親から子どもへとどのように伝達されているのかについて焦点をあてて論じている（Casey and Dustmann, 2008）。学歴や収入、現居住国における滞在期間の長さなどの親の背景的特徴を考慮した後でも、親の言語スキル――ここでは自己申告にもとづく――は子どもの言語スキルと関連性があることを明らかにしている。もし親の言語スキルが、コード0（とても悪い）から1（とても良い）までの範囲で0.1上がると、ドイツで生まれた子どもの場合には言語スキルが2.5%増し、外国生まれでドイツ到着時が10歳未満の子どもの場合には言語スキルが3%増す。

フランスを事例にした研究では、移民の親の自己申告にもとづく言語スキルを切り口に、現居住国生まれの子どもの教育面での成果に及ぼす影響について分析している（Domingues Dos Santos and Wolff, 2011）。親のフランス語の言語能力は子どもの教育成果に強く、大きな影響を及ぼすことを明らかにしている。親の学歴やフランス語の言語能力を考慮すると、フランス語を話すのに困難を覚えると回答した親の場合、親の教育成果が子どもの教育成果に与える影響は小さくなる。

言語スキルの伝達に関しては、データが自己申告にもとづくという不確定さが常にともなうため、分析が難しい。さらに、言語スキルは単に親から子どもへと伝達するわけではなく、子どもから親へと伝達することもある。こうした点に注意する必要があるものの、親の言語スキルが高いと、子どもの言語スキルと教育成果に正の影響を与える。それはとくに子どもの年齢が小さい場合に、より顕著にみられる。

第3節　教育アスピレーションと将来への期待

移民の親が、子どもの教育成果に対して現居住国で生まれた親と同等あるいはそれ以上のアスピレーションをもっていることが、近年明らかにされている（Hagelskamp, Suárez-Orozco and Hughes, 2010; Gresch *et al.*, 2012; Brinbaum and Cebolla-Boado, 2007）。ベルギーやドイツ、ハンガリーでは移民の親は移民背景をもたない親に比べて、子どもに大学に進学してほしいと考える傾向が強い。この違いは社会経済的背景を考慮した際により大きくなる（OECD, 2015; アメリカについてはRaleigh and Kao, 2010）。

さらに、移民背景をもつ子どもは将来の進路を楽観的にとらえている傾向がある。PISA調査の得点が同じで、社会経済的背景も同等の生徒を移民背景別に比較してみると、移民の両親をもつ生徒のほうが高等教育を修了したいと希望している割合が、調査対象の14か国すべてで高い[4]（OECD, 2010）。一般的に、親の楽観的な態度は子どもの進路決定の際に重要で、教育による恩恵を子どもに継承させることができる（Sewell and Hauser, 1972; Morgan, 1998; Modood, 2004）。したがって高いアスピレーションは社会関係資本の世代間移行の形式としてみなすことができ、移民の子どもの社会移動を上方へと促す可能性を高める（Raleigh and Kao, 2010）。

だがEU諸国やOECD諸国の多くの国々では、移民の親のアスピレーションが高いにもかかわらず、実際の子どもの進路は逆の結果となっている。この現象は「アスピレーションと学力をめぐるパラドックス」として先行研究では広く議論がなされている。家族のより良い生活を求めて自身が生まれた国から移動した親の場合、より上方に社会移動したいという野心をとくに強くもっている（Kao and Tienda, 1995; Hagelskamp, Suárez-Orozco and Hughes, 2010）。あるいは起こりうる差別あるいは実際に今受けている差別から身を守るためにより高い教育段階の教育を受けようというモチベーションを強くもっている（Vallet and Caille, 1999）。しかし、移民の親がもつこれらのアスピレーションは、教育制度に対する親和性の低さや子どもが教育制度で直面する困難に対して現実的ではない期待を抱いていることに起因している可能性もある（Gresch *et al.*, 2012）。このように、どのようにしたら抽象的な希望を具体的な成果に結びつけられるのかという方法に関しての知識がないために困難が生じる。一方で、非現実的な高いアスピレーションをもつということは、――個人の信念とも表現できる――生徒の行動にそって必然的に求められる、あるいは高いアスピレーションだけでも教育制度における広範な構造的問題に立ち向かっているのかもしれない(Cummings *et al*., 2012)。

移民背景の有無に着目して、アスピレーションの違いを論じた先行研究はごくわずかで、親と子ども双方が高いアスピレーションをもつ場合に、世代にわたる不利の連鎖を断ち切ることにつながるのかについて論じた研究もわずかにとどまる。さらに、因果関係について論じている先行研究がないという点にも注意しなければならない。高いアスピレーションをもつことが、より良い教育成果につながるのか、あるいは、学校でうまく適応したことによって高いアスピレーションをもつのか、これまでのところ明らかにされていない。

アメリカを事例に子どもの教育成果に対する親の期待の影響について論じた先行研究からは、移民の親のほうが、アメリカ生まれの親よりも、子どもに後期中等教育への進学を期待する傾向が強いことが示されている(Glick and White, 2004)。社会経済的背景を考慮すると、移民の親の期待と生徒自身の期待が後期中等教育への進学率の高さを一部説明する要因となる。ただし、移民背景の有無にかかわらず、親の期待が多様に影響しており、移民であることと親の期待との有意な関連はみられないことも明らかにされている(Glick and White, 2004)。

オーストラリアの事例研究では、大学入学試験におけるアスピレーションの役割について検討の余地の残されたデータについて言及がなされている[5] (Le, 2009)。親のアスピレーション――ここでは子どもが中等教育を修了した後も進学の意思をもっていると仮定している――が外国生まれの子どもの入試結果に有意でポジティブな影響を及ぼしていることを明らかにしている(試験得点が5ポイント高い)。オーストラリア生まれの子どもの場合、親のアスピレーションはそれほど入試結果に影響を与えない(2ポイント高い)。また移民背景をもたない子どもに関しては、親のアスピレーションによる影響がまったくみられない。しかし、生徒自身のアスピレーションについてみると、試験得点に影響を及ぼしているのは現居住国で生まれた親をもつ生徒のみで(5ポイント高い)、移民背景をもつ生徒には影響を及ぼしていない。

フランスの研究によれば、移民の親は子どもの教育に対して高いアスピレーションをもっており、アスピレーションの高さが社会経済的背景が低いことによる影響を小さくし、前期中等および後期中等教育段階における子どもの進路にポジティブな影響を及ぼしていることが明らかにされている(Vallet and Caille, 1999)。

だが一方で、アスピレーションや自己効力感、学校教育への意味づけの違いが教育成果に与える影響を論じるには十分に信頼できるデータがないことも指摘されている(Cummings *et al*., 2012)。イギリスとアメリカを事例に、不利な家庭における生徒と親のアスピレーションや態度が変わるかどうかについて、30の介入プログラムをメタ分析した結果、これらのプログラムが教育成果に与える影響は周辺的なものであることが明らかにされた。さらに、大半のプログラムにおいては、教育成果の高さが、考え方が変わったことによるものなのか、あるいはメンタリングプロジェクトや親の参画によるプログラムなどの実施によるものなのか、いまだに明確にはなっていない。また、

表 2.1　家族の背景的特徴と世代間社会移動が移民の子どもの教育成果に及ぼす影響

家族の背景的特徴	促進要因／阻害要因	事例
きょうだいの数	（阻害要因）	影響は小さい／ほとんど影響ない • ドイツ：Kristen and Granato, 2007 • フランス：Domingues Dos Santos and Wolff, 2011 • ノルウェー：Hermansen, 2016 影響は大きい／かなり大きな影響 • スイス：Bauer and Riphahn, 2007 • フランスとドイツにおける大家族：Meurs, Puhani and von Haaren, 2015
	（促進要因） （年上のきょうだいによる学校・宿題支援）	かなり大きな影響 • オーストリア：Schnell, 2014 ほとんど影響ない • フランスとスウェーデン：Schnell, 2014
現居住国における親の滞在期間の長さ	（促進要因）	数学の得点への影響：小さい／ごくわずか 言語科目の得点への影響：小さい／ごくわずか • カナダ：Worswick, 2004 • デンマーク：Nielsen and Schindler Rangvid, 2012 • スウェーデン：Smith, Helgertz and Scott, 2016
学校制度に対する親和性	（促進要因） •正確な影響の大きさは不明、質的研究では親の「ノウハウ」が重要との指摘あり •親のかかわりを促進する政策は正の影響ありと明らかにされている	• アメリカ：Deil-Amen and Rosenbaum, 2003 • イギリス：Brooks, 2008 • アメリカ：Jeynes, 2003 • アメリカとイギリス：Schofield, 2006
親の言語スキル	促進要因	• ドイツ：Casey and Dustmann, 2008 • アメリカ：ただし幼少期に限定：Bleakley and Chin, 2008 • フランス：Domingues Dos Santos and Wolff, 2011
親のアスピレーションと期待	（促進要因）	不明あるいはそれ自身だけでは十分な説明要因とはならない • アメリカとイギリス：Cummings *et al.*, 2012 • ドイツ：Gresch *et al.*, 2012 • イギリス：St. Clair, Kintrea and Houston, 2013

注：教育面での成果は取得した資格（たとえばもっとも高い学位の取得）とパフォーマンスから構成されている。具体的にパフォーマンスとは標準化された試験での成績や得点などをさす。+/-（促進要因／阻害要因）とは、家族の背景的特徴と成果とのあいだの関連性を示している。たとえば、きょうだいの数が多い場合、教育面での成果を促進する要因にも阻害する要因にもなりうることがわかる。親が及ぼす影響が大きいと言及している先行研究は、本表に掲載されたものに限定される。

不利な状況にある学校の多くでは生徒と親のアスピレーションは高いが、教育アスピレーションをどのように具体化し、成果へとつなげていくかに関する知識は十分にもてていないことを指摘した研究もある（St. Clair, Kintrea and Houston, 2013）。高いアスピレーションは必要であるが、それだけでは高い教育成果や上方移動には結びつかないことがわかる。

コラム2.2　高等教育へのアクセス

職業に関する世代間社会移動にあたっては学位をもつことの重要性が増している。労働市場にうまく参入するためには、親世代に比べて子ども世代のほうが社会的に学位の重要性が増しているからである。高等教育を受けた人の割合が高まることが、実際にその後の人生において世代間社会移動を増加させる指標となるかは議論の余地があるが（Bol, 2015; Bukodi and Goldthorpe, 2016)、高等教育を受けたことは今日においても労働市場における「支払い」の指標となることが明らかにされている（Machin, 2012)。しかし、移民の親をもつネイティブが大学に入学するにあたって特定の困難に直面するという問題も残されたままである。

先行研究からは後期中等教育を修了した移民背景をもつネイティブとエスニックマイノリティの生徒は現居住国で生まれた親をもつ同一の社会経済的背景をもつ生徒に比べて、高等教育段階へと進学する割合が高い（ドイツについてはKristen, Reimer and Kogan, 2008; カナダについてはTurcotte, 2011; イギリスに関してはChowdry *et al.*, 2008; イギリスとスウェーデンについてはJackson, Jonsson and Rudolphi, 2012)。多くの国で、後期中等教育段階において学力に応じた進路の振り分けがなされていることを考慮に入れると、移民背景をもつ子どもは多くの場合この過程で困難を抱えがちだが、ポジティブな選抜の結果を反映しているといえるかもしれない。とはいっても、後期中等教育を受けた移民の親をもつネイティブの割合を踏まえれば、大学進学率はその比率を反映しておらず、下回っている点に問題がある。

分析が可能な国においては、移民の親をもつ生徒とエスニックマイノリティの生徒は、現居住国生まれあるいはエスニックマジョリティの親をもつ生徒に比べて、総合大学やポリテクあるいは応用科学の大学に進学する傾向が強い（Chowdry *et al.*, 2008; Kristen, Reimer and Kogan, 2008; Tolsma, Need and de Jong, 2010)。

さらに、高等教育の質や評判が大学ごとに大きく異なる国では、移民背景をもつネイティブは現居住国で生まれた親をもつ生徒と同程度の大学進学率であるものの、著名でない大学に多数進学するという傾向がみられる。イギリスではエスニックマイノリティの生徒はグレーター・ロンドンに新設された大学に進学する傾向が強く、威信の高い伝統的な大学に進学する割合は低い（Connor *et al.*, 2004)。さらにイギリスに関してみると、威信の高い大学の場合、エスニックマイノリティの志願者と白人の志願者とが同等の成績であった場合に、白人に対してより多くの入学許可を出す傾向があることが明らかにされている（Boliver, 2013)。

最近では多くの国で、移民の親をもつ生徒とエスニックマイノリティの生徒が高等教育を修了する傾向にあるが、かれらの社会経済的背景を考慮したデータはほとんどない。イギリスにおけるエスニックマイノリティの生徒は高等教育を中退する割合が少ないことが明らかにされている（Vignoles and Powdthavee, 2009)。一方で、オランダにおける移民の子ども（Zorlu, 2011）とフランスにおける特定のエスニックマイノリティグループに関しては（Brinbaum and Guégnard, 2013)、逆の傾向が明らかにされている。

第４節　不利な環境で育つことと世代間社会移動との関連性

居住地域のセグリゲーション（隔離化）とは特定の社会グループが特定の地域に集住し、隔離が進むことを意味し、まさに不平等が進行している証左としてだけでなく、質の高い教育や仕事へのアクセスを阻むなど、社会的格差を広げるメカニズムとしても作用する（Peach, 2009）。こうした周辺環境の影響は、すでに有利なグループの機会をさらに広げることにもつながる。たとえば、収入の高い集団のほうが豊かな環境が構築されていくことなどをさす。

移民家庭の居住地域をめぐるセグリゲーションについて、国際比較研究をおこなうのは容易ではない。それは地理的な区分やデータがそもそも国際比較可能なものではないという点にある（Sleutjes and de Valk, 2015; Östh, Clark and Malmberg, 2014）。しかし、先行研究からはエスニックグループ別にみる居住地域のセグリゲーションは、ヨーロッパ諸国よりもアメリカの都市でよくみられるものであることが明らかにされている（Musterd and van Kempen, 2009）。イタリア、スペイン、ポルトガルにおける６つの都市のセグリゲーションのパターンを比較した研究（Arbaci and Malheiros, 2010）によれば、1990 年代、そして 2000 年代初めに移動してきた移民は郊外に集住する傾向がある。逆に、中央ヨーロッパと北ヨーロッパをみてみると、移民は都市に集住する傾向がある。さらに、不利な環境で育つことは、世代を通じて継承されることが明らかにされている。低収入の人が多く集まる環境で育った若者は、親の家を出た後も、低収入の人が多く集まる地域に居住する傾向があり、これは移民の子どもとエスニックマイノリティのほうに強くみられる傾向である（ストックホルムについては van Ham *et al.*, 2014; アメリカについては Vartanian, Walker Buck and Gleason, 2007）。

エスニックグループによるセグリゲーションが就業や教育成果、言語能力の障害となるという仮説は根強いが、移民の子どもの統合に関してセグリゲーションが与える影響については、必ずしも明確な分析結果があるわけではない（Bolt, Özüekren and Phillips, 2010）。周辺環境の社会経済的分布や親の背景的特徴、移民コミュニティの社会関係資本が密接に絡んでいる。

移民の子どもの不利な環境が及ぼす影響について論じた先行研究の大半が、教育達成や労働市場への参画に関して、社会経済的な面での成果に基づきながら、エスニックグループが及ぼす影響など、移民特有の要因が何かを明らかにすることをめざしてきた。「エスニック資本」という考え方は ボージャス（Borjas, 1992）によって提唱され、「エスニックな環境」が不利の世代間連鎖を説明するうえでとても重要な役割を担っていることを論じた。ボージャスは、エスニック資本とは父親世代のエスニックグループの平均的スキルをさすと定義した。平均的スキルは学歴や職業威信スコア、収入などの指標から算出されている。だが、このアプローチは批判もなされてきた。ボージャスはエスニック資本とは「エスニックな環境の質」を把握するために設定した概念であり、単に経済的な側面だけでなく、社会的文化的要因を含むものであることを強調してきた。だが社会的文化的要因については実際に分析されておらず、エスニック資本とは実際何を含んだ概念なのか、明示性が十分ではないと批判がなされてきた。

エスニック資本の分析が難しいことを指摘した研究もある（Niknami, 2010）。エスニックグループ内であっても必ずしも類似の環境で生活しているわけではないからである。移民グループは小さく、比較的分散して居住しており、グループ内で定期的にやりとりがなされることもそれほど多くない。そのため、移民背景をもつネイティブが親世代の平均的なスキルによって影響づけられていると仮定することは難しいことを指摘している。移民コミュニティの集団的資本については、地域レベルと移民家庭が多く住む地域と両方に焦点をあてることが課題であることを指摘している。

ボージャス（Borjas, 1995）はこの問題をアメリカの居住地域の環境レベルに焦点をあて、1970年代からの国勢調査にもとづいて分析をおこなった。ボージャスは、居住地域のセグリゲーションが移民の親世代からアメリカ生まれの子ども世代へと継承されていることを明らかにしただけでなく、エスニックグループの平均所得が高い地域では、平均よりも収入が低い移民の父親をもつ息子が労働市場でより良い収入を得るようになることを明らかにしている。ただしこの「エスニックな影響」は、周辺エリア全体の平均収入などの周辺環境の影響を考慮すると、大幅に減少する。

ヨーロッパの先行研究の大半は、エスニック資本を切り口に世代間社会移動をほとんどあるいはまったく論じていない。スイスでは国レベルと地域レベルの両方で高度な教育を受けた同じエスニシティをもつ仲間が移民背景をもつネイティブに与える影響はごくわずかにとどまる。エスニック資本をめぐる仮説によれば、親の学歴とは関係なく、エスニック資本が十分にないグループのほうがエスニック資本が十分にあるグループに比べて高等教育を修了している傾向にある（Bauer and Riphahn, 2007）。同様に、ドイツ（Yaman, 2014）やデンマーク（Hammarstedt and Palme, 2012）においては、移民背景をもつネイティブに関してもエスニック資本の重要性がほとんどないことが明らかにされている。スウェーデンに関しては、特定の自治体における同じエスニシティをもつ人の割合が、移民背景をもつネイティブの高校卒業にも、大学卒業にもほとんど影響を与えていないことがわかる。同じエスニシティをもつ人の割合が高まると仕事に就かない人の割合を減らすことが明らかにされているが、収入にはまったく影響がないことも明らかにされている（Grönqvist, 2006）。

しかし、スウェーデンの都市部を例にみてみると、後期中等教育を修了している移民背景をもつ成人の社会保障を受けている割合が比較的高い地域では、中等教育を修了した移民背景をもつ若者が減っている。これは学歴が対価に見合わないという印象をもつ環境のなかで育ったことが関係しているといわれる（Gustafsson, Katz and Österberg, 2016）。

このように、特定のグループの人的資本に関するまぎれもない事実は移民背景をもつネイティブの就労可能性や教育成果への影響を小さくする可能性がある。

イングランドとウェールズにおけるエスニックマイノリティの研究では、エスニックグループの集中が労働市場の成果にいかに影響を与えるかという、そのニュアンスを理解することが重要だと指摘している（Zuccotti and Platt, 2016）。パキスタン系とバングラディッシュ系の女性の場合、同じエスニシティをもつ人の割合が高いと労働市場への参加率が低下する。一方インド系の男性の場合、職業面での成果は向上し、他のグループでは影響がみられないことが明らかになっている。これらの事例はグループに特有の社会関係資本とジェンダー規範の重要性を明確に示している。同じエスニシティをもつ人の割合が高い場合、職の機会の提供や人員募集の情報共有などの点で有利であるが、エスニックグループがこうした集団的資本を有していない場合、労働市場における成果は限定的となる（Portes and Zhou, 1993; Portes, 1998）。したがって特定のエスニックグループが他のグループよりも労働市場で「うまくやっている」のかどうかは、親世代の選別の影響を反映した結果だといえる（詳細は本章第２節を参照）。

その他の先行研究では周辺環境の重要性についてより一般的に議論を行っている。社会経済的に不利な環境で育った場合、世代間社会移動に関して長期的な影響を及ぼすことを指摘している。近年では実験的な政策介入に基づく労働市場における長期的な成果について研究がなされている。

アメリカにおける引っ越しの機会に関する長期的成果についてみてみると、貧困地域の公営住宅に住んでいる家庭の場合、より豊かな地域へと引っ越しするためのバウチャーを受け取ることができる。13歳未満で移動した子どもの場合、移動していない子どもに比べて、生涯年収で比較すると約３倍高くなることが明らかにされている（Chetty, Hendren and Katz, 2016）。しかし、移動時に13歳以上であった場合、収入増の傾向はみられなかった。このように、世代間社会移動における周辺環境の影響は、とくに子ども時代に大きく、それはまた学校の質の重要性を指摘することでもあり、豊かな地域あるいは貧困地域でどのように異なるのかを明らかにすることでもある（Chetty and Hendren, 2016 参照）。同様に、アメリカにおける地域の平均収入は親の収入を反映しているだけでなく、子どもの将来の収入に対しても影響があり、地域の購買力が高ければ高いほど、将来的な繁栄の度合いは大きくなることも明らかされている（Rothwell and Massey, 2015）。

ただし、これらの研究では移民背景を考慮しておらず、社会経済的不利な状況にある人びとが集中する環境レベルがその後の労働市場における成果に及ぼす長期的影響についても検討していない。しかし多くの国において移民の子どもは貧困地域に居住することが多いことを考えれば、階層的不利と居住区に関するこれらの先行研究の知見は移民に関してもあてはまるものと思われる。

第５節　学校レベルの決定的要因

世代間社会移動に関する国別の状況をみてみると、学校教育の違いが一定程度影響していることがみえてくる。それは、学校制度によっては、移民背景をもつネイティブの不利を小さくすることに成功していることを示唆する。本節では、世代間社会移動に及ぼす学校レベルの背景的特徴の違いについて概観する。ここでは幼児教育や中等学校における選抜メカニズム、高等教育へのアクセスや教師の期待や振るまいが及ぼす影響などの制度的な観点から論じる。

移民背景をもつ生徒の在籍率が高い学校に通う

生徒が最寄りの学校に通う際、近隣に不利な状況が集中していなければ、多くの場合、学校にも不利な状況が集中していないケースがほとんどである。ただし移民背景をもつネイティブの場合、学校間の違いをみたとしても近隣地域の不利な状況の集中はわからない。アメリカ、イギリス、カナダでは、移民生徒の60～65%が学区外の他の学校へ通学しなければならない（Schnepf, 2004）。この割合はオランダ、スウェーデン、ドイツ、フランス、オーストラリアでは少し小さくなり（おおよそ50%）、スイスがもっとも小さく40%である。さらに、社会経済的階層によって学校を区分することもできる。中等教育における社会経済的セグリゲーション（移民背景の有無を含む親の背景的特徴による区分）は、とくにドイツ、ベルギー、ハンガリーでみられ、次いでイギリス、アメリカでもみられ、北欧諸国ではほとんどみられない（Jenkins, Micklewright and Schnepf, 2008）。

こうして、不利な生徒の在籍率が移民背景をもつネイティブの学歴からみた世代間社会移動にどの程度の影響を及ぼすのかという問いが導かれる。不利な状況にある生徒の在籍率と教育成果との関連性は必ずしも一筋縄ではいかない。すでに多くの研究が論じているように、不利の集中が大きすぎると「転換点」が生まれることが指摘されている。だがその値がどのあたりであるかは、いまだに明らかにされていない。さらに、特別なニーズを必要とする収入の低い家庭出身あるいは移民家庭出身の生徒を受け入れるための学校の体制や準備状況も関連している（Szulkin and Jonsson, 2007; Andersen and Thomsen, 2011）。

移民の親をもつ生徒が特定の学校に集中することによる影響について論じている多くの先行研究によれば、移民背景それ自体が問題なのではなく、社会経済的に不利な状況が集中することが教育成果に対して負の影響を及ぼすことが明らかになっている（Rumberger and Palardy, 2005; van der Slik, Driessen and de Bot, 2006; Lemaitre, 2012）。したがって学校の社会経済的平均レベルは、不利の世代間連鎖を弱めるうえで重要になる。以上のことを踏まえ、移民背景の有無が与える影響について論じていく。

学校における仲間の存在が決定的に重要だと多くの先行研究が論じている（たとえばSacerdote, 2011）。だが、仲間による効果はたとえば習熟度別学習や親の選択、学校の自由度などからなり、分析が非常に難しい（Hoxby, 2000）。先行研究の多くが、外国生まれの移民生徒の割合、外国生まれの両親をもつ現居住国生まれのネイティブの割合やエスニックマイノリティの割合が、移民背景をもたないネイティブの教育成果にいかに影響するかを論じている（OECD加盟の19か国についてはBrunello and Rocco, 2013）。ただし外国生まれの生徒と移民背景をもつネイティブの生徒両方を考慮することは、ほとんどなされておらず、両者の違いについて多くの先行研究が意識的ではない。さらに、学校における多様なエスニックグループの数や規模などの多様性が与える影響について分析している研究も多くない（Dronkers and van der Velden, 2013）。しかし、エスニシティの多様性は移民背景をもつ生徒の割合よりも教育成果にさまざまに影響を与えうる。たとえば、非常に多様性の高い学校に在籍している生徒は、他の言語コミュニティ出身の生徒とコンタクトをとる傾向にある。その結果、特定の言語グループが集中している学校よりも、教授言語を使用する機会も多い。しかしながら、エスニシティの多様性によって教師があまり効果的に教えられないと教師が判断している場合、エスニシティの多様性は学校における成果を低下させることにもつながる（Dronkers and van der Velden, 2013）。

メタ分析――その多くがアメリカを事例としている――によれば、エスニックマイノリティの生徒の割合が高い場合、マジョリティグループや他のエスニックグループよりも、同じエスニシティをもつグループの集中のほうがより大きな影響を及ぼすことが明らかにされている（van Ewijk and Sleegers, 2010）。しかし、明らかになっているのはごくわずかな影響で、それはとくに親の社会経済的背景の影響を比較した際にみられるものである。現居住国生まれの生徒に対する影響は限りなく0に近い。とはいっても、すべてのマイノリティグループにとって影響がみられるわけではない。アメリカでは、不利な状況にあるアフリカ系アメリカ人生徒の割合が移民の割合よりも教育成果に与える影響が大きい。

ヨーロッパの文脈では移民の親をもつ生徒の割合が移民の親をもつネイティブに対してネガティブな関連性をもつのかが調査されたが、結果は移民背景よりも社会経済的背景と学校の背景的特徴に大きく起因することが明らかにされている。移民の親をもつ生徒の割合は、社会経済的特徴を考慮すると、オランダの移民の子ども（Veerman, van de Werfhorst and Dronkers, 2013）やスペインの移民の子ども（Cebolla-Boado and Garrido Medina, 2011）、そしてデンマークの移民の子ども（Jensen and Rasmussen, 2011）のいずれもが、学校での成果にまったく影響していない[6]。

ベルギー、ドイツ、スウェーデンにおけるトルコ出身またはモロッコ出身の親をもつ現居住国生まれの若者についてみてみると、ベルギーとスウェーデンの場合、移民の親をもつ生徒の割合が高いとわずかに保護的効果がみられ、非学術系の進路に対して高等教育へと進学していく傾向が強い。一方ドイツでは、移民の親をもつ生徒の割合が高い場合、トルコ出身の親をもつ現居住国生まれの生徒はネイティブの生徒に比べて大学に進学する割合が低い（Baysu and de Valk, 2012）。オスロを事例に学校におけるエスニック構成比と成績に与える影響について論じた研究（Fekjær and Birkelund, 2007）によれば、学校のもつ社会経済的構成を考慮すると移民背景の有無にかかわらず、わずかではあるものの成績に正の影響を及ぼすことが指摘されている。ただしこれらの結果は後期中等教育段階の学校に限定した知見である点に注意が必要である。後期中等教育段階の学校に在籍している移民背景をもつ生徒とは、学習意欲や能力が他の中等教育段階の生徒よりも高い、選抜されたグループだからである。

社会経済的特徴を考慮すると、移民の親をもつ子どもの在籍率が移民背景をもつ生徒に及ぼす影響はほとんどみられないか、あるいはまったく影響がないことが多くの先行研究から示唆されている。従来、教育成果と移民の親をもつ生徒の割合が高いこととのあいだに観察されてきたネガティブな関係性とは、移民の親をもつ生徒の不利な状況を反映してきたといえる。

就学前教育

OECD諸国では、2012年時点で、3歳から6歳の外国生まれおよび現居住国生まれの移民の子どもの69%が就学前教育を受けているのに対して、移民背景をもたない子どもは76%が就学前教育を受けている。EU諸国の多くで、両グループの違いはほとんどみられず、とくに就学前教育が無償の場合は就学前教育を受けている子どもの比率に違いはみられなくなる。例外は、イタリア、ノルウェー、チェコであり、就学前教育を受けている子どもの比率におおよそ10%の差が生じている（OECD/European Union, 2015）。

就学前教育を受けている子どもに関する先行研究では、収入の低い家庭や移民家庭出身の子どもの場合はとくに教育と労働市場の成果において正の影響があることが明らかにされている（Heckman, 2011; Elango *et al.*, 2015）。また移民の親をもつ子どもにとって、就学前教育が言語スキルの向上に重要な役割を果たすことを明らかにしている先行研究もある（Bleakley and Chin, 2008; Votruba-Drzal *et al.*, 2015）。またのちの学校成果についてもポジティブな影響があることが明らかにされている（ドイツについてはSpiess, Büchel and Wagner, 2003; アメリカについてはMagnuson, Lahaie and Waldfogel, 2006; ノルウェー（オスロ）についてはDrange and Telle, 2010; オーストリアについてはSchneeweis, 2011）。

OECDによる学習到達度調査（PISA）の15歳時点における数学的リテラシー、読解リテラシー、科学的リテラシーの結果によれば、就学前教育を受けていることは15歳児の読解リテラシーに強い影響を与えていることがわかる。図2.1をみてみると、おおよそ40点の差が生じており、それは学校教育でいう1学年分の差に該当する。多くの国で、就学前教育を受けた移民背景をもつ子どもの場合、就学前教育を受けていない移民背景をもつ子どもと比べるとおおよそ1学年分の教育に相当するアドバンテージが確認される。イタリアとニュージーランドでは2学年分の差となってあらわれている。

就学前教育を受けているほうが世代間社会移動の可能性が高まり、移民の親をもつ子どもにとっても就学に向けて準備を進めることができる。しかし、そうした効果が得られるのは統計上就学前教育を受けている子どもの割合が60%に達していないといけない（Schütz, Ursprung and Wößmann, 2008）。もし、就学前教育を受けている割合が60%を下回る場合、就学前教育を受けているのは主として中高階層家庭出身の子どもであり、とくにかれらの教育におけるアドバンテージが増す結果となる。スイスの事例は、就学開始年齢が世代間社会移動に与える影響について、州レベルで論じている（Bauer and Riphahn, 2009）。この研究では就学開始年齢が早いと学歴の高い親をもつ子どもの相対的なアドバンテージが減少するため、世代間社会移動に与える影響が小さくないことを明らかにしている。

図 2.1　移民の親をもつ生徒の読解リテラシーの得点（就学前教育経験の有無別）（PISA 2012 年調査）

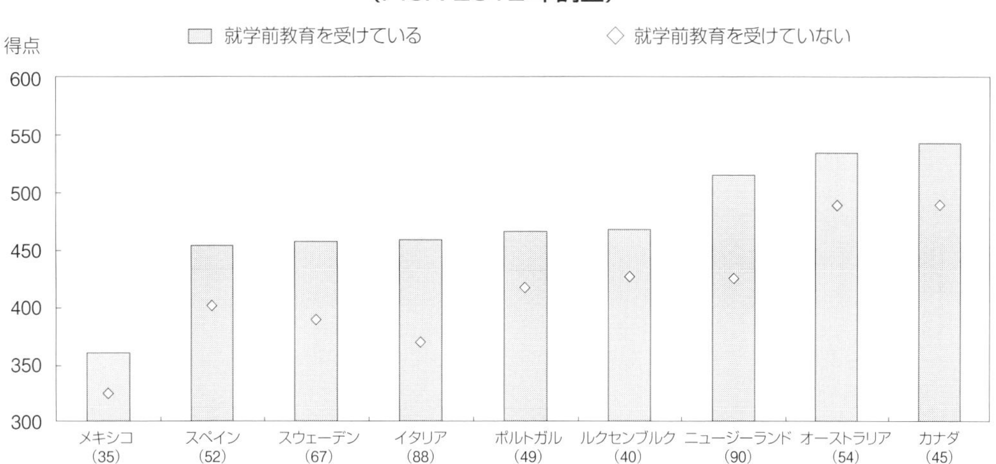

注：カッコ内の数値は得点差を示す。
出典：OECD (2015), *OECD Reviews of Migrant Education: Immigrant Students at School – Easing the journey towards Integration*, http://dx.doi.org/10.1787/9789264249509-en.

アクセスがしやすく、質が良いという条件のもとでは、就学前教育は世代間社会移動を増すということが明らかにされている。これは、不利な背景をもつ子どもの教育に早期に「介入」した結果である。とくに、移民の親をもつ子どもの場合、言語スキルが限られていることからも、就学前教育は言語能力の向上と学校へのレディネスを高めるという点で、重要な役割を担っている。

中等学校における早期選抜

初等教育終了直後などに行われる早期選抜は、家族の背景的特徴が大きく影響することを、多くの先行研究が指摘している（一連の議論は Betts, 2011; Burger, 2016）。多くの先行研究が、早期選抜の時期を遅らせるという実験的な制度改革が世代間社会移動に及ぼす影響について論じている（フィンランドについては Pekkarinen, Uusitalo and Kerr, 2009; スウェーデンついては Meghir and Palme, 2005; Holmlund, 2008）。しかし、これらの政策は義務教育制度の拡大などの他の教育制度改革の結果ともいえるが選抜を遅らせること単独の影響としても世代間社会移動をより加速させていることもみえてくる。しかしながら、総合制学校が効果を減少させるという研究結果もあり、非常に多くの議論がある（Pfeffer, 2015）。

さらに、早期選抜はその他の多様な要因にも左右される。たとえば、前期中等教育の選抜がこの世の終わりとして認知されるか[7]、ある程度他の学校種への透過性が担保されているのか、すなわち他の学校種への転籍が比較的可能かどうかなどの要因がある。総合制学校では、選抜性が弱まり、雇用主に対して中等学校の資格にまつわるシグナル化を弱めることになる。すなわち、修了資格が就職者のスキル全般を証明しているわけではなくなる（Schröder, 2010）。さらに、国際比較研究からは親の背景的特徴が早期選抜においてより重要となることが指摘されているが、学校のアドミッションポリシーや仲間集団などのその他の選抜システムを考慮した場合、親の背景的特徴による影響は小さくなる（Raitano and Vona, 2016）。選抜による効果は学校のアドミッションポリシーや学校の社会的環境を考慮すると大きく減少するが、学校における生徒の社会経済的異質性が高いほど、親の背景的特徴による影響を小さくすることが明らかになっている。

移民の子どもに早期選抜がいかに影響するかを論じた先行研究は比較的少ない。スイスを事例に学歴からみた世代間社会移動についてみてみると、中等教育の比較的後半段階において選抜がなされたときに限って、現居住国生まれの移民の子どもはより上方への世代間社会移動をおこなっているが、早期選抜よりも、幼稚園へ通っているかのほうが影響が大きい（Bauer and Riphahn, 2013）。

PISA 調査に参加している OECD 加盟の 45 か国において早期選抜の影響についてみてみると、特定の生徒グループにネガティブに影響していることが明らかとなった（Ruhose and Schwerdt, 2016）。初等教育段階と中等教育段階における試験得点を比較してみると、早期選抜は現居住国で生まれた親をもつネイティブと外国で生まれた両親をもつネイティブの両者に違いをもたらしていないことがわかる。しかし、家庭で教授言語を使用していない外国で生まれた両親をもつ生徒は、早期選抜制度からネガティブな影響を受けていた。

PISA 調査データに基づいて 11 か国を分析した研究によれば[8]、早期選抜は移民背景をもつ子どももともたない子どもとのあいだの教育の不平等を大きくすることが指摘されている。早期選抜は総合制学校に在籍する生徒よりも分岐型の学校制度に在籍する生徒のほうがより強く影響を受けることを明らかにしている（Entorf and Lauk, 2008）。

このように、前期中等教育段階における早期選抜は、引き続き検討課題として位置づくことがわかる。ただし、多くの先行研究が、より遅い年齢、おおよそ 15 歳ほどに選抜をおこなえば、子どもの教育成果にあたえる親の社会経済的背景の重要性を小さくすることができることを指摘している。ただし、仲間集団や就学前教育などのその他の要因のほうが、学歴からみた世代間社会移動にはより強く影響することを明らかにしている先行研究もある。

教育制度に対する親の親和性

各国特有の教育制度に対する知識や情報は、子どもの移動において重要なインパクトがある。もしこれらの制度に対して親和性が低いと、移民の親が子どもをサポートすることをより難しくさせる。たとえば、職業教育訓練制度（VET）が十分に構築されていない国から両親が移動してきた場合、子どもがこの制度から受けられる恩恵について自明ではないことがある。さらに子どもの学校を比較的自由に選択できる国や子どもの教育においてたとえば前期中等教育の早い段階で進路選択を迫られる国に住んでいる場合、移民の親が戦略的な知識（教育戦略）を十分にもてていない場合、移民の親には不利として働く。移民背景の有無に関して区別されていないが、中等教育段階の選抜が早い年齢段階でおこなわれている国では、学歴からみた世代間社会移動があまりみられない。これは進路選択の判断を親にゆだねた結果だと批判がされている（Pfeffer, 2008）。情報が限られていた場合には、早期選抜は親と子どもの成果をより強固なものにするメカニズムとなる。

ドイツではトルコ出身の親はドイツの教育制度に対して、現居住国で生まれた親ほど十分な情報をもっていないことから、その他の選択肢に目を向けるよりは一つの学校に絞る傾向が強いため、初等教育段階から学校におけるエスニックセグリゲーションが進んでしまう（Kristen, 2008）。さらに、教育制度に対する親の親和性は就学前教育に比べてより問題化する。質的研究によれば、「社会的なノウハウ」は大学に進学するには必要であるが、大学に進学していない親や他の国で大学教育を受けてきた親には身についていないことが指摘されている（Deil-Amen and Rosenbaum, 2003; Brooks, 2008）。

だが知識の有無が移民の親の意思決定や子どもの進路にどのような影響を与えているかより詳細に分析することは難しい。またどの程度知識が増えているのかを明らかにすることも難しい。たとえば、移民背景をもつネイティブが現居住国で生まれた親をもつ生徒に比べて、職業教育を選択しがちだが、この決断は職業教育訓練制度に対する情報不足というよりも、親の高い期待を反映してのことであることが指摘されている（Dag Tjaden and Hunkler, 2017）（第3章第4節参照）。

親の関与を促進し、学校や教師が移民の親とよりコンタクトがとれるようにするために、教育制度に関する親の知識を高めることに取り組まれている。しかし、親の関与を促進したり、言語スキルに関する要素が含まれていたりするなど、プログラム内容が多岐にわたることも関係し、政策評価は一様ではない。また収入の低い親を対象にプログラム運営していることからも、評価を難しくさせている（アメリカのエスニックマイノリティを対象とした政策プログラムについてはJeynes, 2003）。ただし、親の関与は社会経済的背景やエスニシティにかかわらず、子どもの教育成果にポジティブな関連を示している（Schofield, 2006）。

教師の期待

移民の親をもつ生徒に対する教師の振る舞いはバイアスがかかりがちである。たとえば得点が同じであっても現居住国生まれの親をもつ生徒に比べて移民背景をもつ生徒のほうが低い成績をつけられがちである。だがバイアスのかかった振る舞いはみえにくいもので、教師の期待が低いことによって生徒のやる気をそいだり、生徒のパフォーマンスが下がるような自己効力感を植えつけてしまったりする（Boser, Wilhelm and Hanna, 2014）。親の学歴が低い場合には教師の期待はさらに下がる傾向にある。アメリカではエスニシティと社会階層にもとづく差別が絡み合っているというデータがある。くわえて、生徒の名前が典型的な「低階層クラスの名前」と教師が判断するかどうかで、マイノリティの生徒に異なる扱いをしていることが明らかにされている（Figlio, 2005）。よくある名前と珍しい名前とを比較した際、教師はアジア系の名前の子どもよりもアフリカ系の名前の子どもに対する期待が低くなる傾向にある。さらに、他の研究では教師の期待は移民やエスニックグループによって変わる傾向があることも明らかにしている。「モデル的マイノリティ」あ

表 2.2　環境と学校の背景的特徴が移民の子どもの社会経済的な面での成果に及ぼす影響

環境と学校の背景的特徴	成果をめぐる変数	影響	事例
不利な環境で育つ（移民背景の有無に関する区別なし）	生涯年収	負の影響	大きな影響 • アメリカ：Chetty, Hendren and Katz, 2016; Chetty and Hendren, 2016; Rothwell and Massey, 2015
移民集住地域で育つ	生涯年収または教育成果	（負の影響） 「エスニック資本」すなわちエスニックグループがもつ人的資本が少ない	影響がみられる • アメリカ：Borjas, 1995 ごくわずかの影響あるいはまったく影響がみられない • スイス：Bauer and Riphahn, 2007 • ドイツ：Yaman, 2014 • デンマーク：Hammarstedt and Palme, 2012
	労働市場への参画	エスニックグループとジェンダーによって影響の度合いは多様	イギリスにおける同じエスニシティをもつ人の割合が高い（Zuccotti and Platt, 2016） • パキスタン系とバングラディッシュ系の親をもつ女性に対して負の影響 • インド系の親をもつ男性には正の影響 • 他のエスニックグループには影響がみられない
学校における移民背景をもつ生徒の割合	初等教育段階あるいは中等教育段階の学校における教育成果	社会経済的背景を考慮すると有意ではない影響	• オランダ：Veerman, van de Werfhorst and Dronkers, 2013 • スペイン：Cebolla-Boado and Garrido Medina, 2011 • デンマーク：Jensen and Rasmussen, 2011 • OECD諸国 とPISA調査のパートナー国：Lemaitre, 2012
	高等教育への進学率	不確定	• 小さな負の影響がドイツ、小さな正の影響がスウェーデンとベルギー（Baysu and Valk, 2012）
就学前教育	学校での成果あるいは言語スキル	正の影響	大きな正の影響 • OECD, 2015 • ドイツ：Spiess, Büchel and Wagner, 2003 • アメリカ：Magnuson, Lahaie and Waldfogel, 2006 • ノルウェー（オスロ）：Drange and Telle, 2010 • オーストリア：Schneeweis, 2011
中等教育段階における早期選抜	教育成果	負の影響	有意な負の影響 • スイス：Bauer and Riphahn, 2013 • OECD 諸国のうち11か国: Entorf and Lauk, 2008
			選抜を遅らせる制度改革（移民背景の有無による区別はない） 有意で正の影響 • スウェーデン：Meghir and Palme, 2005; Holmlund, 2008 • フィンランド：Pekkarinen, Uusitalo and Kerr, 2009
教師の期待	移民の親をもち、後期中等教育への進学資格をもった生徒に対する教師の推薦	不確定	社会経済的背景を考慮すると、現居住国で生まれた親をもつ生徒と同様の傾向にある • ドイツ：Lüdemann and Schwerdt, 2013 • スイス：Becker, Jäpel and Beck, 2013 ルクセンブルクではほとんどみられない：Klapproth, Glock and Martin, 2013
	移民の親をもつ生徒に対する教師の評価	不確定	• 評価が低い（イギリス）：Burgess and Greaves, 2013 • 過大評価（スウェーデン）：Lindahl, 2007
	移民の親をもつ生徒に対するネガティブな成績評価（マイノリティとマジョリティの生徒のエッセイを比較した際）	（負の影響）	小さい影響／ほとんど影響はみられない • オランダ：van Ewijk, 2011 • ドイツ：Sprietsma, 2013

るいは問題グループの場合、生徒の学業面での可能性を上回るあるいは下回る期待を教師はもつ(Burgess and Greaves, 2013)。

期待の低さと偏見に対する微妙な形態を定量化し、分析していく方法はまだ課題を多く含んでいる。同等の資格をもった生徒の場合、親が外国生まれもしくは現居住国生まれのいずれの場合も後期中等学校への進学に関する推薦状を得られるのか、先行研究では分析が進んでいる。たとえばドイツでは、外国で生まれた両親をもつ生徒は、現居住国で生まれた親をもつ生徒よりも、中等教育段階で成績要求水準のもっとも高い学校への進学推薦状を得られにくいことが明らかとなっている(Lüdemann and Schwerdt, 2013)。これらの違いは数学と読解の得点を考慮してもみられるが、社会経済的背景を考慮するとその差はみえなくなる。このことは、階層にもとづく社会的不平等の問題の大きさを示唆している。同様の結果がスイスのドイツ語圏においてもみられる（Becker, Jäpel and Beck, 2013)。またルクセンブルクにおいては、個人の成績や社会経済的背景を考慮してもその差が残る（Klapproth, Glock and Martin, 2013)。

教師の期待を分析するためのその他の方法として、標準化されたテストにおいて成績と生徒の学年を比較する方法がある。これは教師がエスニシティや移民背景の有無別にテストの結果が異なるかどうかを予想するというものである。ドイツのデータによれば、教師は移民背景の有無にかかわらず、生徒のパフォーマンスを過大に評価する傾向が明らかにされている（Hachfeld *et al.*, 2010)。成績と標準化されたテスト得点とのあいだの差をみてみると、結果が一筋縄ではないことがわかる。生徒のパフォーマンスに対する教師の個人的評価はイギリスの場合、エスニックマイノリティを過小評価する傾向にある（Burgess and Greaves, 2013)。一方で、スウェーデンにおいては移民の親をもつ生徒の場合、テスト得点よりもポジティブに評価される傾向にある（Lindahl, 2007)。

これらの研究で共通してみられる問題は、標準化されたテストでは把握することのできない生徒の可能性に関する評価が、いったいどの程度個人的なものにもとづいているかを十分に明らかにすることができていない点である。それゆえに、多くの質的研究は架空の生徒に向けた教師のステレオタイプ化された振る舞いを観察しようとしている。だがこれらの研究では社会との関係性が問題にされる傾向にある。教師は実際の意見を明確化するよりも、社会的に受け入れられるように反応する傾向にある。

たとえば、エッセイの成績づけにあたって予想される生徒のエスニシティに教師がいかに影響を受けているかを論じた研究がある（van Ewijk, 2011)。無作為に、オランダ系、トルコ系、モロッコ系の名前が書かれたエッセイ100人分を初等教育段階の教師が評価する場合、バイアスはみられなかった。しかし移民の親をもつ生徒に対して教師が低い期待とネガティブな態度を示す傾向にあることが明らかとなっている。たとえば、もしオランダ系の名前でなかった場合、後期中等教育への進学をほとんど期待しなくなる傾向がみられる。これらの態度を含んだ実践は移民の親をもつ生徒の進学に際してネガティブに影響しうる。

同じ調査デザインによるドイツの事例からは、エッセイの質が同じでもトルコ系の名字であった場合、明らかに低い成績評価が下されることが指摘されている（Sprietsma, 2013）。しかしその影響は小さく、実際に該当する教師はごくわずかである。ただしトルコ系の名字をもつ架空の生徒は、後期中等教育段階への進学勧告も得にくいことが明らかにされている。

差別や期待の低さを測るための3つのアプローチについて検討してみると、どれが学校におけるエスニシティにもとづく差別なのかを結論づけることが難しい。第一に、社会経済的背景と移民背景が差別的な扱いを生む要因について論じた研究からは、両者が非常に関連しあっているものの、それぞれ取り出して単体として論じることの難しさが明らかにされている。第二に、期待の低さや差別的な扱いなどの教師の振る舞いは無意識のうちに微妙なかたちでなされるため、測定が難しい。第三に、社会との関係性によるバイアスは学校における差別とそれらの差別が移民の子どもの教育成果に与える影響の「実際」の測定を難しくさせる。それゆえに、学歴からみた世代間社会移動における教師の期待の影響を論じた研究は議論が分かれたままだといえる。

第6節　労働市場における世代間社会移動のための経路と障壁

多くの国において、とくにヨーロッパにおいて、移民背景をもつネイティブは現居住国で生まれた親をもつネイティブに比べて労働市場において成功が難しい（OECD/European Union, 2015）。これらの困難は広く教育成果によって説明されがちだが、それだけではこの格差を完全に説明することはできない。それゆえに以下では教育成果以外で労働市場に影響を及ぼす3つの要因について検討していく。3つの要因とは、移民背景をもつネイティブの学校から仕事への移行であり、職業分類であり、採用過程と採用後の差別である。

学校から仕事への移行

学校から仕事への移行に関しては、若者の人生において転換点になるとして多くの先行研究で取り上げられてきた。とくに失業は、収入、就労可能性、キャリア選択において長期的にネガティブな影響を及ぼすことが明らかにされてきた（Scarpetta, Sonnet and Manfredi, 2010）。さらに、長期失業が収入に及ぼす影響も、収入の低い家庭出身の若者よりも、収入の高い家庭出身の若者のほうが、深刻な問題になりにくいことが明らかにされている（Sirniö, Martikainen and Kauppinen, 2016）。また移民背景をもつネイティブは若年失業率の高さにも強く影響を受ける（Lutz, Brinbaum and Abdelhady, 2014）。

EU諸国では、2009年には学校あるいは大学を離れてから仕事に就くまでの期間は平均で10か月から13か月に及び、現居住国で生まれた親をもつネイティブと外国で生まれた両親をもつ現居住国生まれのネイティブとのあいだでデータを比較することができる（OECD/European Union, 2015）。この定義のもとでは仕事を探している人だけを対象としている。だが、OECD諸国で入手できるデータの多くは教育を受けておらず仕事や訓練にも就いていない若者（ニート）を対象としており、移民背景をもたない若者よりも移民背景をもつネイティブのほうがその割合が高いことが示されている（例外は、オーストラリア、カナダ、イスラエル）。EU平均では、移民背景をもつネイティブのおおよそ20％がこのカテゴリに該当する一方で、現居住国で生まれた親をもつネイティブの場合、16％が該当する（OECD/European Union, 2015）。

移民背景をもつネイティブのほうがニートの割合が相対的に高いことは、かれらの学歴が低いことをあらわしており、仕事を探す際に困難に直面する層であることにもよる。学歴が高いことは仕事を探す際にある程度役に立つが、学歴の高さが必ずしもその資格に見合った仕事やその後の収入の高さを保障するわけではない（Connor *et al.*, 2004; Dustmann and Theodoropolous, 2010; Krause and Liebig, 2011）。他の研究ですでに指摘されていることだが、移民の親をもつネイティブにとって、学校から仕事への移行に際し、社会的ネットワークや職業教育訓練制度（VET）などの他の経路がもつ重要性が示されている。

労働市場に参画する際にネットワークが及ぼす影響

仕事を得るにあたってネットワークがもつ重要性については比較的論じられてきたが、労働市場に初めて参画する若者にとって、ネットワークがいかに重要かに焦点をあてた研究はほとんどない。さらに、社会的ネットワークについて論じている研究の大半が因果関係を説明できるわけではない点も留意しておく必要がある。また、友人や知人とランダムにネットワークを構築するわけではないことを指摘した研究もある（Mouw, 2006）。人は基本的に自分自身と似ている人と知り合い、仲良くなる傾向があることからも、ネットワークがある種の選抜作用を働かせているともいえる（Mouw, 2003）。

しかし、広範な社会的ネットワークは求職中の若者にとって情報収集の促進やより良い就職口への応募の機会につながることで知られており、これらの社会的ネットワークは有益で次につながる。したがってネットワークをめぐる競争やこれらのネットワークを通じてアクセス可能な資源について検討することのほうが、ネットワーク規模そのものを検討するよりも重要であることがわかる（Behtoui, 2015）。

社会的ネットワークの定義は広く、人それぞれがもつ社会的つながりは不可欠で、仕事を探す文脈において非常に有益である。若者は自分自身で専門的なネットワークは構築していないことから、社会関係資本としての親のつながりやネットワークが世代間社会移動のうえで重要であり、これらの資源が限られている場合には不利な状況に陥る。親のネットワークやつながりが限られている移民の親をもつネイティブの場合、とくに不利な状況に陥る。というのも、仕事を探すうえでの資源が限られるからである。

パットナム（Putnam, 2000）は、橋渡し型と結合型に社会関係資本を区別し、異なるネットワーク間と社会的グループ内のネットワークについて論じたことで知られる。学歴の低い移民の親をもつ若者は、自分自身が所属する社会的サークルの外へと接触を広げる「橋渡し型コンタクト」の機会を十分にもっていない。バート（Burt, 1992）はこの現象を「構造的欠陥」と呼び、自身が所属するネットワーク内で潜在的に強い結びつきがあるものの、自分自身が所属していないコミュニティにおいてほとんどネットワークをもっていないというその人の社会的ポジションをあらわしていると指摘している。先行研究においては、こうしたネットワーク効果は世代にまたがる「エスニックマイノリティビジネス」の維持について部分的に説明し、就業に際して移民グループ内や子ども世代、孫世代において大きなアドバンテージとなる（Andersson and Hammarstedt, 2010）。

先行研究から、エスニックマイノリティと移民背景をもつネイティブは社会的地位の高い人びととの「橋渡し型」コンタクトが少ないことが明らかになっており（イギリスについてはLi, Savage and Warde, 2008）、仕事の機会が得られにくい（アメリカについてはMcDonald, Lin and Ao, 2009）。また移民背景をもつネイティブは、職業訓練の機会を企業にて得る際にも社会的ネットワークから支援を得にくいことが指摘されている（ドイツについてはBeicht and Granato, 2010）。

初めての就職先を探す際に、移民背景をもつネイティブがもつ限定的なネットワークが不利に働くかどうかを論じた実証的な研究はほとんどみられない。ベルギーの場合、社会関係資本――ここでは職業の異なる人びとと回答者との社会的ネットワークを分析している――は、職業教育と訓練を終えた後に仕事を探す際にはポジティブな影響を及ぼすことが明らかとなっている（Verhaeghe, van der Bracht and van de Putte, 2015）。ベルギー生まれのネイティブと、モロッコ、トルコあるいはバルカン半島出身の祖母をもつベルギー生まれのネイティブとを比較し、社会関係資本に関して明らかとなった違いは社会経済的背景によって説明することができる。

ドイツにおいては、職業訓練の一環で企業にて実習をおこなう際にも社会的ネットワークが重要であることが明らかにされている（Roth, 2014）。ドイツでは、職業教育を志向した学校種では職業教育と企業内の実習からなるデュアルシステムが維持されており、生徒自身による企業への応募を通して、実習先を確保することが求められている。多くの若者にとって、これが労働市場への移行の第一歩となる。トルコ出身の両親をもつ若者は、現居住国生まれの親をもつ若者に比べて、実習先を得るために親がもつネットワークが役に立たないと回答している。背景的要因や成績を考慮した後も、実習先を見つけにくい。さらに、母親のネットワークだけが――若者自身がもつネットワークとは逆で――実習先を見つけるにあたって正の影響がみられ、若者にとって親がもつネットワークの重要性について示唆している。一方で、母親のネットワークにおけるエスニック構成は影響があるものとしてはあらわれず、低技能あるいは中技能が求められる仕事のときにのみ正の影響がみられる。このことは、社会関係資本が文脈固有のものであることを示唆する。

学校から仕事への移行を促す職業教育

OECD諸国、とくにオランダ、ドイツ、スイス、オーストリアの場合、職業教育の一環で行われる企業内実習は学校から仕事への移行を促すことで知られ、とりわけそれは移民の子どもにあてはまる（OECD, 2012）。だが、スイスやオーストリア、デンマークなどの多くの国で、現居住国で生まれた親をもつ若者に比べて移民の子どもは実習をドロップアウトするリスクが非常に高い（OECD, 2012; Schindler Rangvid, 2012）。また資格をもつ移民の若者が実習先を確保するのに困難を抱えていることも明らかになっている。それは社会的ネットワークが限定的であることや採用過程における差別、応募先での競争などの多様な要因が複雑に絡み合って生じている（ノルウェーについてはHelland and Støren, 2006; ドイツについてはSchneider, Yemane and Weinmann, 2014）。

職業教育訓練（VET）プログラムが採用担当者に評価されておらず、「行き止まり」として認知されている国では、移民の子どもは職業教育を志向するトラックに集中する傾向にある。ベルギーのフランス語圏では、外国で生まれた両親をもつ生徒は、職業教育を志向するトラックに集中する傾向にあり、2004/05年度では外国籍の生徒のうち30%以上が職業教育を志向するトラックに進学している（OECD, 2008）。

さらに、ノルウェーの事例では、ヨーロッパ圏外で生まれた両親をもつネイティブと社会経済的背景が比較可能な現居住国で生まれた親をもつ生徒と比べると、職業教育が卒業後の雇用を保障するものとなっていないことが明らかにされている（64% vs. 68%）（Brekke, 2007）。また自身が外国生まれの卒業生の場合はさらに下がり、57%である。デンマークでは移民背景をもつネイティブの場合、職業教育を修了した後の就職機会がほとんどなく、現居住国で生まれた親をもつ人に比べて一時解雇される割合が高い（Datta Gupta and Kromann, 2014）。

さらに、移民の子どもは職業教育訓練に集中し、結果として低技能、低賃金の仕事に就く傾向にある。カナダでは、移民とマイノリティの女性は、一般的に職業教育訓練プログラムに在籍することがめずらしく、美容系や食品加工系に見習いとしてあらわれることが多い（Crocker *et al.*, 2010）。ドイツにおいては、これらの分野では高い修了資格が求められるため、外国で生まれた両親をもつ生徒の比率は小さい（Haggenmiller, 2015）。

したがって職業教育訓練プログラムが、移民背景をもつネイティブの学校から仕事への移行を促すのかどうかは、国によって異なる傾向にある。先行研究では、特定の国の職業教育訓練システムがなぜ移民の親をもつネイティブの労働市場への参画を促すことができているのかについて論じている。一般的に、パートタイムの学校教育と企業内実習から構成されている場合、フルタイムの学校教育をベースとした職業教育訓練システムよりも、学校から仕事への移行をより円滑に促す傾向がある（Wolter and Ryan, 2011）。企業内実習をベースとした構成は、未来の雇用主に対して応募者の実践的スキルを伝えるのに役立つ。これはとくに、ネットワークをもっていない、あるいは差別のリスクに直面しやすい移民の親をもつ応募者にとって有益となることが考えられる（Schröder, 2010）。

コラム2.3　学校から仕事への移行におけるインターンシップの重要性

とくに競争的部門へ就職するにあたって、インターンシップは若者の就労可能性を高めるうえでますます重要視されており、学校から仕事への円滑な移行に際し、重要な役割を担っている。雇用主がインターンシップの経験に高い価値を置いていることが数々の先行研究から明らかになっており、場合によっては成績（GPA）よりも重視されている（The Chronicle of Higher Education, 2012）。だが、無給あるいはごくわずかな給与しか支払われないインターンシップは、低所得家庭の若者の世代間社会移動の問題を提起しており、多くの国で政策課題となりつつなる（Panel on Fair Access to the Professions, 2009）。低所得家庭で育つ移民背景をもつネイティブの場合、今後の政策的展開からとくに強い影響を受けるだろう。だが、移民の子どもであることがどの程度インターンシップの機会の得にくさにつながっているのか、あるいは無給もしくは給与の支払いがほとんどないインターンシップに、そもそも応募をしていないのかを論じている先行研究はない。

職業分類と同一職業内賃金格差

移民の親をもつネイティブとエスニックマイノリティは労働市場において不利な状況にあることがデータによって示されてきたが、これらの格差は年齢や学歴では説明することができない。さらに、OECD 諸国のうち、分析が可能なヨーロッパ諸国の多くでは、移民の両親をもつネイティブは現居住国で生まれた親をもつネイティブに比べて現職で必要とされる以上の資格をもっている傾向がある（OECD/European Union, 2015）。しかし、これらの「エスニックペナルティ」（Heath and Cheung, 2006）の度合いや内実は、エスニックグループや国ごとに異なる。

なぜこれを定義するのが難しいのか。移民は外国で取得した資格をもっているが、この資格を雇用主はあまり評価しない。また移民背景をもつネイティブは移民背景をもたない生徒と同じ学校制度のもとで教育を受けているため、現居住国で生まれた親をもつ生徒と同じように教育から恩恵を受けていると考えられるからである。学歴が同じであっても現居住国で生まれた親をもつ労働者よりも、移民背景をもつネイティブのほうが収入が低い傾向にある。移民背景をもつネイティブは低賃金の職業や部門で働いているが、現居住国で生まれた親をもつ労働者に比べると同一職業であっても給与が低いことが明らかにされている（Altonji and Blank, 1999）。これらの賃金格差が学歴だけでなく、職務経験や年齢、場所などを考慮しても残る場合、差別が要因となっていることがわかる。さらに、採用過程での差別によって、特定の職業分野で移民背景をもつネイティブの代表性が小さい。これは「職業分類」にもとづいた積極的な選択の結果ではなく、差別的慣行の結果としてみることができる。

仕事のうえで移民の子どもがどのように扱われているのか、また同一の職業でどの程度賃金に差があるのかなどに関する詳細な分析は、まだ十分になされていない。しかし、この同一職業内賃金格差の問題に関しては、同等の資格をもった同一職業に就く男性と女性の賃金格差を論じた研究からの知見が参考になる。アメリカの事例では、たとえば他の仕事に比べて特定の職業に女性の賃金をめぐる不平等問題がみられる。こうした問題は、賃金格差の開きがほとんどなく、平均年収が低い職業で起きやすい（Baxter, 2015）。さらに賃金格差は、たとえば子育て中の女性など、女性がフレキシブルな労働時間の仕事に従事している傾向が高いという事実を反映しており、フレキシブルな労働時間は高い給与を得るにあたって足かせとなる（Goldin, 2014）。しかし、特定の職業において女性の代表性が高くなると、給料は下がる傾向にある（Levanon, England and Allison, 2009）。

だが、残念ながらそうしたメカニズムは移民背景をもつネイティブにもみられる。この知見はまだ検討の余地があるものの、男女をめぐる賃金格差でみられたものと同様の傾向が移民背景をもつネイティブにもみられる。それはたとえば、移民背景をもつ労働者の比率が高い場合、給料が低くなるという傾向である。

イギリスの事例を扱った研究からは、なぜエスニックマイノリティ（出生国を照合したものではなく、自己申告にもとづく）の生涯賃金が低いのかについて職業選択との関連から論じている[9]（Brynin and Longhi, 2015）。この研究からは、白人イギリス人労働者との比較から、賃金格差は特定の職業に関してみられるものであること、またエスニックマイノリティが低賃金の仕事に集中していることを明らかにしている。ただし、パキスタン系とバングラディッシュ系は特定の職業であっても白人イギリス人労働者とは賃金に差がみられる点に留意が必要である。このことは職業選択あるいは職業へのアクセスが賃金格差を説明する重要な要因であることを意味する。さらに、大学の学位をもつ場合、エスニックマイノリティの労働者は白人イギリス人労働者と同程度の恩恵を受ける傾向にある。この研究では、大学の学位をもたない人との時間給について比較している。白人イギリス人労働者は若干有利な傾向にある（大学の学位をもたない人に比べて52％高く、他のエスニックグループと比べた場合は48％であった）。アメリカ（Grodsky and Pager, 2001）とカナダ（Hou and Coulombe, 2010）に関して特定の職業に関して白人労働者とエスニックマイノリティとのあいだで賃金格差がみられ、差別の問題が指摘されている。

採用過程と採用後の差別

労働市場における差別を量的に正確に把握することは難しいが、移民背景をもつネイティブが採用過程においてエスニシティや宗教、性別を理由に不利を経験していることを数多くの先行研究が指摘している（Heath, Liebig and Simon, 2013; Valfort, 2015; Arai, Bursell and Nekby, 2016）。さまざまなフィールド調査を通じて、労働市場のアクセスからマイノリティの就職希望者を排除する差別的雇用慣行の実態について明らかにした研究がある。同等の資格をもつマイノリティとマジョリティが求職者を演じ就職面接に出かけた調査や、企業の採用担当者宛に送った架空の履歴書に対する折り返しの電話状況を調査した研究などもある。

後者の研究手法は採用判断に影響を与える観察可能な特徴である応募者とインタビューアーの個人的なやりとりを取り除くので、より信頼できる成果を生み出すと考えられている。同時に、採用担当者の反応を調査した研究の知見は公式な書類審査を経ての仕事に限定される。採用過程で面接審査が繰り返される部門では、どの程度の差別があるのか不明である。さらに、差別が面接後の給与や昇進、一時解雇などでみられるのかなど、データをもとに論じることができない。

いずれにしても、採用担当者の反応を調査した研究からは採用過程での差別によって、エスニックマイノリティや移民の子どもは労働市場に参画するにあたってさらなる困難に直面していることを先行研究は明らかにしている。OECD 加盟の 16 か国を対象にした 22 事例のメタ分析からは、マイノリティの背景をもつ就職希望者はポジティブな返事を得るために、同等の資格をもった白人に比べて、多くの場合において 2 倍の履歴書などを送らなければならないことが明らかにされている（Heath, Liebig and Simon, 2013）。同様の結果が職業訓練においても明らかになっている（たとえばドイツについては Schneider, Yemane and Weinmann, 2014）。さらに、多くの先行研究からエスニックグループ間において折り返し電話の比率に関して多様な傾向があることが明らかにされている（たとえばオーストラリアについては Booth, Leigh and Varganova, 2012; アイルランドについては McGinnity and Lunn, 2011; イギリスについては Wood *et al*., 2009）。しかし多様な研究手法をとっていたり、さまざまな職業セクターを検討していることから、これらの研究にもとづいた国際比較による「ランキング化」は意味をなさない。

スウェーデンにおいて氏名変更データにもとづいておこなった研究（Arai and Skogman Thoursie, 2009）によれば、アフリカ系、アジア系、スラブ系の名字からスウェーデン系の名字に変えると年間収入が増えることが明らかとなっている。だが、フィンランド系の名字からスウェーデン系の名字に氏名を変更した人にはあてはまらず、また非ヨーロッパ系の名字から他の非ヨーロッパ系の名字へと変更した人もあてはまらない。著者らは多くの場合において氏名変更は採用される機会を高める点で効果があり、採用段階での差別は賃金の差を説明する重要な要因であると結論づけている。さらに、エスニックマイノリティの社会的地位は宗教的信念やジェンダーなどと絡み合いながら差別となってあらわれ、特定のサブグループとして虐げられる状況へと追いやられる。フランスの事例からは、履歴書に宗教的マイノリティであることを記入した人びとは、宗教的実践が労働市場において大きな不利となって作用した経験を有している（Valfort, 2015）。カトリック信徒として振る舞うことはユダヤ教徒として振る舞うよりも 30% 高く受け入れられ、ムスリムとして振る舞うことに比べると 2 倍ポジティブな反応を受けている。さらに、ムスリム男性はとくに差別を経験している比率が高くなる。折り返し電話の比率について、ムスリム女性に比べてカトリック女性は 40%高く、またムスリム男性に比べてカトリック男性は 4 倍高い。

これらの結果は、エスニックマイノリティの男性や女性のほうが差別を経験しているのかは決して明確ではなく、どの程度がジェンダー、エスニシティ、（おそらく）宗教が影響したものなのかが明らかではない。たとえばイギリスでは、エスニックマイノリティ女性の 13 ～ 16% が既婚か未婚かあるいは子どもの有無に関して採用面接で聞かれているのに対し、イギリスの白人女性は6%にとどまる[10]（Equal Employment Commission, 2006）。だがスウェーデンでは、アラブ系の名字をもつ女性は十分な職業経験がある場合、折り返し電話の比率という点では差別を「補填」することができているが、男性にはあてはまらない（Arai, Bursell and Nekby, 2016）。同時に、女性は宗教的服飾によってより強く差別を受けている。ベルギーでは採用担当者の44%が、応募者がヒジャブをかぶっていた場合、採用判断に影響すると回答している（Lamberts and Eeman, 2011）。ドイツではトルコ系の名字をもつ女性で、ヒジャブをかぶっている場合、採用過程で著しい不利を受けることが明らかとなっている[11]（Weichselbaumer, 2016）。彼女らのうちわずか4%しか採用担当者からポジティブな反応を得られない一方で、トルコ系の名前をもつ女性の場合は14%、ドイツ系の名前をもつ女性は19%という結果である。管理職の場合、秘書職と比べるとその差はより顕著なものであった。このことは、採用ポストのレベルに応じて差別が起きる構造があることを明らかにしている。だが採用過程における差別が単純労働のポストにおいてより多くみられるのか、あるいは高技能労働のポストにみられるのか、部門や国によってどのように違うのかは、明らかにされてない。

採用過程における差別に比べると、給与や昇進、一時解雇などのその後のキャリアの軌跡に差別がどのような影響を与えるのかについて論じるための十分なデータがない。差別の影響を定量化するのが困難だという理由が背景にある。だが、多くの先行研究において「エスニックペナルティ」の大きさ、それはたとえば学歴や年齢、職種や職歴などの関連する背景要因を考慮した後もみられる労働市場の成果の差を明らかにすることに取り組んできた（Heath and Cheung, 2006）。だが、これらのペナルティは直接的にあらわれるわけではなく、重要なのは、さまざまな背景要因を考慮したあとにも残る差別としてとらえることである。

一般企業で働くカナダ生まれのヴィジヴルマイノリティと同等の学歴をもち、同様の職業経験などの仕事に関連した特徴をもつ白人のカナダ人とを比べると、ヴィジヴルマイノリティのほうが、労働賃金が低いことが明らかになっている（Hou and Coulombe, 2010）。一方で、中国系や南アジア系のマイノリティの場合、その差は3%から6%で、黒人マイノリティの場合、さらにその差が広がる（女性が11%、男性が16%）。公的部門の場合、有意な差はみられなかった。

アメリカにおける研究では、一般企業に勤める黒人マイノリティ男性――その人の出生国については調査していない――の場合、給料が高くなればなるほど、白人労働者に比べて賃金格差が広がることが明らかになっている（Grodsky and Pager, 2001）。この関連性は職業的特徴である人的資本について考慮した後もみられる。このように、賃金格差は職業上の平均収入も左右する。この関連性は公的部門ではみられない。

さらに、アメリカに関する研究からは、労働者のパフォーマンスレビューや評価などを考慮すると、給料の伸びや昇進、一時解雇などはジェンダーやエスニシティによっても変わることが明らかにされている（Castilla, 2012）。ただしこれらの知見は同一の会社につとめるおよそ6,000人の職歴にもとづいており、必ずしも一般化することはできない。さらに、会社の規模が小さくなると他の労働者に比べてエスニックマイノリティであることの影響が強まる（アメリカについてはCouch and Fairlie, 2010）。また管理職の場合もその影響は強まる（Kalev, 2014）。

結　論

移民背景をもつネイティブの世代間社会移動について検討すると、OECD諸国の多くの国において一見すると楽観的な傾向のようにみえる。親世代に比べて、多くの移民の子どもはより高い資格を獲得し、経済的にもより高い水準に位置する。しかし、これは多くの場合、かれらの親の多くが現居住国で生まれた親に比べて学歴が低く、収入が低いという要因で説明することができる。現居住国生まれの学歴の低い親をもつ子どもと外国生まれの学歴の低い親をもつ移民の子どもとで、移動の比率がいかに異なるかについて国際比較した先行研究では、結論が分かれている。これは研究手法や元データが多様であることに起因する。だがEU圏外で生まれた学歴の低い両親をもつネイティブの場合、EU諸国において上方移動を経験することがほとんどなく、自身の教育成果を考慮しても、現居住国生まれの学歴の低い親もつネイティブに比べて、就業率も低い傾向にあることを明らかにしている研究もある（第4章参照）。

一般的には移民の親による成果と子どもによる成果とのあいだの関連性は小さくあるべきことが望まれており、これらの関係性について詳細に検討していくことは不可欠である。世代間の関連性が小さいということは、下方移動の可能性も示唆する。すなわち、学歴の高い親であっても、自身の教育上の有利さを子どもに引き継ぐことができない場合、この関連性が教育成果や賃金にどの程度、そしてどのように違いをもたらすのか、検討が必要である。さらに、移民の親をもつ子どもの教育および経済面での世代間社会移動が促進されている国であっても、移民グループのあいだでその傾向は異なることが明らかにされている。したがって、その国の平均をみるだけではなく、これらのグループが経験している困難が何かを詳細に検討していく必要がある。

本章は世代間社会移動に関して、主に4つの観点から検討を進めてきた。1）家族の背景的特徴、2）不利な環境、3）学校レベルの決定的要因、4）労働市場における世代間社会移動のための経路と障壁、である。

家族の背景的特徴

きょうだいの数が及ぼす影響については、共通の見解は得られておらず、きょうだいの数が多いことによる負の影響はさまざまであり、まったくない、ごくわずか、とても大きいまで、幅が広い（Luthra, 2010; Hermansen, 2016; Bauer and Riphahn, 2007）。だが収入などのその他の特徴を考慮すると、家族規模はとくに強力な説明要因とはならない。さらに、あまり知られていないが、年少のきょうだいにとって、年長のきょうだいは資源となり、年少のきょうだいの社会移動の割合を高めることもある（Schnell, 2014）。

現居住国における親の滞在期間の長さも、子どもの教育成果に正の影響を与える。それは多くの場合、親のより高い言語スキルによってもたらされる。しかし、その影響は小さく、数か国でしか分析がなされていない（Worswick, 2004; Nielsen and Schindler Rangvid, 2012; Smith, Helgertz and Scott, 2016）。親の移住理由も世代間社会移動に影響を与えていることが考えられるが、移住理由や法的な滞在資格の違いがいかに世代間社会移動に影響を与えるかについて明らかにした研究は見当たらない。

言語スキルの世代間伝達については、現居住国における滞在期間の長さや自己評価にもとづく言語スキルなどの不確定な要因から分析しており、正確に言語スキルを分析することは難しい。さらに、言語スキルは単に親から子どもへと継承されるだけでなく、その逆もある。その逆のパターンについて除外するのは難しい。にもかかわらず、親の言語スキルの高さが子どもの教育成果に正の影響を与えると指摘する研究は数多くあり、とくにそれは子どもが小さいときにみられることが指摘されている（Bleakley and Chin, 2008; Casey and Dustmann, 2008）。

移民の親の子どもに対する教育アスピレーションは相対的に高いことで知られる（OECD, 2015）。高い教育アスピレーションが本質的な不利を克服するにあたっての前提条件となるが、目標に向かって具体的に必要とされる知識の欠如の問題なども指摘されている（Gresch *et al.*, 2012; Cummings *et al.*, 2012）。

不利な環境で育つ

貧しい環境で育つことは、移民背景の有無にかかわらず、労働市場における成果に長期にわたって負の影響を及ぼす（Chetty, Hendren and Katz, 2016; Rothwell and Massey, 2015）。ただし、特定の地域への移民の集住の度合いが移民背景をもつネイティブの世代間社会移動に及ぼす影響についてはまだ明らかにされていない。居住地域のセグリゲーション（隔離化）という移民に特有の要因が及ぼす影響については、グループ固有といえる移民コミュニティの経済的資源や社会的資源に大きく左右される（Zuccotti and Platt, 2016; Grönqvist, 2006）。

学校レベルの決定的要因

OECD 諸国の大半において、移民の親をもつネイティブは移民背景をもつ生徒の在籍率が高い学校に集中している。だが、社会経済的特徴を考慮すると移民の親をもつ生徒の在籍率が教育成果に及ぼす影響はごくわずかか、あるいはまったくないことがわかる（Lemaitre, 2012; Veerman, van de Werfhorst and Dronkers, 2013）。これまでよく指摘されてきた教育成果と移民の親をもつ生徒の高い比率との関連性は、社会経済的不利の集中によって説明できる。

就学前教育――ただしアクセスがしやすく質が良いという条件の下で――が世代間社会移動を促

進するというデータが示されている。とくに言語能力が十分でない移民の子どもにとって、就学前教育は言語スキルの向上や学校へのレディネスを高めるうえできわめて重要な役割を担っている（OECD, 2015）。

早期選抜、すなわち成績に応じて異なる進路コースに生徒を振り分けることに関しては、さまざまに議論がなされている。だが大半の研究では、遅い年齢段階、たとえば15歳くらいで振り分ける学校制度のほうが、移民の子どもを含めて親の社会経済的背景が及ぼす影響が小さくなることが指摘されている（Meghir and Palme, 2005; Pekkarinen, Uusitalo and Kerr, 2009; Ruhose and Schwerdt, 2016）。

教育制度に対する親の親和性は、子どもたちの教育上のキャリアを導くうえで重要である。とくに子どもが通学する学校を親が選択できる、あるいは早期選抜による進路選択を迫られる際などには影響を及ぼす（Pfeffer, 2008）。親の教育戦略が不十分な場合、学歴からみた世代間社会移動を制限するメカニズムとして作用しうるが、教育制度への親和性が低いことが、親の意思決定に及ぼす影響について明らかにしている研究はない。

最後に、移民背景をもつ生徒に対する教師の期待と潜在的に差別的な態度を正確にとらえることは難しい点について言及する。これは単にこうした態度の把握が難しいという理由だけではなく、生徒の社会階層が教師の期待形成に影響していることも考えられるからである（Figlio, 2005; Lüdemann and Schwerdt, 2013）。結果として、教師の態度が移民の子どもに及ぼす影響は――潜在的にはバイアスがあるが――高度に複雑化している（Burgess and Greaves, 2013; Lindahl, 2007）。

労働市場における世代間社会移動のための経路と障壁

学校から仕事への移行に関しては、移行が十分に成功していない人びととして、移民背景をもつネイティブに関して先行研究において批判的に論じられてきた。多くの国で、これらの差異は教育成果の違いによって説明されることはなかった。移民背景をもつネイティブにとって、ネットワークが十分に構築されていないことが、学校から仕事への移行を制限する要因として論じられてきた。とくに親が有益なつながりを提供できない場合に問題となってきた（Li, Savage and Warde, 2008; Beicht and Granato, 2010; Roth, 2014）。職業教育訓練システムがある国では、特定の条件下に限ってではあるものの、移民背景をもつネイティブの学校から仕事への移行を促進し、上方移動の経路となる傾向が確認される（OECD, 2012）。

給与の低い職業に就いたり、同一の仕事であっても同僚よりも給与が低い場合、労働市場における世代間社会移動を妨げる要因となる。移民の子どもがどのような職に就いているのか、同一の職業であっても給与がどの程度異なるのか、これまで十分に検討されていない。だが英語圏の国では、特定のエスニックマイノリティが低賃金の仕事に集中しており、同等の資格をもった白人労働者に比べて給与が低い傾向にあることが明らかにされており（Hou and Coulombe, 2010; Brynin and Longhi, 2015）、労働市場における差別の問題を明らかにしている。だがこれらの研究では外国生まれなのかあるいは現居住国生まれなのか、移民背景の有無による区別がなされていない点について注意が必要である。

フィールド調査からは移民背景をもつネイティブとエスニックマイノリティは採用の過程で、エスニシティや宗教、ジェンダーの点で差別を経験しており、面接へと進む以前に、多くの応募者が不採用の結果を受け取っている（Arai and Skogman Thoursie, 2009; Heath, Liebig and Simon, 2013; Weichselbaumer, 2016）。採用時における差別に関する研究では、給与や昇進、解雇などの問題は頻繁に起きるわけではないものの、同等の資格をもつ人に比べてエスニックマイノリティのほうが、給与が低い傾向にあることを明らかにしている研究もある（Hou and Coulombe, 2010; Grodsky and Pager, 2001）。

今後の研究課題

先行研究からは、さまざまな研究領域で格差が大きいことが明らかとなっている。一方で、これらの格差を示すデータには限界もある。移民背景をもつネイティブに関してデータが収集されていない、あるいはデータが十分でないなどの理由がその背景にある。そのためさらにデータ収集が進み、以下のテーマで世代間社会移動に関する研究が発展していくことが望まれる。すでに研究が進んでいるものもあるが、移民家庭にまだ十分に焦点があてられていない場合もある。

第一に、現居住国における移民の親の社会的移動と世代間社会移動がどのように関連しているのかは、ほとんど知られていない。これらは互いに関連があるとは考えられているが、もし親自身が上方あるいは下方の移動を経験していた場合、生涯において移動を経験していない親に比べて移民家庭における世代間社会移動は異なる傾向がみられるかもしれない。このように、家族の状況は決して一様ではないことを考慮すれば、移動に関するこれらの2つの観点は、移民の親の成果に関するトラッキングについて継続的に調査をし、子ども世代の移動にいかに作用するのかを分析していく必要がある。世代内や世代間における関連性については、ほとんど研究がなされていない（数少ない研究として Plewis and Bartley, 2014 がある）。そして、このテーマを移民家庭との関係から論じた研究もない。

第二に、きょうだいに関する研究はまだ始まったばかりではあるが、きょうだいは社会の他のメンバーに比べて、遺伝的、また育つ環境の面でより共通性がみられる。それゆえに、きょうだい間の関係は、家庭環境や成育環境、親の収入や学歴など、幅広い要因から検討する必要があることが、世代間社会移動の研究から示唆される（Black and Devereux, 2011）。この他にも、養子縁組した子どもと双子を対象に研究をおこない、因果関係について明らかにした研究もある（Holmlund, Lindahl and Plug, 2011 ; Black *et al.*, 2015）。だがこのアプローチは、移民家庭のみに対象を絞った場合、同様の結果は得られない。以上のことからも、きょうだい間の関係は、移民背景をもつネイティブに関して研究を進めることで、さらなる研究の発展が期待される[12]。

第三に、母親と父親の社会経済的背景が子どもの移動に関して及ぼす影響については、さまざまな見解があり、それはまた子どもの性別にもよる。さらに、これまで収入からみた女性の世代間社会移動に関してはほとんど知られておらず、大半の研究が父親―息子間の研究にとどまる。データが限られていることは、今後の研究における困難として位置づくが、今後さらに研究が進むことで、子どもに対する母親と父親それぞれが及ぼす影響が異なること、さらに移民家庭とネイティブ家庭とでその違いがあることなどに対する理解がさらに進むことが予想される。

第四に、世代間社会移動は2つの世代を考慮に入れただけでは過大に評価されがちである (Pfeffer, 2014)。移民の子どもに関してはとくに重要な問題である。不利な家庭で育つ傾向のある移民の子どもは、親世代よりもうまくやっているとみなされがちである。この傾向は、(暗黙のうちに) 孫世代にも継続するとみなされている。しかし、ヨーロッパ諸国においてどの程度その傾向が残るのかについては、まだ十分に明らかになっていない。スカンジナビア諸国における管理データや最新の研究では外国生まれの祖父母世代の回答者を特定することができているものもあるが (Andersson and Hammarstedt, 2010; Fick *et al.*, 2014)、多世代にわたる移民家庭の移動はまだ十分に研究がなされていない[13]。多世代にわたる研究アプローチは、アメリカ、カナダ、イギリスではみられるが、これらの研究の多くは祖父母世代の出生国にもとづいてではなく、自己申告にもとづくエスニシティのため、世代間社会移動の分析を困難なものにする (Duncan and Trejo, 2016)。孫世代の移民に焦点をあてると、データ上移民の孫世代をどのように定義し、特定するかについて議論が生まれる。実際、「移民第三世代」が移民をあらわすステータスなのか、エスニックマイノリティであることをあらわすステータスなのかは議論のあるところであり、世代間社会移動を説明するためにより可視化された特徴だともいえる。さらに、三世代にわたるグループ内の差異はたとえば婚姻関係や内部移動にともなってますます増加し、エスニックマイノリティ内部の異質性や移民のもともとの出身グループの異質性に注意を払う必要があるだろう (Alba, Jiménez and Marrow, 2014)。だが、ヨーロッパ諸国において移民の孫世代は今なお量的に小さく、多世代にわたる研究アプローチは今後の研究課題として位置づくことになるだろう。移民家庭の世代間社会移動に関してより長期的な視点をもつ契機となるだろう。

注記

1. 現居住国生まれの移民の子どもと外国生まれの移民の子どもとのあいだの区別をしていない先行研究や、エスニックマイノリティのグループ間の違いについて言及していない先行研究の場合、移民背景をもつ現居住国生まれの子どもも含むものとして本章では位置づけている。
2. 親のうち一方が外国生まれで、もう一方が現居住国生まれでかつ自身も現居住国生まれの子どもの場合、現居住国で生まれた親をもつ子どもと社会経済的な面での成果が同等の傾向にあるため、本書ではとくに焦点があてられていない (OECD/European Union, 2015)。さらにOECD諸国の多くで、移民の祖父母と現居住国生まれの親をもつネイティブ人口がますます増加している。しかしながら2世代以上にわたる世代間社会移動のパターンについて論じた先行研究がほぼないため、このグループは本章では検討対象から外している。

3. しかしながら、移民背景をもつ現居住国生まれの人びとの出生率は移民背景をもたない人びととの出生パターンと似ており、世代が進むほどに収斂していく傾向をみせる（Stichnoth and Yeter, 2013; Meurs, Puhani and von Haaren, 2015）。
4. オーストラリア、オーストリア、ベルギー、カナダ、デンマーク、フランス、ドイツ、ルクセンブルク、オランダ、ニュージーランド、スウェーデン、スイス、アメリカ。
5. これらの試験は決して義務づけられているわけではなく、大学への進学を予定している生徒だけが受験している。したがって、忍耐強さや野心などの観察されにくいさまざまな特徴によって生徒は選抜されていることから、これらの知見は生徒全体にあてはまるものではない。
6. 生徒が外国生まれなのか、現居住国生まれなのか、言及されていない。
7. たとえば、オーストリアでは早い年齢段階で選抜がなされ、質の高い職業教育と訓練を提供している。これにより、選抜メカニズムがその後の人生に及ぼす潜在的な負の影響を小さくすることができる。
8. オーストラリア、カナダ、ニュージーランド、デンマーク、ノルウェー、スウェーデン、オーストリア、ドイツ、チェコ、ハンガリー、ロシア。
9. 現居住国生まれと外国生まれの違いについては、言及されていない。
10. ブラックカリビアン、バングラディッシュ、パキスタン、ホワイトブリティッシュの女性。800人より回答を得た分析結果である。
11. ドイツでは履歴書の一部として写真を含むことは一般的である。
12. シュニッツレイン（Schnitzlein, 2012）の論文によればデンマーク生まれの移民背景をもつ息子は、移民の子どものきょうだい間の関連性について例外的な存在である。彼によれば、収入におけるきょうだい間の相関は、さまざまな移民グループを例にとっても類似の傾向にあり、世代間社会移動において議論となっている「文化的背景」は重要な要因としてあらわれない。
13. スウェーデンでは、移民の祖父母世代と孫世代の収入を比べると、世代が進むにつれて減少傾向にある（Hammarstedt, 2009）。しかし、ヨーロッパや北アメリカ出身者が多く占める祖父母世代は、出身国において選別されており、高い収入を得ていた経験をもつ世代である。それゆえに、これらの知見は1960年代のスウェーデンにやってきた特定の移民グループにのみあてはまり、のちにスウェーデンにやってきた移民グループの複数世代の世代間社会移動とは区別して検討しなければならない。

参考文献・資料

Alba, R., T.R. Jiménez and H.B. Marrow (2014), "Mexican Americans as a paradigm for contemporary intra-group heterogeneity", *Ethnic and Racial Studies*, Vol. 37, Issue 3, pp. 446-467.

Altonji, J.G. and R.M. Blank (1999), "Race and gender in the labor market", in O. Ashenfelter and D. Card (eds.), *Handbook of Labor Economics*, Edition 1, Vol. 3, Chapter 48, Elsevier Science B.V., pp. 3143-3259.

Altzinger, W., N. Lamei, B. Rumplmaier and A. Schneebaum (2013), "Intergenerationelle soziale Mobilität in Österreich", *Statistische Nachrichten*, Vol. 1, pp. 48-62.

Andersen, S.C. and M.K. Thomsen (2011), "Policy implications of limiting immigrant concentration in Danish public schools", *Scandinavian Political Studies*, Vol. 34, Issue 1, pp. 27-52.

Andersson, L. and M. Hammarstedt (2010), "Intergenerational transmission in immigrant self-employment: Evidence from three generations", *Small Business Economics*, Vol. 34, No. 3, pp. 261-276.

Angrist, J., V. Lavy and A. Schlosser (2006), "New evidence on the causal link between the quantity and quality of children", *Centre for Economic Policy Research Discussion Paper*, No. 5668.

Arai, M. and P. Skogman Thoursie (2009), "Renouncing personal names: An empirical examination of surname change and earnings", *Journal of Labor Economics*, Vol. 27, No. 1, pp. 127-147.

Arai, M., M. Bursell and L. Nekby (2016), "The reverse gender gap in ethnic discrimination: Employer stereotypes of men and women with Arabic names", *International Migration Review*, Vol. 50, No. 2, pp. 385-412.

Arbaci, S. and J. Malheiros (2010), "De-segregation, peripheralisation and the social exclusion of immigrants: Southern European cities in the 1990s", *Journal of Ethnic and Migration Studies*, Vol. 36, No. 2, pp. 227-255.

Aydemir, A., W.-H. Chen and M. Corak (2013), "Intergenerational education mobility among the children of Canadian immigrants", *Canadian Public Policy*, Vol. 39, Supplement 1, pp. S107-S122.

Bauer, P. (2006), "The intergenerational transmission of income in Switzerland: A comparison between natives and immigrants", *WWZ Discussion Paper*, 2006/01, University of Basel.

Bauer, P. and R.T. Riphahn (2013), "Institutional determinants of intergenerational education transmission: Comparing alternative mechanisms for natives and immigrants", *Labour Economics*, Vol. 25, pp. 110-122.

Bauer, P. and R.T. Riphahn (2009), "Age at school entry and intergenerational educational mobility", *IZA Discussion Paper*,,No. 3977.

Bauer, P. and R.T. Riphahn (2007), "Heterogeneity in the intergenerational transmission of educational attainment: Evidence from Switzerland on natives and second-generation immigrants", *Journal of Population Economics*, Vol. 20, pp. 121-148.

Baxter, E. (2015), "How the gender wage gap differs by occupation", Center for American Progress, www.americanprogress.org/issues/women/news/2015/04/14/110959/how-the-genderwage- gap-differs-by-occupation/.

Baysu, G. and H. de Valk (2012), "Navigating the school system in Sweden, Belgium, Austria and Germany: School segregation and second generation school trajectories", *Ethnicities*, Vol. 12, No. 6, pp. 776-799.

Becker, B. (2011), "Social disparities in children's vocabulary in early childhood: Does pre-school education help to close the gap?", *British Journal of Sociology*, Vol. 62, Issue 1, pp. 69-88.

Becker, G.S. and N. Tomes (1976), "Child endowments and the quantity and quality of children", *Journal of Political Economy*, Vol. 84, No. 4, pp. 143-162.

Becker, R., F. Jäpel and M. Beck (2013), "Diskriminierung durch Lehrpersonen oder herkunftsbedingte Nachteile von Migranten im Deutschschweizer Schulsystem?", *Swiss Journal of Sociology*, Vol. 39, Issue 3, pp. 517-549.

Becker, G. *et al.* (2015), "A theory of intergenerational mobility" *MPRA Paper*, No. 66334.

Behtoui, A. (2015), "Beyond social ties: The impact of social capital on labour market outcomes for young Swedish people", *Journal of Sociology*, Vol. 52, Issue 4, pp. 1-14.

Beicht, U. and M. Granato (2010), "Ausbildungsplatzsuche: Geringere Chancen für junge Frauen und Männer mit Migrationshintergrund – BIBB-Analyse zum Einfluss der sozialen Herkunft beim Übergang in die Ausbildung unter Berücksichtigung von Geschlecht und Migrationsstatus", BIBB Report: *Forschungs- und Arbeitsergebnisse aus dem Bundesinstitut für Berufsbildung*, No. 15.

Beine, M. (2015), "The role of networks for migration flows", *CREA Discussion Paper*, No. 2015-14.

Beller, E. (2009), "Bringing intergenerational social mobility research into the twentyfirst century: Why mothers matter", *American Sociological Review*, Vol. 74, No. 4, pp. 507-528.

Betts, J.R. (2011), "The economics of tracking in education", in E.A. Hanushek, S. Machin, and L. Wößmann (eds.), *Handbook of the Economics of Education*, Vol. 3, Elsevier B.V.

Bhattacharya, D. and B. Mazumder (2011), "A nonparametric analysis of black-white differences in intergenerational income mobility in the United States", *Quantitative Economics*, Vol. 2, Issue 3, pp. 335-379.

Black, S.E. and P.J. Devereux (2011), "Recent developments in intergenerational mobility", in D. Card and O. Ashenfelter (eds.), *Handbook of Labor Economics*, Vol. 4b, Chapter 16, pp. 1487-1541, Elsevier B.V.

Black, S.E., P.J. Devereux and K.G. Salvanes (2005), "The more the merrier? The effect of family size and birth order on children's education", *Quarterly Journal of Economics*, Vol. 120, Issue 2, pp. 669-700.

Black, S.E. *et al.* (2015), "Poor little rich kids? – The determinants of the intergenerational transmission of wealth", *University College Dublin Centre for Economic Research Working Paper Series*, No. WP2015/16.

Bleakley, H. and A. Chin (2008), "What holds back the second generation? The intergenerational transmission of language human capital among immigrants", *Journal of Human Resources*, Vol. 43, Issue 2, pp. 267-298.

Böhlmark, A. (2008), "Age at immigration and school performance: A siblings analysis using Swedish register data", *Labour Economics*, Vol. 15, Issue 6, pp. 1366-1387.

Bol, T. (2015), "Has education become more positional? Educational expansion and labour market outcomes, 1985-2007", *Acta Sociologica*, Vol. 58, Issue 2, pp. 105-120.

Boliver, V. (2013), "How fair is access to more prestigious UK universities?", *The British Journal of Sociology*, Vol. 64, Issue 2, pp. 344-364.

Bolt, G., A.S. Özüekren and D. Phillips (2010), "Linking integration and residential segregation", *Journal of Ethnic and Migration Studies*, Vol. 36, Issue 2, pp. 169-186.

Booth, A.L., A. Leigh and E. Varganova (2012), "Does ethnic discrimination vary across minority groups? Evidence from a field experiment", *Oxford Bulletin for Economics and Statistics*, Vol. 72, No. 4, pp. 547-573.

Borjas, G. (1995), "Ethnicity, neighborhoods, and human capital externalities", *The American Economic Review*, Vol. 85, Issue 3, pp. 365-390.

Borjas, G. (1992), "Ethnic capital and intergenerational mobility", *Quarterly Journal of Economics*, Vol. 107, Issue 1, pp. 123-150.

Boser, B.U., M. Wilhelm and R. Hanna (2014), "The power of the Pygmalion Effect: Teachers expectations [sic] strongly predict college completion", The Center for American Progress.

Bratsberg, B. *et al.* (2007), "Nonlinearities in intergenerational earnings mobility: Consequences for cross-country comparison", *The Economic Journal*, Vol. 117, Issue 519, pp. 72-92.

Brekke, I. (2007), "Ethnic background and the transition from vocational education to work: A multi-level analysis of the differences in labour market outcomes", *Journal of Education and Work*, Vol. 20, No. 3, pp. 229-254.

Brinbaum, Y. and H. Cebolla-Boado (2007), "The school careers of ethnic minority youth in France", *Ethnicities*, Vol. 7, Issue 3, pp. 445-474.

Brinbaum, Y. and C. Guégnard (2013), "Choices and enrollments in French secondary and higher education: Repercussions for second-generation immigrants", *Comparative Education Review*, Vol. 57, No. 3, pp. 481-502.

Brooks, R. (2008), "Accessing higher education: The influence of cultural and social capital on university choice", *Sociology Compass*, Vol. 2, Issue 4, pp. 1355-1371.

Brunello, G. and L. Rocco (2013), "The effect of immigration on the school performance of natives: Cross country evidence using PISA test scores", *Economics of Education Review*, Vol. 32, Issue C, pp. 234-246.

Brynin, M. and S. Longhi (2015), *The Effect of Occupation on Poverty among Ethnic Minority Groups*, Joseph Rowntree Foundation, York, England.

Buis, M.L. (2013), "The composition of family background: The influence of the economic and cultural resources of both parents on the offspring's educational attainment in the Netherlands between 1939 and 1991", *European Sociological Review*, Vol. 29, Issue 3, pp. 593-602.

Bukodi, E. and J.H. Goldthorpe (2016), "Educational attainment – relative or absolute – as a mediator of intergenerational class mobility in Britain", *Research in Social Stratification and Mobility*, Vol. 43,

pp. 5-15.

Burger, K. (2016), "Intergenerational transmission of education in Europe: Do more comprehensive education systems reduce social gradients in student achievement?", *Research in Social Stratification and Mobility*, Vol. 44, pp. 54-67.

Burgess, S. and E. Greaves (2013), "Test scores, subjective assessment, and stereotyping of ethnic minorities", *Journal of Labor Economics*, Vol. 31, No. 3, pp. 535-576.

Burt, R.S. (1992), *Structural Holes*, Harvard University Press, Cambridge, MA.（『競争の社会的構造：構造的空隙の理論』ロナルド・S・バート著、安田雪訳、新曜社、2006年）

Casey, T. and C. Dustmann (2008), "Intergenerational Transmission of Language Capital and Economic Outcomes", *Journal of Human Resources*, Vol. XLIII, Issue 3, pp. 660-687.

Castilla, E. (2012), "Gender, race, and the new (merit-based) employment relationship", *Industrial Relations*, Vol. 51, Issue S1, pp. 528-562.

Cebolla-Boado, H. and L. Garrido Medina (2011), "The impact of immigrant concentration in Spanish schools: School, class, and composition effects", *European Sociological Review*, Vol. 27, Issue 5, pp. 606-623.

Chetty, R. and N. Hendren (2016), "The impacts of neighborhoods on intergenerational mobility I: Childhood exposure effects", *NBER Working Paper*, No. 23001.

Chetty, R., N. Hendren and L.F. Katz (2016), "The effects of exposure to better neighborhoods on children: New evidence from the moving to opportunity experiment", *American Economic Review*, Vol. 106, No. 4, pp. 855-902.

Chiswick, B.R. and P.W. Miller (2005), "Linguistic distance: A quantitative measure of the distance between English and other languages", *Journal of Multilingual and Multicultural Development*, Vol. 26, Issue 1, pp. 1-11.

Chiswick, B.R., Y.L. Lee and P.W. Miller (2005), "Parents and children talk: English language proficiency within immigrant families", *Review of Economics of the Household*, Vol. 3, Issue 3, pp. 243-268.

Chowdry, H. *et al.* (2008), *Widening Participation in Higher Education: Analysis Using Linked Administrative Data*, Institute for Fiscal Studies, London.

Connor, H. *et al.* (2004), "Why the difference? A closer look at higher education minority ethnic students and graduates", Research report No. RR552, Institute for Employment Studies, Department for Education and Skills, Nottingham.

Corak, M. and A. Heisz (1999), "The intergenerational earnings and income mobility of Canadian men: Evidence from longitudinal income tax data", *Journal of Human Resources*, Vol. 34, Issue 3, pp. 504-533.

Couch, K.A. and R. Fairlie (2010), "Last hired, first fired? Black-white unemployment and the business cycle", *Demography* Vol. 47, Issue 1, pp. 227-247.

Crocker, R., T. Craddock, M. Marcil and J. Paraskevopoulos (2010), *National Apprenticeship Survey, 2007: Profile of Participants*, Human Resources and Skills Development Canada, www.red-seal.ca/docms/nas_profiles_eng.pdf (accessed 22 October 2017).

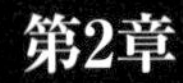

Cummings, C. *et al.*(2012), *Can Changing Aspirations and Attitudes Impact on Educational Attainment? A Review of Interventions*, Joseph Rowntree Foundation, York, England.

d'Addio, A.C. (2007), "Intergenerational transmission of disadvantage: Mobility or immobility across generations? A review of the evidence for OECD countries", *OECD Social, Employment and Migration Working Papers*, No. 52, OECD Publishing, Paris.

Dag Tjaden, J.D. and C. Hunkler (2017), "Optimism, information, or discrimination? Explaining ethnic choice effects in Germany's secondary education system", *Social Science Research*, accepted manuscript.

Damas de Matos, A. (2010), "The integration of the children of immigrants in European cities: The importance of parental background", in *Equal Opportunities? The Labour Market Integration of the Children of Immigrants*, OECD Publishing, Paris, http://dx.doi.org/ 10.1787/9789264086395-en.

Datta Gupta, N. and L. Kromann (2014), "Differences in the labor market entry of second-generation immigrants and ethnic Danes", *IZA Journal of Migration*, Vol. 3, Issue 1, pp. 1-22.

de Haan, M. (2005), "Birth order, family size and educational attainment", *Tinbergen Institute Discussion Paper*, No. 116/3.

Deil-Amen, R. and J.E. Rosenbaum (2003), "The social prerequisites of success: Can college structure reduce the need for social know-how?", *Annals of the American Academy of Political and Social Science*, Vol. 586, pp. 120-143.

Domingues Dos Santos, M. and F.-C. Wolff (2011), "Human capital background and the educational attainment of second-generation immigrants in France", *Economics of Education Review*, Vol. 30, Issue 5, pp. 1085-1096.

Duncan, B. and S.J. Trejo(2016), "The complexity of immigrant generations: Implications for assessing the socioeconomic integration of Hispanics and Asians", *NBER Working Paper Series*, No. 21982.

Drange, N. and K. Telle (2010), "The effect of preschool on the school performance of children from immigrant families: Results from an introduction of free preschool in two districts in Oslo", Discussion Papers, No. 631, *Statistics Norway*, Research Department.

Dronkers, J. and R. van der Velden (2013), "Positive but also negative effects of ethnic diversity in schools on educational performance? An empirical test using PISA data", in M. Windzio (ed.), *Integration and Inequality in Educational Institutions*, pp. 71-98, Springer Science+Business Media, Dordrecht.

Dustmann, C. and N. Theodoropoulos (2010), "Ethnic minority immigrants and their children in Britain", *Oxford Economic Papers*, Vol. 62, Issue 2, pp. 1-25.

Dustmann, C., T. Frattini and G. Lanzara (2012), "Educational achievement of secondgeneration immigrants: An international comparison", *Economic Policy*, Vol. 27, Issue 69, pp. 143-185.

Edele, A. *et al.* (2015), "Why bother with testing? The validity of immigrants' selfassessed language proficiency", *Social Science Research*, Vol. 52, pp. 99-123.

Elango, S. *et al.* (2015), "Early Childhood Education", *IZA Discussion Paper*, No. 9476.

Entorf, H. and M. Lauk(2008), "Peer effects, social multipliers and migrants at school: An international

comparison", *Journal of Ethnic and Migration Studies*, Vol. 34, No. 4, pp. 633-654.

Equal Employment Commission (2006), *Moving On Up? Bangladeshi, Pakistani and Black Caribbean Women and Work: Early Findings from the EOC's Investigation in England.*

Erikson, R. and J.H. Goldthorpe (2002), "Intergenerational Inequality: A Sociological Perspective", *Journal of Economic Perspectives*, Vol. 16, No. 3, pp. 31-44.

Erikson, R., J.H. Goldthorpe and L. Portocarrero (1979), "Intergenerational class mobility in three Western European societies: England, France and Sweden", *British Journal of Sociology*, Vol. 30, pp. 415-441.

Farré, L. and F. Vella (2013), "The intergenerational transmission of gender role attitudes and its implications for female labour force participation", *Economica*, Vol. 80, Issue 318, pp. 219-247.

Fekjær, S.N. and G.E. Birkelund (2007), "Does the ethnic composition of upper secondary schools influence educational achievement and attainment? A multilevel analysis of the Norwegian case", *European Sociological Review*, Vol. 23, Issue 3, pp. 309-323.

Feliciano, C. (2005), "Does selective migration matter? Explaining ethnic disparities in educational attainment among immigrants' children", *International Migration Review*, Vol. 39, Issue 4, pp. 841-871.

Feliciano, C. and Y.R. Lanuza (2017), "An immigrant paradox? Contextual attainment and intergenerational educational mobility", *American Sociological Review*, Vol. 82, Issue 1, pp. 221-241.

Fick, P. *et al.* (2014), "Integration gelungen? Die fünf größten Zuwanderergruppen in Baden-Württemberg im Generationenvergleich. Ergebnisse einer Mehrthemenbefragung im Auftrag des Ministeriums für Integration Baden-Württemberg", Ministerium für Integration Baden-Württemberg, Stuttgart.

Figlio, D.N. (2005), "Names, expectations and the black-white test score gap", *NBER Working Paper Series*, No. 11195.

Ganzeboom, H.B.G., P.M. De Graaf, and D.J. Treiman (1992), "A standard socioeconomic index of occupational status", *Social Science Research*, Vol. 21, Issue 1, pp. 1-56.

Glick, J.E. and M.J. White (2004), "Post-secondary school participation of immigrant and native youth: The role of familial resources and educational expectations", *Social Science Research*, Vol. 33, No. 2, pp. 272-299.

Goldin, C. (2014), "A grand gender convergence: Its last chapter", *American Economic Review*, Vol. 104, No. 4, pp. 1091-1119.

Gresch, C. *et al.* (2012), "Zur hohen Bildungsaspiration von Migranten beim Übergang von der Grundschule in die Sekundarstufe: Fakt oder Artefakt?", in P. Pielage, L. Pries and G. Schultze (eds.), *Soziale Ungleichheit in der Einwanderungsgesellschaft. Kategorien, Konzepte, Einflussfaktoren*, pp. 56-67, Friedrich Ebert Stiftung (WISO Diskurs).

Grodsky, E. and D. Pager (2001), "The structure of disadvantage: Individual and occupational determinants of the black-white wage gap", *American Sociological Review*, Vol. 66, No. 4, pp. 542-567.

Grönqvist, H. (2006), "Ethnic enclaves and the attainments of immigrant children", *European Sociological Review*, Vol. 22, Issue 4, pp. 369-382.

Gustafsson, B., K. Katz and T. Österberg (2016), "Why do some young adults not graduate from upper secondary school ? On the importance of signals of labour market failure", *IZA Discussion Paper*, No. 9886.

Hachfeld, A. *et al.* (2010), "Does immigration background matter? How teachers' predictions of students' performance relate to student background", *International Journal of Educational Research*, Vol. 49, Issues 2-3, pp. 78-91.

Hagelskamp, C., C. Suárez-Orozco and D. Hughes (2010), "Migrating to opportunities: How family migration motivations shape academic trajectories among newcomer immigrant youth", *Journal of Social Issues*, Vol. 66, No. 4, pp. 717-739.

Haggenmiller, F. (2015), *Ausbildungsreport 2015*, DGB-Bundesvorstand, Abteilung Jugend und Jugendpolitik, Berlin.

Hammarstedt, M. (2009), "Intergenerational mobility and the earnings position of first-, second-, and third-generation immigrants", *KYKLOS*, Vol. 62, No. 2, pp. 275-292.

Hammarstedt, M. and M. Palme (2012), "Human capital transmission and the earnings of second-generation immigrants in Sweden", *IZA Journal of Migration*, Vol. 1, Issue 4, pp. 1-23.

Heath, A. and S.Y. Cheung (2006), "Ethnic penalties in the labour market: Employers and discrimination", Research Report No. 341, Department for Work and Pensions, London.

Heath, A., T. Liebig and P. Simon (2013), "Discrimination against immigrants – Measurement, incidence and policy instruments", in *International Migration Outlook*, OECD Publishing, Paris, http://dx.doi.org/10.1787/migr_outlook-2017-en.

Heckman, J.J. (2011), "The economics of inequality: The value of early childhood education", *American Educator*, Spring, Vol. 35, No. 1, pp. 31-36.

Helland, H. and L.A. Støren (2006), "Vocational education and the allocation of apprenticeships: Equal chances for applicants regardless of immigrant background?", *European Sociological Review*, Vol. 22, Issue 3, pp. 339-351.

Hermansen, A.S. (2016), "Moving up or falling behind? Intergenerational socioeconomic transmission among children of immigrants in Norway", *European Sociological Review*, Vol. 32, Issue 5, pp. 675-689.

Hertz, T. *et al.* (2007), "The inheritance of educational inequality: International comparisons and fifty-year trends", *The B.E. Journal of Economic Analysis & Policy Advances*, Vol. 7, Issue 2, pp. 1-46.

Holmlund, H. (2008), "Intergenerational mobility and assortative mating: Effects of an educational reform", London School of Economics, *Centre for the Economics of Education Discussion Paper*, No. 91.

Holmlund, H., M. Lindahl and E. Plug (2011), "The causal effect of parents' schooling on children's schooling: A comparison of estimation methods", *Journal of Economic Literature*, Vol. 49, No. 3, pp. 615-651.

Hou, F. and A. Bonikowska (2016), "Educational and labour market outcomes of childhood immigrants by admission class", Statistics Canada, *Analytical Studies Branch Research Paper Series*, No. 377.

Hou, F. and S. Coulombe (2010), "Earning gaps for Canadian-born visible minorities in the public and the private sectors", *Canadian Public Policy*, Vol. 36, No. 1, pp. 29-43.

Hout, M. (1984), "Status, autonomy, and training in occupational mobility", *American Journal of Sociology*, Vol. 89, No. 6, pp. 1379-1409.

Hoxby, C. (2000), "Peer effects in the classroom: Learning from gender and race variation", *NBER Working Paper Series*, No. 7867.

Ichou, M. (2014), "Who they were there: Immigrants' educational selectivity and their children's educational attainment", *European Sociological Review*, Vol. 30, Issue 6, pp. 750-765.

Isphording, I.E. and S. Otten (2013), "The costs of Babylon – Linguistic distance in applied economics", *Review of International Economics*, Vol. 21, Issue 2, pp. 354-369.

Jackson, M., J.O. Jonsson and F. Rudolphi (2012), "Ethnic inequality in choice-driven education systems: A longitudinal study of performance and choice in England and Sweden", *Sociology of Education*, Vol. 85, Issue 2, pp. 158-178.

Jenkins, S.P., J. Micklewright and S.V. Schnepf (2008), "Social segregation in secondary schools: How does England compare with other countries?", *Oxford Review of Education*, Vol. 34, No. 1, pp. 20-37.

Jensen, P. and A.W. Rasmussen (2011), "The effect of immigrant concentration in schools on native and immigrant children's reading and math skills", *Economics of Education Review*, Vol. 30, Issue 6, pp. 1503-1515.

Jeynes, W.H. (2003), "A meta-analysis: The effects of parental involvement on minority children's academic achievement", *Education and Urban Society*, Vol. 35, No. 2, pp. 202-218.

Kalev, A. (2014), "How you downsize is who you downsize: Biased formalization, accountability, and managerial diversity", *American Sociological Review*, Vol. 79, Issue 1, pp. 109-135.

Kao, G. and M. Tienda (1995), "Optimism and achievement: The educational performance of immigrant youth", *Social Science Quarterly*, Vol. 76, No. 1, pp. 1-19.

Kelly, P. (2014), "Understanding intergenerational social mobility: Filipino youth in Canada", *IRPP Studies*, No. 45.

Klapproth, F., S. Glock and R. Martin (2013), "Prädiktoren der Sekundarstufenempfehlungen in Luxemburg", *Zeitschrift Für Erziehungswissenschaften*, Vol. 16, No. 2, pp. 355-379.

Korupp, S.E., H.B.G. Ganzeboom and T. van der Lippe (2002), "Do mothers matter? A comparison of models of the influence of mothers' and fathers' educational and occupational status on children's educational attainment", *Quality & Quantity*, Vol. 36, Issue 1, pp. 17-42.

Krause, K. and T. Liebig (2011), "The labour market integration of immigrants and their children in Austria", *OECD Social, Employment and Migration Working Papers*, No. 127, OECD Publishing, Paris, http://dx.doi.org/10.1787/5kg264fz6p8w-en.

Kristen, C. (2008), "Primary school choice and ethnic school segregation in German elementary schools", *European Sociological Review*, Vol. 24, Issue 4, pp. 495-510.

Kristen, C. and N. Granato (2007), "The educational attainment of the second generation in Germany: Social origins and ethnic inequality", *Ethnicities*, Vol. 7, No. 3, pp. 343-366.

Kristen, C., D. Reimer and I. Kogan (2008), "Higher education entry of Turkish immigrant youth in Germany, *International Journal of Comparative Sociology*, Vol. 49, Issue 2-3), pp. 127-151.

Lamberts,M.andL.Eeman (2011), "De 'gatekeepers'op de arbeidsmarkt",HIVA Onderzoeksinstituut voor Arbeid en Samenleving, Katholieke Universiteit Leuven.

Le, A.T. (2009), "Entry into university: Are the children of immigrants disadvantaged?", *University of Western Australia Discussion Paper*, No. 09.01.

Lemaitre, G. (2012), "Parental education, immigrant concentration and PISA outcomes", in *Untapped Skills: Realising the Potential of Immigrant Students*, OECD Publishing, Paris, http://dx.doi.org/10.1787/9789264172470-en.

Levanon, A., P. England and P. Allison (2009), "Occupational feminization and pay: Assessing causal dynamics using 1950-2000 U.S. Census data", *Social Forces*, Vol. 88, Issue 2, pp. 865-892.

Li, Y., M. Savage and A. Warde (2008), "Social mobility and social capital in contemporary Britain", *British Journal of Sociology*, Vol. 59, Issue 3, pp. 391-411.

Liebig, T. and S. Widmaier (2010), "Overview: Children of immigrants in the labour markets of OECD and EU countries", in *Equal Opportunities? The Labour Market Integration of the Children of Immigrants*, OECD Publishing, Paris, http://dx.doi.org/10.1787/9789264086395-en.

Lindahl, E. (2007), "Comparing teachers' assessments and national test results: Evidence from Sweden", IFAU - *Institute for Labour Market Policy Evaluation Working Paper*, No. 24.

Lüdemann, E. and G. Schwerdt (2013), "Migration background and educational tracking: Is there a double disadvantage for second-generation immigrants?", *Journal of Population Economics*, Vol. 26, No. 2, pp. 455-481.

Luthra, R.R. (2010), "Assimilation in a new context: Educational attainment of the immigrant second generation in Germany", *ISER Working Paper Series*, No. 2010-21.

Luthra, R.R. and T. Soehl (2015), "From parent to child ? Transmission of educational attainment within immigrant families: Methodological considerations", *Demography*, Vol. 52, Issue 2, pp. 543-567.

Lutz, A., Y. Brinbaum and D. Abdelhady (2014), "The transition from school to work for children of immigrants with lower-level educational credentials in the United States and France", *Comparative Migration Studies*, Vol. 2, No. 2, pp. 227-254.

Machin, S. (2012), "Education and inequality", in B. Nolan, W. Salverda and T.M. Smeeding (eds.), *The Oxford Handbook of Economic Inequality*, pp. 1-18, Oxford University Press, Oxford.

Magnuson, K., C. Lahaie and J. Waldfogel (2006), "Preschool and school readiness of children of immigrants", *Social Science Quarterly*, Vol. 87, Issue 5, pp. 1241-1262.

Mazumder, B. (2005), "Fortunate sons: New estimates of intergenerational mobility in the United States using social security earnings data", *The Review of Economics and Statistics*, Vol. 87, No. 2, pp. 235-255.

McDonald, S., N. Lin and D. Ao (2009), "Networks of opportunity: Gender, race, and job leads", *Social Problems*, Vol. 56, Issue 3, pp. 385-402.

McGinn, K.L., E.L. Lingo and M.R. Castro (2015), "Mums the word! Cross-national effects of maternal employment on gender inequalities at work and at home", *Harvard Business School Working Paper*, No. 15-094.

McGinnity, F. and P. Lunn (2011), "Measuring discrimination facing ethnic minority job applicants: An Irish experiment", *Work, Employment and Society*, Vol. 25, Issue 4, pp. 693-708.

Meghir, C. and M. Palme (2005), "Educational reform, ability, and family background", *American Economic Review*, Vol. 95, No. 1, pp. 414-424.

Meier Jæger, M. (2008), "Do large sibships really lead to lower educational attainment?", *Acta Sociologica*, Vol. 51, No. 3, pp. 217-235.

Meurs, D., P.A. Puhani and F. von Haaren (2015), "Number of siblings and educational choices of immigrant children: Evidence from first- and second- generation immigrants", CREAM Centre for Research and Analysis of Migration, *University College London Discussion Paper Series*, No. 08/15.

Modood, T. (2004), "Capitals, ethnic identity and educational qualifications", *Cultural Trends*, Vol. 13, Issue 2, pp. 87-105.

Moguérou, L. and E. Santelli (2015), "The educational supports of parents and siblings in immigrant families", *Comparative Migration Studies*, Vol. 3, No. 11, pp. 1-16.

Morgan, S.L. (1998), "Adolescent educational expectations: Rationalized, fantazised, or both?", *Rationality and Society*, Vol. 10, No. 2, pp. 131-162.

Mouw, T. (2006), "Estimating the causal effect of social capital: A review of recent research", *Annual Review of Sociology*, Vol. 32, pp. 79-102.

Mouw, T.(2003), "Social capital and finding a job: Do contacts matter?", *American Sociological Review*, Vol. 68, Issue 6, pp. 868-898.

Musterd, S. and R. van Kempen (2009), "Segregation and housing of minority ethnic groups in Western European cities", *Tijdschrift Voor Economische En Sociale Geografie*, Vol. 100, Issue 4, pp. 559-566.

Nielsen, H.S. and B. Schindler Rangvid (2012), "The impact of parents' years since migration on children's academic achievement", *IZA Journal of Migration*, Vol. 1, Issue 6, pp. 1-23.

Niknami, S. (2010), "Intergenerational transmission of education among immigrant mothers and their daughters in Sweden", *Stockholm University Linnaeus Center for Integration Studies (SULCIS) Working Paper*, No. 2010:10.

OECD (2015), *OECD Reviews of Migrant Education: Immigrant Students at School – Easing the journey towards Integration*, OECD Publishing, Paris, http://dx.doi.org/10.1787/9789264249509-en. (『移民の子どもと学校：統合を支える教育政策』OECD 編著、布川あゆみ，木下江美，斎藤里美監訳、三浦綾希子，大西公恵，藤浪海訳、明石書店、2017 年)

OECD (2012), *Untapped Skills: Realising the Potential of Immigrant Students*, OECD Publishing, Paris, http://dx.doi.org/10.1787/9789264172470-en.

OECD (2010), *Closing the Gap for Immigrant Students: Policies, Practice and Performance*, OECD

Publishing, Paris, http://dx.doi.org/10.1787/9789264075788-en.（『移民の子どもと格差：学力を支える教育政策と実践』OECD 編著、斎藤里美監訳、布川あゆみ，本田伊克，木下江美訳、明石書店、2011 年）

OECD (2008), *Jobs for Immigrants (Vol. 2) : Labour Market Integration in Belgium, France, the Netherlands and Portugal*, OECD Publishing, Paris, http://dx.doi.org/10.1787/9789264055605-en.

OECD/European Union (2015), *Indicators of Immigrant Integration 2015: Settling In*, OECD Publishing, Paris, http://dx.doi.org/10.1787/9789264234024-en.

Östh, J., W. Clark and B. Malmberg (2014), "Measuring the scale of segregation using knearest neighbor aggregates", *Geographical Analysis*, Vol. 47, Issue 1, pp. 34-49.

Pan, B.A., E. Spier and C. Tamis-Lemonda (2004), "Measuring productive vocabulary of toddlers in low-income families: Concurrent and predictive validity of three sources of data", *Journal of Child Language*, Vol. 31, Issue 3, pp. 587-608.

Panel on Fair Access to the Professions (2009), *Unleashing Aspiration: The Final Report of the Panel on Fair Access to the Professions*, Cabinet Office, London.

Peach, C.(2009), "Slippery segregation: Discovering or manufacturing ghettos?", *Journal of Ethnic and Migration Studies*, Vol. 35, No. 9, pp. 1381-1395.

Pekkarinen, T., R. Uusitalo and S. Kerr(2009), "School tracking and intergenerational income mobility: Evidence from the Finnish comprehensive school reform", *Journal of Public Economics*, Vol. 93, Issue 7-8, pp. 965-973.

Pfeffer, F.T. (2015), "Equality and quality in education: A comparative study of 19 countries", *Social Science Research*, Vol. 51, pp. 350-368.

Pfeffer, F.T.(2014), "Multigenerational approaches to social mobility: A multifaceted research agenda", *Research in Social Stratification and Mobility*, Vol. 35, pp. 1-12.

Pfeffer, F.T. (2008), "Persistent inequality in educational attainment and its institutional context", *European Sociological Review*, Vol. 24, Issue 5, pp. 543-565.

Plewis, I. and M. Bartley (2014), "Intra-generational social mobility and educational qualifications", *Research in Social Stratification and Mobility*, Vol. 36, pp. 1-11.

Portes, A. (1998), "Social capital: Its origins and applications in modern sociology", *Annual Review of Sociology*, Vol. 24, pp. 1-24.

Portes, A. and M. Zhou(1993), "The new second generation: Segmented assimilation and its variants", *Annals of the American Academy of Political and Social Science*, Vol. 530, pp. 74-96.

Putnam, R.D. (2000), *Bowling Alone: The Collapse and Revival of American Community*, Simon & Schuster, New York.（『孤独なボウリング：米国コミュニティの崩壊と再生』ロバート・D・パットナム著，柴内康文訳、柏書房、2006 年）

Raitano, M. and F. Vona (2016), "Assessing students' equality of opportunity in OECD countries: The role of national- and school-level policies", *Applied Economics*, Vol. 48, Issue 33, pp. 3148-3163.

Raleigh, E. and G. Kao(2010), "Do immigrant minority parents have more consistent college aspirations for their children?", *Social Science Quarterly*, Vol. 91, Issue 4, pp. 1083-1102.

Roth, T. (2014), "Effects of social networks on finding an apprenticeship in the German vocational training system", *European Societies*, Vol. 16, Issue 2, pp. 233-254.

Rothwell, J.T. and D.S. Massey (2015), "Geographic effects on intergenerational income mobility", *Economic Geography*, Vol. 91, Issue 1, pp. 83-106.

Ruhose, J. and G. Schwerdt (2016), "Does early educational tracking increase migrantnative achievement gaps? Differences-in-differences evidence across countries", *Economics of Education Review*, Vol. 52, pp. 134-154.

Rumberger, R.W. and G.J. Palardy (2005), "Does segregation still matter? The impact of student composition on academic achievement in high school", *Teachers College Record*, Vol. 107, No. 9, pp. 1999-2045.

Sacerdote, B.(2011), "Peer effects in education: How might they work, how big are they and how much do we know thus far?", in E.A. Hanushek, S. Machin and L. Wößmann (eds.), *Handbook of the Economics of Education*, Vol. 3, pp. 249-277, Elsevier B.V.

Scarpetta, S., A. Sonnet and T. Manfredi (2010), "Rising youth unemployment during the crisis: How to prevent negative long-term consequences on a generation?", *OECD Social, Employment and Migration Working Papers*, No. 106, OECD Publishing, Paris, http://dx.doi.org/10.1787/5kmh79zb2mmv-en.

Schaafsma, J. and A. Sweetman (2001), "Immigrant earnings: Age at immigration matters", *Canadian Journal of Economics*, Vol. 34, Issue 4, pp. 1066-1099.

Schindler Rangvid, B. (2012), "The impact of academic preparedness of immigrant students on completion of commercial vocational education and training", AKF Working Paper, Danish Institute of Governmental Research.

Schneeweis, N.(2011), "Educational institutions and the integration of migrants", *Journal of Population Economics*, Vol. 24, Issue 4, pp. 1281-1308.

Schneider, J., R. Yemane and M. Weinmann (2014), "Diskriminierung am Ausbildungsmarkt. Ausmaß, Ursachen und Handlungsperspektiven", Forschungsbereich beim Sachverständigenrat deutscher Stiftungen für Integration und Migration (SVR), Berlin.

Schnell, P. (2014), *Educational mobility of second-generation Turks: Cross-national perspectives*, Amsterdam University Press, Amsterdam.

Schnepf, S.V.(2007), "Immigrants' educational disadvantage: An examination across ten countries and three surveys", *Journal of Population Economics*, Vol. 20, Issue 3, pp. 527-545.

Schnepf, S.V. (2004), "How different are immigrants? A cross-country and cross-survey analysis of educational achievement", *IZA Discussion Paper*, No. 1398.

Schnitzlein, D.D. (2012), "How important is cultural background for the level of intergenerational mobility?", *Economics Letters*, Vol. 114, Issue 3, pp. 335-337.

Schofield, J.W.(2006), "Migration background, minority-group membership and academic achievement: Research evidence from social, educational, and developmental psychology", Programme on Intercultural Conflicts and Societal Integration (AKI), Social Science Research Center Berlin.

Schröder, L. (2010), "Characteristics and their impact on the integration of immigrants' offspring", in *Equal Opportunities? The Labour Market Integration of the Children of Immigrants*, OECD Publishing, Paris, http://dx.doi.org/10.1787/9789264086395-en.

Schütz, G., H.W. Ursprung and L. Wößmann (2008), "Education policy and equality of opportunity", *KYKLOS*, Vol. 61, Issue 2, pp. 279-308.

Sewell, W.H and R.M. Hauser (1972), "Causes and consequences of higher education: Models of the status attainment process", *American Journal of Agricultural Economics*, Vol. 54, Issue 5, pp. 851-861.

Sieben, I., J. Huinink and P.M. de Graaf (2001), "Family background and sibling resemblance in educational attainment", *European Sociological Review*, Vol. 17, Issue 4, pp. 401-430.

Sirniö, O., P. Martikainen and T.M. Kauppinen (2016), "Entering the highest and the lowest incomes: Intergenerational determinants and early-adulthood transitions", *Research in Social Stratification and Mobility*, Vol. 44, pp. 77-90.

Sleutjes, B. and H. de Valk (2015), "Residential segregation patterns of migrant groups in Dutch cities: The role of scale", *Netherlands Interdisciplinary Demographic Institute Working Paper*, No. 2015/02.

Smith, C.D., J. Helgertz and K. Scott (2016), "Parents' years in Sweden and children's educational performance," *IZA Journal of Migration*, Vol. 5, Issue 6, pp. 1-17.

Solon, G.(2014), "Theoretical models of inequality transmission across multiple generations", *Research in Social Stratification and Mobility*, Vol. 35, pp. 13-18.

Spiess, C.K., F. Büchel and G.G. Wagner (2003), "Children's school placement in Germany: Does kindergarten attendance matter?, *IZA Discussion Paper*, No. 722.

Sprietsma, M. (2013), "Discrimination in grading: Experimental evidence from primary school teachers", *Empirical Economics*, Vol. 45, Issue 1, pp. 523-538.

St. Clair, R., K. Kintrea and M. Houston(2013), "Silver bullet or red herring? New evidence on the place of aspirations in education", *Oxford Review of Education*, Vol. 39, No. 6, pp. 719-738.

Stichnoth, H. and M. Yeter (2013), "Cultural influences on the fertility behaviour of firstand second-generation immigrants in Germany", ZEW Centre for European Economic Research Discussion Paper, No. 13-023.

Sweetman, A. and J.C. van Ours (2015), "Immigration: What about the children and grandchildren?", in B.R. Chiswick and P.W. Miller(eds.), *Handbook of the Economics of International Migration*, pp. 1141-1193, Elsevier B.V.

Szulkin, R. and J.O. Jonsson (2007), "Ethnic segregation and educational outcomes in Swedish comprehensive schools", *Stockholm University Linnaeus Center for Integration Studies Working Paper Series*, No. 2.

The Chronicle of Higher Education (2012), *The Role of Higher Education in Career Development: Employer Perceptions*, Washington, D.C., www.chronicle.com/items/biz/pdf/Employers%20 Survey.pdf.

Tolsma, J., A. Need and U. de Jong (2010), "Explaining participation differentials in Dutch higher education: The impact of subjective success probabilities on level choice and field choice", *European Sociological Review*, Vol. 26, Issue 2, pp. 235-252.

Turcotte, M. (2011), "Intergenerational education mobility: University completion in relation to parents' education level", *Canadian Social Trends*, Catalogue No. 11-008-X, Statistics Canada.

Valfort, M.-A.(2015), "Religious discrimination in access to employment: a reality" Institut Montaigne, Policy Paper October 2015.

Vallet, L. and J. Caille (1999), "Migration and integration in France: Academic careers of immigrants' children in lower and upper secondary school", Paper prepared for the ESF Conference "European Societies or European Society? Migrations and Inter-Ethnic Relations in Europe", Obernai, France.

van der Slik, F., G. Driessen and K. de Bot (2006), "Ethnic and socioeconomic class composition and language proficiency: A longitudinal multilevel examination in Dutch elementary schools", *European Sociological Review*, Vol. 22, Issue 3, pp. 293-308.

van Ewijk, R. (2011), "Same work, lower grade? Student ethnicity and teachers' subjective assessments", *Economics of Education Review*, Vol. 30, Issue 5, pp. 1045-1058.

van Ewijk, R. and P. Sleegers (2010), "Peer ethnicity and achievement: A meta-analysis into the compositional effect", *School Effectiveness and School Improvement*, Vol. 21, No. 3, pp. 237-265.

van Ham, M. *et al.* (2014), "Intergenerational transmission of neighbourhood poverty: An analysis of neighbourhood histories of individuals", *Transactions of the Institute of British Geographers*, Vol. 39, Issue 3, pp. 402-417.

Vartanian, T.P., P. Walker Buck and P. Gleason (2007), "Intergenerational neighborhoodtype mobility: Examining differences between blacks and whites", *Housing Studies*, Vol. 22, Issue 5, pp. 833-856.

Veerman, G.M., H.G. van de Werfhorst and J. Dronkers (2013), "Ethnic composition of the class and educational performance in primary education in The Netherlands", *Educational Research and Evaluation*, Vol. 19, Issue 5, pp. 1-32.

Verhaeghe, P., K. van der Bracht and B. van de Putte (2015), "Inequalities in social capital and their longitudinal effects on the labour market entry", *Social Networks*, Vol. 40, pp. 174-184.

Vignoles, A.F. and N. Powdthavee (2009), "The socioeconomic gap in university dropouts", *The B.E. Journal of Economic Analysis and Policy*, Vol. 9, Issue 1, pp. 1-36.

Votruba-Drzal, E. *et al.* (2015), "Center-based preschool and school readiness skills of children from immigrant families", *Early Education and Development*, Vol. 26, Issue 4, pp. 549-573.

Weichselbaumer, D. (2016), "Discrimination against female migrants wearing headscarves", *IZA Discussion Paper*, No. 10217.

Wolter, S.C. and P. Ryan(2011), "Apprenticeship", in E.A. Hanushek, S. Machin and L. Wößmann(eds.), *Handbook of the Economics of Education*, Vol. 3, pp. 521-576, Elsevier B.V.

Wood, M. *et al.* (2009), "A test for racial discrimination in recruitment practice in British cities", *Department for Work and Pensions Research Report*, No. 607, DWP, London.

Worswick, C. (2004), "Adaptation and inequality: Children of immigrants in Canadian schools",

Canadian Journal of Economics, Vol. 37, No. 1, pp. 53-77.

Yaman, F. (2014), "Ethnic externalities in education and second-generation immigrants", *Applied Economics*, Vol. 46, Issue 34, pp. 4205-4217.

Yuksel, M. (2009), "Intergenerational Mobility of Immigrants in Germany: Moving with Natives or Stuck in their Neighborhoods?", *IZA Discussion Paper*, No. 4677.

Zorlu, A. (2011), "Ethnic disparities in degree performance", *IZA Discussion Paper*, No. 6158.

Zuccotti, C.V. and L. Platt (2016), "Does neighbourhood ethnic concentration in early life affect subsequent labour market outcomes? A study across ethnic groups in England and Wales", *Population, Space and Place*, Vol. 23, Issue 6.

Zuccotti, C.V., H.B.G. Ganzeboom and A. Guveli (2015), "Has migration been beneficial for migrants and their children? Comparing social mobility of Turks in Western Europe, Turks in Turkey, and Western European natives", *International Migration Review* (Fall), pp. 1-30.

第 3 章

教育における世代間社会移動

本章では、教育上の不利がどのような世代間社会移動につながりうるのかを論じる。この検討では、まず移民の両親の就学年数が現居住国で生まれた親と比べて数年ほど短いことに着目する。第 1 節ではネイティブに関する 3 つのグループの学歴について比較をおこなう。3 つのグループとは、親の少なくとも一人が現居住国で生まれたネイティブ、親の少なくとも一人がヨーロッパ経済圏（EEA）内で生まれたネイティブ、そして両親ともに EEA 圏外で生まれたネイティブである。第 2 節では学校での子どものパフォーマンスに焦点をあてる。ここでは、親の背景に関する特徴が、各グループの子どものスキルの得点にどの程度影響するのかを検討することをめざす。この節ではまた、「オッズに抗して成功する」子どもの可能性や学校でのパフォーマンスに影響を与える他の要因について検討する。例として、言語能力や不利な状況にある子どもの学校での集中を取り上げる。最後に、第 3 節では基礎計算能力、読解、問題解決の領域での成人のスキルについて、現居住国で生まれた親をもつネイティブと、外国で生まれた両親をもつネイティブとのあいだで比較する。

検討結果の要旨

- 本章での検討から、移民とその後続世代、ネイティブとその後続世代とのあいだの学歴にみられる差は依然として存在するものの、縮小していることが明らかになった。ただし、この差の多くは移民の両親をもつ子どもの社会経済的背景によって説明される。移民の両親をもつ子どもの社会経済的背景は、現居住国で生まれた親をもつ子どもに比べて低い傾向にある。親の特徴が子どもの学歴に影響を与える程度は、国によって大きく異なっている。

- EU 圏外で生まれた両親をもつネイティブは、現居住国で生まれた親をもつネイティブと比べたとき、前期中等教育しか修了していない可能性が高い。この差がもっとも大きいのはベルギーとオーストリアで、現居住国で生まれた親をもつネイティブの約 10％が中等教育未満修了であるのに対し、EU 圏外で生まれた両親をもつネイティブの場合、これは 30％ほどになる。

- EU 圏外で生まれた両親をもつネイティブは現居住国で生まれた親をもつネイティブよりも何らかの高等教育を受ける可能性が低い。平均すると、高等教育修了者の割合は、EU 圏外で生まれた両親をもつネイティブの場合は 24％であるのに対し、現居住国で生まれた親をもつネイティブの場合は 28％にのぼる。オーストリア、ベルギー、スイスでは、現居住国で生まれた親をもつネイティブは、高等教育機関に入学する割合が EU 圏外で生まれた両親をもつネイティブの２倍である（スイスでは約 30％に対して 15％未満）。一方イギリスでは、EU 圏外で生まれた両親をもつ大学教育を受けたネイティブの割合（44％）は、イギリスで生まれた親をもつネイティブの場合の平均（33％）を大きく上回っている。

- 親の受けた教育を考慮に入れると、学歴について観察される差が小さくなる。学歴が低い層では、EU 圏外で生まれた両親をもつネイティブが多くみられるが、これは多くの国で縮小している。学歴が高い層をみると、これに対応するように、EU 圏外で生まれた両親をもつネイティブが圧倒的に少ないという状況も減ってきている。

- しかし、親の教育経験を考慮に入れた後ですらも、選択した高等教育のトラック（職業教育か一般教育かという区分）の分析からは、EU 圏外で生まれた両親をもつネイティブがアカデミックな高等教育トラックを選ぶ可能性が４パーセントポイントほど低いことが示されている。

- ほとんどの国で、世代の進行にともなう学歴の変化は、現居住国で生まれた親をもつネイティ

ブに比べて移民の両親をもつネイティブのほうが圧倒的に速いペースで進んでいる。事実、これら2つのグループの教育経験は、時間が経つにつれ接近してきている。移民の両親をもつネイティブは、概して、親よりも高い学歴を達成している。現居住国で生まれた親をもつネイティブも、親よりも高い学歴を達成しているが、その違いの大きさは移民の両親をもつネイティブよりも小さい。これは、部分的には現居住国で生まれた親がそもそも移民の両親よりも高い学歴を達成している傾向にあることに起因する。

➢ PISA 調査（生徒の学力に関する国際到達度調査）における数学的リテラシーの得点の高さと親の学歴とのあいだの関連から、移民の両親をもつネイティブに比べ、現居住国で生まれた親をもつネイティブに対してこの関連が大きく働いていることがわかる。したがって、親の教育経験は、親が外国生まれである場合、子どもの試験の得点にあまり影響を与えていないということができる。この結果は読解リテラシーや科学的リテラシーの得点にもあてはまる。

➢ 学校システムは、現居住国で生まれた親をもつネイティブに関して、逆境に負けないレジリエンスをもつ子ども（不利な背景にもかかわらず高いパフォーマンスを示す子ども、すなわち「オッズに抗して成功する」子どもとして定義される）を生み出しており、移民の両親をもつネイティブがレジリエンスを獲得する状況との類似性が強くみられる。移民の両親をもつネイティブのレジリエンスは、現居住国で生まれた親をもつネイティブのレジリエンスが高い国において高くなる傾向にある。

➢ 学校での教育成果を分析する際、社会経済的背景を移民に特有の効果から取り出すことは概して困難である。学校の質や学校近隣地区の効果といった要因は、社会経済的背景の低い子どもや移民の両親をもつ子どもに対して同時に影響を与えていることが多い。それでも、言語能力は移民の両親をもつ子どもが学校で成功するためにきわめて重要であるとみなすことができる。こういった観点は、とくに、移民の両親をもち PISA 調査で用いられた言語と別の言語を家で用いている子どもの 41%にあてはまる。OECD の分析からは、現居住国で用いられる言語を早い時期にスキルとして獲得しているほど、PISA 調査での得点が高くなることが示されている。

➢ 学校レベルでは、PISA 調査の得点の分析から、子どもの教育成果には、社会経済的な不利のほうが移民の両親をもつ子どもの集中の度合いよりもずっと大きな影響を与えていることが示されている。たとえば、ドイツ、イタリア、スロベニア、オランダでは、移民が大きく集中する学校に通う子どもの得点は平均点よりも 50 点ほど低い。ただし、この差は親の社会経済的背景を考慮に入れると消失する。さらにデンマークでは、社会経済的背景を考慮に入れた場合、移民背景をもつ子どもの割合の高い学校でのパフォーマンスのほうが高い。OECD 諸国の平均では、得点差は 18 点から 5 点に縮小する。

はじめに

ほとんどのヨーロッパ諸国では、移民の両親をもつ子どもは、現居住国で生まれた親をもつ子どもに比べて教育成果が弱い傾向にある。これは、部分的には移民背景をもつ親の世代の就学年数が、現居住国で生まれた親に比べて平均して数年ほど短いことによる（OECD/EU, 2015)。本章では、この不利がどのような世代間社会移動につながるのかを検討し、現居住国で生まれた親をもつネイティブと移民の両親をもつネイティブとを比較した場合、親の学歴の低さが後者の場合に引き継がれやすい傾向にあるのかどうかをみてゆく。さらに、国ごとの違いがあるのかどうか、またそれはなぜかについても検討する。本章は3つの節からなり、教育についてそれぞれ異なる側面を検討してゆく。第1節では学歴について分析をおこなう。第2節では、学校で求められるスキルに焦点をあてる。ここでは、OECD生徒の学習到達度（PISA）調査の得点を用いる。最後に、第3節では、OECD国際成人力調査（PIAAC）のデータを用い、成人の認知的スキルについて精査してゆく。

第1節では、移民背景ごとに学歴を比較する。親の世代で学歴に差がある場合、移民背景の有無に照らし、現居住国で生まれた親をもつ子どもに比べて移民の両親をもつ子どもにおいてこの差がより縮小するかどうかを検証する。この検証にあたっては、子どもが平均して親よりも長く就学するかどうかを測定する。また、移民の両親をもつネイティブと現居住国で生まれた親をもつネイティブについて、それぞれ就学年数がどのように変化するかを比較する。世代間社会移動について親の学歴ごとに展望を示すために、第1節では続けて親の学歴と成人した子どもの学歴の関連を分析する。この結果から、移民の両親をもつネイティブは現居住国で生まれた親をもつネイティブに比べ、親の背景から予測される就学年数よりも長く学校に通うことが示された。全体として、移民の両親をもつネイティブと現居住国で生まれた親をもつネイティブのあいだの教育上の差は縮小してきている。

第2節では、学校での子どものパフォーマンスに焦点をあてている。PISA調査、すなわち15歳児の読解、数学、科学の各能力に対する標準化したテストのデータを用い、親の出生国ごとに認知的スキルを分析する。第2段階として、教育からみた世代間社会移動について分析する。親の出生国ごとの違いを把握するにあたっては、テストの得点差が親の社会経済的背景からどのような影響を受けているかを検討する。この結果からは、かなりの程度――約37％にのぼる――で得点の差が実際に子どもの社会経済的背景によって説明されることが示唆されている。しかし、親の特徴が子どもの教育成果にどの程度影響を与えているかについては、国ごとに大きな違いがある。

最後に、本章のまとめとして、PIAAC調査のデータを用いて移民背景ごとに成人の認知的スキルを比較する。ヨーロッパ連合（EU）では、移民背景をもつネイティブが、親の教育背景を考慮した後であっても、検討対象となったすべての教育段階においてスキルに関するさまざまな数値で一貫してわずかに低くなっている。カナダやオーストラリアといった移民受け入れ国では、移民背景によって成人の認知的スキルに差が出ることはない。これは、これらの国でとられている選別的移民政策を反映しているものと思われる。

本章の検討結果からは、不利に関する多くの部分が親の学歴を考慮した際に生じる社会経済的背景の低さによって説明されることが示唆される。現居住国で生まれた親をもつネイティブと比べると、移民の両親をもつネイティブは就学年数が短く、就学中も卒業・修了後も認知テストの得点が低い。しかし、多くの観点を考慮するとこの差は小さくなる。事実、親の学歴を考慮すると、この差は大きく縮小し、いくつかの国では差が消失する。何らかの不利が次世代に持ち越される状況は、移民の両親をもつネイティブによくみられる。学歴の低い親をもつ場合、移民の両親をもつネイティブの学歴に対しては、学歴が低く、現居住国で生まれた親をもつネイティブの学歴に対してよりも強い負の影響が生じる。このことから、「エスニックペナルティ」(Heath and Cheun, 2006) があるという警告を察知できる。これは、年少のコーホートになるほど消失してゆくはずの社会経済的背景の違いを超えて存在する不利をさす。総じて、これらの知見は期待を呼び起こすものでもある。移民背景をもつネイティブの教育成果は、移民背景をもたないネイティブの教育成果に収束しているのである。

第１節　学歴と就学年数

本節では、移民背景をもつネイティブの学歴を、移民背景をもたないネイティブの学歴と比較する。ここでは、現居住国で生まれた子どもの世代を３つのグループに分け、学歴の差について述べている。３つのグループとは、親の少なくとも１人が現居住国で生まれたネイティブ、親の少なくとも一人がヨーロッパ経済圏（EEA）内で生まれたネイティブ、そして両親ともにEEA圏外で生まれたネイティブ（本章では第2、第３のグループを「移民の両親をもつネイティブ」とも呼ぶ）である。本節ではまず、学歴にみられる大きな差についてまとめる。平均すると、現居住国で生まれた親ないしEEA圏内で生まれた親をもつネイティブは、EEA圏外で生まれた両親をもつネイティブよりも高い修了資格を獲得している。続いて、この教育上の差の拡大や縮小の状況を分析する。ここでは、親の世代と数年にわたるコーホートに留意する。これらの検討から、移民の両親をもつネイティブが学歴の差を小さくしていることが明らかになる。この差は、労働市場に参入する年齢に注目すると、コーホートが進むほど小さくなっている。親の世代と比較すると、現居住国で生まれた子どもに関するすべてのコーホートで平均して就学年数が長くなっているが、この差はEEA圏外で生まれた両親をもつネイティブに関してとくに際立っている。さらに、親の背景を考慮に入れると、移民の両親をもつネイティブは就学年数に関してもはや不利な状況には置かれていないのである。どの結果も、学歴の収束を指摘している。移民の両親をもつネイティブは、平均すると就学年数が短いが、現居住国で生まれた親をもつネイティブに追いついてきている。

修了した教育段階の分布

下位の学歴

EEA圏外で生まれた両親をもつネイティブは、学歴に関する散らばりのなかで最底辺に大きく偏っている。図3.1では、2014年のEU労働力調査（EU-LFS）を用い、移民のグループごとにネイティブが修了した教育段階の分布を示している。この図では、20歳から39歳までの労働人口に焦点をあてている。ここからは、学歴の低い労働人口が、移民背景をもたないネイティブやEEA圏内で生まれた親をもつネイティブと比べ、EEA圏外で生まれた両親をもつネイティブに多くみられることがわかる。比較可能なデータをとることのできた21か国中15か国において、移民の両親をもつこのネイティブのグループは現居住国で生まれた親をもつネイティブに比べて、前期中等教育までしか修了していないことが多い。こういった移民の両親をもつネイティブと現居住国で生まれた親をもつネイティブについて、下位の学歴に関する差を比べると、ベルギーとオーストリアでもっとも大きくなっている。これらの国では、現居住国で生まれた親をもつネイティブの約10%が中等教育未満で教育を終えているが、EEA圏外で生まれた両親をもつネイティブの場合はこの割合が30%にのぼる。分析対象となったEEAの平均に人口比を考慮すると、現居住国で生まれた親をもつネイティブの17%が低いレベルで教育を終えているが、EEA圏外で生まれた両親をもつネイティブの場合はこれが30%にのぼる。唯一の例外は、バルト三国、ポルトガル、イギリスである。移民背景にかかわらず、ポルトガルでは学歴の低い人びとの割合が他の国よりも高く、イギリスでは低い。

下位の学歴にEEA圏外で生まれた両親をもつネイティブが偏在している理由は、部分的には親の背景から説明される。EU・EFTA圏外で生まれた両親は、平均して現居住国で生まれた親よりも数年ほど就学期間が短い（OECD/EU, 2015）。学歴に関する世代間社会移動の程度についてみてみると、移民の両親をもつネイティブも、現居住国で生まれた親をもつネイティブよりも就学年数が短いことが予測される。ただし、移民の両親をもつネイティブが下位の学歴に大きく偏っている程度は、国によって大きく異なる。これは、各国の移民史が多様であることを大きく反映している。そのため、EU圏外出身で学歴の低い移民の人口に占める割合が影響している。

上位・中位の学歴

ほとんどのヨーロッパ諸国では、移民の両親をもつネイティブが高等教育段階にほとんどみられない。これは、これらのネイティブが学歴の低い層に大きく偏っているために生じているともいえる。図3.1で示しているように、高等教育を修了することは、移民の両親をもつネイティブに比べ、現居住国で生まれた親をもつネイティブにおいて一般的である。例外はイギリスとバルト三国である。これらの国では、現居住国で生まれた親をもつネイティブと比較すると、高等教育を受けた層のなかで、移民の両親をもつネイティブがわずかながら多くみられる（イギリス）か、同程度にみられる（バルト三国）。

図 3.1　親の出生国ごとにみたネイティブの学歴の分布

20～39歳、割合（%）

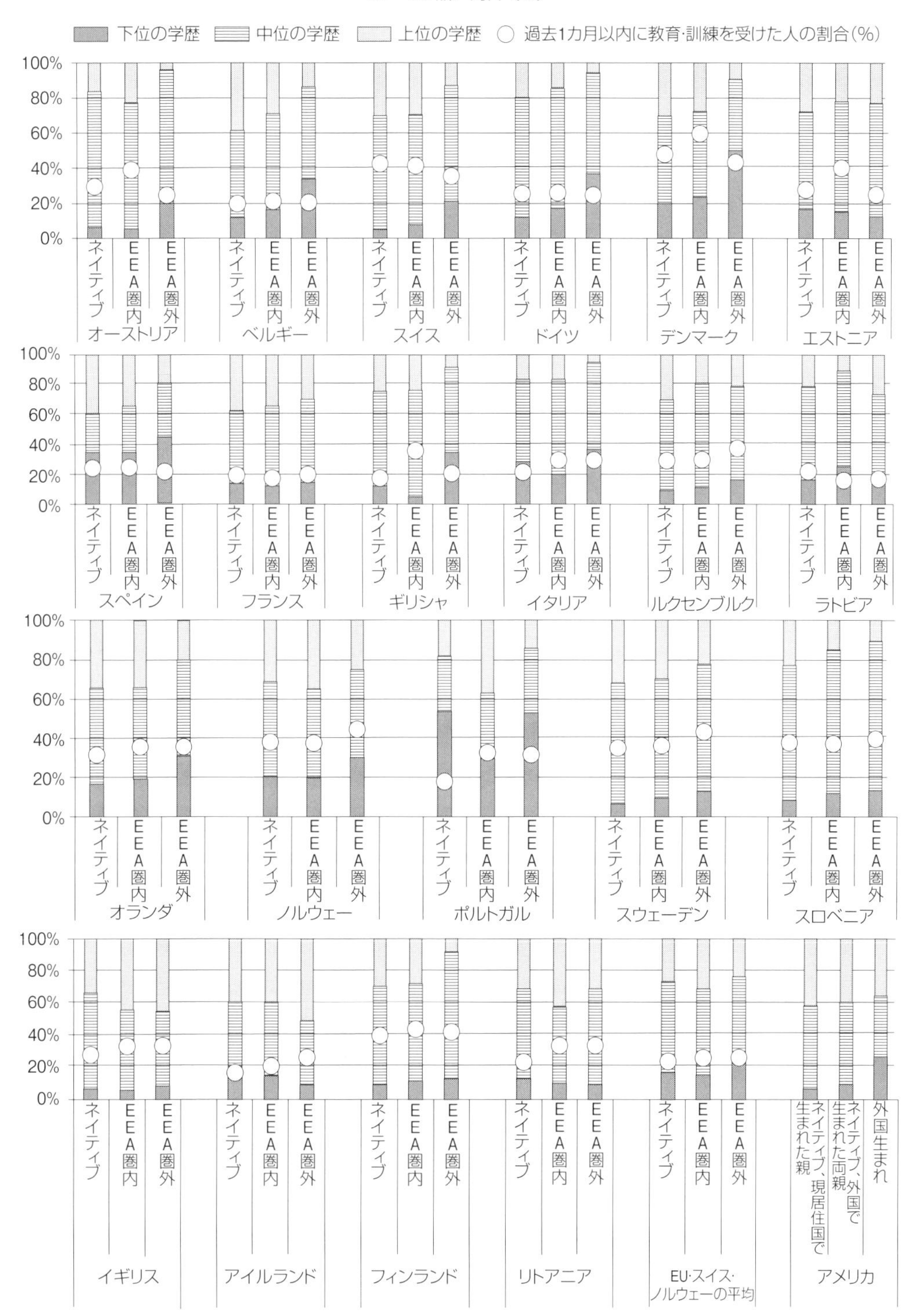

注：下位の学歴は中等教育未満修了（ISCED0-2）、中位の学歴は中等教育修了（ISCED3-4）、上位の学歴は高等教育修了（ISCED5-6）をそれぞれさす。

出典：EU労働力調査（EU-LFS, 2008-2009）；アメリカは人口動態調査（Current Population Survey, CPS）データ。

訳者注：本図の凡例は原著刊行後に修正がなされたため、OECDの許諾を得て修正後の凡例を掲載した。

21か国中16か国において、EEA圏外で生まれた両親をもつネイティブは、現居住国で生まれた親をもつネイティブに比べて高等教育を受けた割合が低い。これら16か国についてみてみると、結果は顕著に異なっている。オーストリア、ベルギー、スイスでは差が最大になる。これらの国では、現居住国で生まれた親をもつネイティブの約30%が高等教育修了証を取得している。この割合は、EEA圏外で生まれた両親をもつネイティブの場合だと15%ほどに下がる。他の西ヨーロッパ諸国では、この差はいくぶん小さくなる。たとえば、フランス、オランダ、スウェーデンでは、現居住国で生まれた親をもつネイティブの約35%、移民の両親をもつネイティブの約25%が高等教育を受けている。分析対象となった21か国では、高等教育を受けた人数を人口比に照らして平均すると、EEA圏外で生まれた両親をもつネイティブの場合は24%、現居住国で生まれた親をもつネイティブの場合は28%となる。イギリスでは、EEA圏外で生まれた両親をもち高等教育を受けたネイティブの割合（44%）が、イギリスで生まれた親をもつネイティブの割合（33%）をしのいでいる。バルト三国では、移民の両親をもつネイティブが高等教育修了者のなかでも際立って高い割合にある。

中位の学歴（後期中等教育を修了しており、限定的な高等教育修了証をもつなど）についてみても、国や移民背景に照らした違いがある。オーストリア、アイルランド、イギリスでは、現居住国で生まれた親をもつネイティブが中位の学歴を達成している状況は、EEA圏外で生まれた両親をもつネイティブに比べて10パーセントポイントほど高い。しかし、これはオランダ、ベルギー、フランス、スウェーデン、スイスにはあてはまらない。これらの国では、移民の両親をもつネイティブも、現居住国で生まれた親をもつネイティブも、中位の学歴についておおよそ同等の割合となっている。

最上位の学歴に関する分析――ドロップアウトするのは誰？ 大学に入学するのは誰？

図3.2は、EEA圏外で生まれた移民の両親をもつネイティブと現居住国で生まれた親をもつネイティブのあいだの差を、a）中等教育未満修了にとどまる人口の割合とb）大学を卒業する人口の割合に照らして示したものである。これらの差は性別と年齢を考慮に入れた計量経済学のモデルを用いて測定されている。EEA圏内で生まれた親をもつネイティブは、現居住国で生まれた親をもつネイティブとほぼ同等の教育達成をなしている。したがって、このグループに対する結果はここでは示されていない。図3.2に示された結果からは、2つの主要な事実が明らかになっている。第一に、EEA圏外で生まれた移民の両親をもつネイティブは、平均して低い学歴にとどまる傾向にあり、これに呼応するように大学を修了する可能性も低い。第二に、学歴の高低に関する割合を見てみると、国によって大きな違いがある。

オーストリアでは、EU圏外で生まれた両親をもつネイティブはオーストリアで生まれた親をもつネイティブに比べて低い学歴で教育を終える可能性が20パーセントポイントほど高い（図3.2横軸参照）。また、高等教育で学位を取得する可能性は22パーセントポイントほど低い（図3.2縦軸参

図 3.2 EEA 圏外で生まれた両親をもつネイティブの学歴に関する比較（20 ～ 35 歳、親の学歴を考慮しない場合）

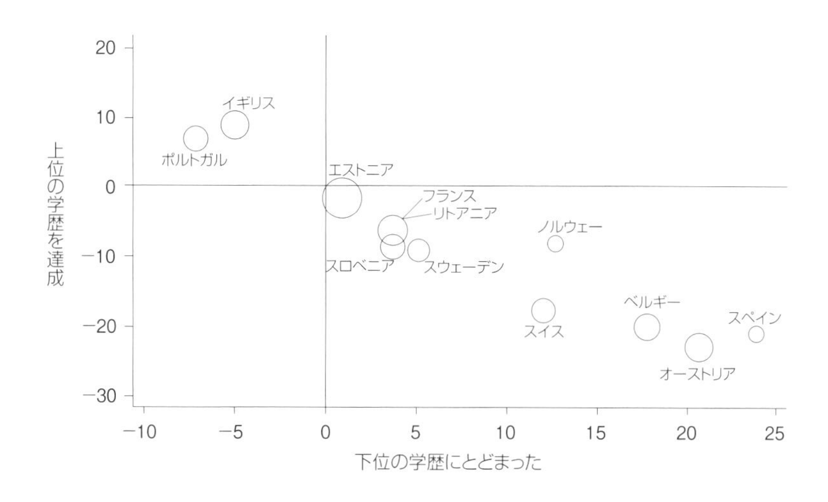

注：データは2つの段階を経たものである。第一に、最終的に達成すると見込まれる学歴は、移民グループ、年齢、性別による。親の学歴は考慮していない。第二に、現居住国で生まれた親をもつネイティブとの比較で、EEA 圏外で生まれた両親をもつネイティブに関して、上位と下位の学歴の周縁的類似性をまとめている。
オーストリアを例にとると、EEA 圏外で生まれた両親をもつネイティブは、移民背景をもたないネイティブよりも高等教育を受ける可能性が 22 パーセントポイントほど下がる。また、3 つの教育段階の最初のレベルで教育を終える可能性が 20 パーセントポイントほど高くなる。
出典：EU 労働力調査（EU-LFS, 2014）。

照）。イギリスでは、EEA 圏外で生まれた両親をもつネイティブが低い学歴で教育を終える可能性が、イギリスで生まれた親をもつネイティブよりもわずかに低い（－5パーセントポイント）。さらに、高等教育の学位を取得する割合は8パーセントポイントほど高い。国ごとの違いは図 3.2 で示されており、ノルウェーとスイスの差が良い事例となっている。両国では、低い学歴で教育を終えている人の割合は、現居住国で生まれた親をもつネイティブよりも EEA 圏外で生まれた両親をもつネイティブのほうが12パーセントポイントほど高くなっている。しかし、これら2か国では、高等教育に関する現象が他の国とは大きく異なっている。ノルウェーでは、ノルウェーで生まれた親をもつネイティブは、大学の修了証を取得する可能性が EEA 圏外で生まれた両親をもつネイティブよりも 10 パーセントポイント高い。スイスではこの差は 22 パーセントポイントにのぼる。

ただし、図 3.2 に示された結果は、親の教育背景を考慮していない。学歴の差の大部分が社会経済的背景に起因しているのであれば、親が達成した学歴を考慮に入れることによって学歴の差が縮小すると考えられるかもしれない。図 3.3 では、同じモデルを用いた際の結果についてまとめており、概算値に対して親の背景を加えている。

親の教育を考慮すると、第一の、また重要な観察結果として、図 3.2 で示されたものに比べて図 3.3 では各国が左上に偏っていることがわかる。したがって、親の教育を考慮に入れると、観察さ

**図 3.3　EEA 圏外で生まれた両親をもつネイティブの学歴に関する比較
（20 ～ 35 歳、親の学歴を考慮した場合）**

現居住国で生まれた親をもつネイティブとEEA圏外で生まれた両親をもつネイティブの比較（パーセントポイント）

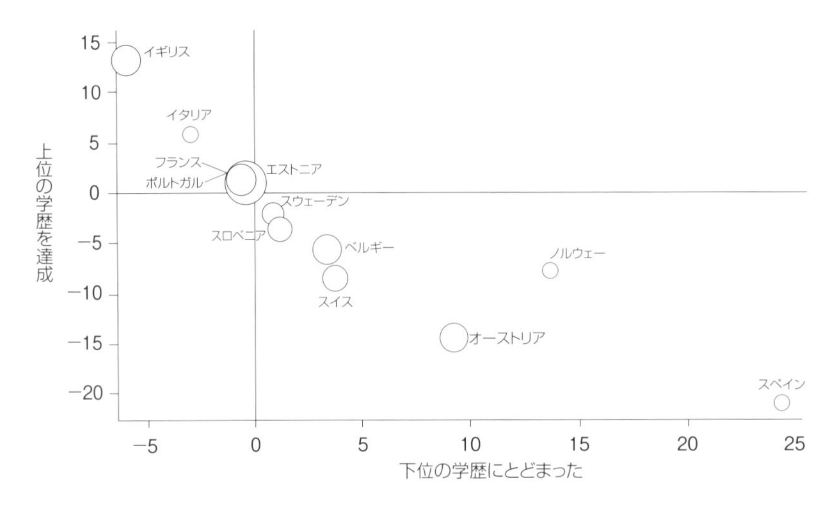

注：この図では親が達成した学歴を考慮している。
データは 2 つの段階を経たものである。第一に、達成すると見込まれる学歴は、移民グループ、年齢、性別による。第二に、現居住国で生まれた親をもつネイティブとの比較で、EEA 圏外で生まれた両親をもつネイティブに関して、上位と下位の学歴の周縁的類似性をまとめている。
たとえば、オーストリアでの差は、EEA 圏外で生まれた両親をもつネイティブの場合、22 パーセントポイントから 15 パーセントポイントに縮小しており、現居住国で生まれた親をもつネイティブの場合は 20 パーセントポイントから 8 パーセントポイントに縮小している。
出典：EU 労働力調査（EU-LFS, 2014）。

れる学歴の差が小さくなる。下位の学歴をみると、EEA 圏外で生まれた両親をもつネイティブが多い状況は多くの国で抑えられている。また、上位の学歴をみると、このグループが圧倒的に少ない状況も呼応するように少なくなってきている。それ以上に、EEA 圏外で生まれた両親をもつネイティブの学歴は、差の縮小した 10 か国のうち 6 か国で有意に小さい。

親の教育背景を考慮に入れると、多くの場合で就学状況に関する差が小さくなる。フランスとスウェーデンでは、就学状況に関して、EEA 圏外で生まれた両親をもつネイティブと現居住国で生まれた親をもつネイティブとのあいだに有意な差があるとはいえない。スイスでは、下位の学歴で教育を終えるコーホートを占める割合に関する差が13パーセントポイントから3パーセントポイントにまで縮小する。この収束状況はベルギーの場合はもっと大きくなる（17 パーセントポイントから 4 パーセントポイントへ）。

学歴に関する世代間社会移動――差は縮小しているのか？

本節では、学歴に着目して世代間社会移動を検討している。ここではとくに、学歴の差がここ数年で縮小しているかどうかを分析する。ただし、この変化を検討するにあたっては、いくつか方法論上の課題がある。まず、教育を終える年齢がそれぞれの連続するコーホートごとに異なっている

図 3.4 親の就学年数に対する変化

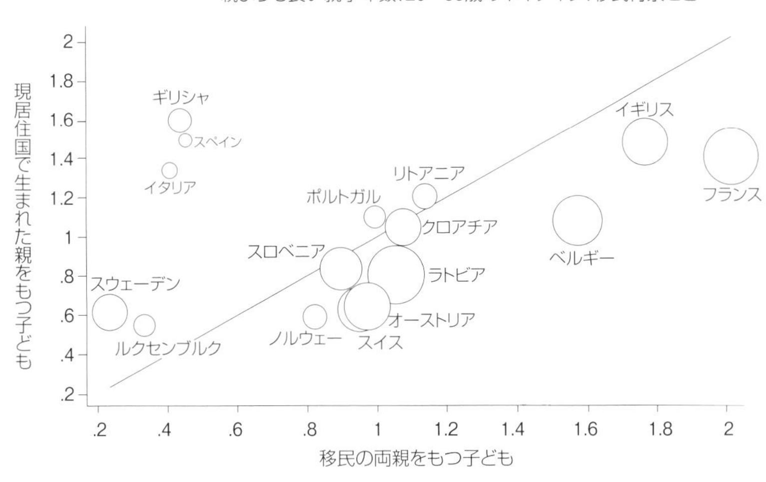

注：円の大きさは各国の人口における移民の両親をもつ子どもの割合に対応している。たとえばベルギーでは、20 ～ 35 歳の対象者のうち、移民の両親をもつネイティブの就学年数は親の世代に比べて 1.6 年ほど長い。ベルギーで生まれた親をもつネイティブの場合は 1.1 年ほど長い。右上がりの直線より下に位置する国は、親の世代と比べたときに移民の両親をもつネイティブのほうが現居住国で生まれた親をもつネイティブよりも就学年数の伸びが大きい。
出典：EU 労働力調査（EU-LFS, 2014）。

可能性がある。学歴が一般的にみて上昇していることに照らすと、それぞれの新しいコーホートの親はそれまでのコーホートの親よりも高い学歴をもっているとみなせる。これは現居住国で生まれた親に対してはあてはまるものの、移民の両親にあてはまるとは必ずしもいえない。たとえば、出生国が経年的に変化していることによる。こういった問題のために、移民の両親をもつネイティブに関する異なったコーホートの比較は複雑になる。さらに、現居住国で生まれた親をもつネイティブのコーホートに比べ、学歴の変化に関する検討をおこなうことはさらに困難になる（学歴の差の変化と学歴に関する世代間の変化を検討するための 3 つの異なる方法論については、付録 3.A を参照）。

親と後続世代のあいだの学歴にみられる差の変化

親と子どものあいだの学歴に関する差は、回答者自身の親に対応させて測ることができ、直接の関連を導くことができる。付録 3.A で方法論について説明しているように、EU 労働力調査（EU-LFS）で聞き取り調査に参加した人びとは、両親それぞれについて最終的に達成した学歴を示すよう求められている。ある世代から次の世代へと移行する際の変化は、回答者の回答から両親の学歴のうち高いほうとの差から測定されている。学歴は、回答者と親に対して 3 ポイント式で教育段階区分（ISCED）を用いて測定されている。この変化は、2014 年の EU 労働力調査データから 20 歳から 35 歳までのグループを取り出し、各移民グループに対して独自に測定されている。

図 3.4 からわかる最初の重要な事実は、ほとんどの国で親の教育経験に照らした変化が、移民の

両親をもつネイティブにおいて現居住国で生まれた親をもつネイティブよりも速いペースでみられるということである。この図では、この2つのグループの就学状況が一致してきていることを示している。とくに、移民の両親をもつネイティブが人口に占める割合の高い国でこの傾向がみられる。移民の両親をもつネイティブは、親よりもはるかに高い学歴を達成している。また、これが現居住国で生まれた親をもつネイティブにもあてはまるときであっても、親の学歴との差はあまりみられない。このことは、部分的には現居住国で生まれた親がすでに平均して高い学歴を達成していることに起因する。ただしそれでも、世代が進むにつれ、学歴の差が縮小してゆくことが示されている。

たとえばフランスでは、移民の両親をもつネイティブは、親よりも2年ほど就学年数が長い。フランスで生まれた親をもつネイティブは、親に比べて1.4年ほど長く学校に通っている。したがって、移民の両親の就学年数が短かったことを考慮すると、移民の就学年数の伸びがフランスで生まれた親をもつネイティブの水準に近づいている。

図3.4で検討した18か国について、人口比に照らして平均を出すと、移民の両親をもつネイティブの子どもは平均して親よりも1.3年ほど長く就学している。現居住国で生まれた親をもつネイティブの子どもの場合は親よりも0.7年ほど長い。親のあいだでも、ネイティブか移民かで就学年数の長さの差は1.24年分である。移民の両親をもつネイティブの場合、この差は約0.68年分である。この図からは、後続するコーホートのあいだの学歴の差が親の世代でみられた差よりも縮小していることが明らかにされている。この差は1世代以内で約半分になる。まとめると、移民の両親をもつネイティブと現居住国で生まれた親をもつネイティブとのあいだの学歴においてはあいまいな収束状況がみられる。親に着目して就学年数が伸びてゆくようすをみてみると、移民の両親をもつネイティブの伸び具合は他のネイティブに比べて速い。

移民の両親をもつネイティブは不利な状況にあるか？

ここでは、移民の両親をもつネイティブが、親の受けた教育を考慮した後でも就学状況に関して不利な状況にあるのかどうか、また教育経験に関して世代を超えた変化が移民の両親をもつネイティブと現居住国で生まれた親をもつネイティブとのあいだで異なっているのかどうかを検討する。表3.1では、本書の関心の中心的成果として、学歴についての回帰分析の結果をまとめている。表の第1列では、もっとも基礎的なモデルを示している。ここでは、学歴が移民のグループごとに説明され、個人レベルでの特徴が考慮に入れられている。この結果からは、現居住国で生まれた親をもつネイティブと比べ、EU圏外で生まれた両親をもつネイティブが平均して就学年数が半年ほど短いことがわかる。

第2列では、親が達成した学歴を考慮に入れたモデルを示している。これにより、当初の学歴の差が0.54年から0.17年へと縮小する。移民の両親をもつネイティブと現居住国で生まれた親をもつネイティブとのあいだの学力差の3分の2は、EU圏外で生まれた両親をもつネイティブが平均してほとんど就学経験のない親をもっているという事実を考慮に入れると消失する。第2列ではまた、

表 3.1　移民の両親をもつ子どもの学歴に関する比較（3 つのモデル）

就学年数による比較；準拠集団＝現居住国で生まれた親をもつネイティブ

	基礎モデル	親の学歴	関連項目
EU 圏外で生まれた両親をもつネイティブ	**-0.543*****	**-0.174*****	**0.98*****
EU 圏内で生まれた親をもつネイティブ	-0.0464	0.0337	0.361
親が達成した学歴との相関		**0.254*****	**-0.266*****
関連項目		**-0.12*****	
その他の調整要因	あり	あり	あり

注：この回帰分析に含まれる国は、オーストリア、ベルギー、スイス、フランス、スウェーデン、ノルウェー、イギリス、スペイン、イタリアである。基礎モデル＝移民グループによって説明される学歴、個人レベルでの特徴を考慮に含めている。関連項目＝親が最終的に達成した学歴が 3 点尺度でコード化されている。1 が下位、2 が中位、3 が上位の学歴を示す。その他の調整要因には年齢、年齢の二乗、性別、国を固定効果として含めている。***$p<0.01$、**$p<0.05$、*$p<0.1$ である。
出典：EU 労働力調査（EU-LFS, 2014）。

学歴に関する世代間社会移動がどう変化するかについても数値を示している。ここからは、親と子どもの教育に関する相関が0.25であることがわかる。学歴に関する世代間社会移動がこのように変化するということは、親の就学年数が1年長ければ、子どもの就学年数は平均して0.25年ほど延びることを意味する。言い換えれば、高等教育を修了した親のもとでは、後期中等教育を修了した親の子どもと比べて子どもの教育経験が平均して1年ほど長いということである。

ただし、第2列で示したモデルは、学歴に関する世代間社会移動がネイティブと移民に関して同じだと仮定したものである。次の第3列で示すモデルでは、この想定を緩和している。これにより、両者の関連が移民のグループによって異なっているとしたうえで把握することができる。これは、世代の進行による変化の検討にとってきわめて重要な知見を提供するものである。親の教育がネイティブと移民に対して異なる効果をもっているという考え方を考慮に入れると、移民の両親をもつネイティブは、現居住国で生まれた親をもつネイティブに対してもはや不利な状況にはない。事実、学歴に関する世代間社会移動が移民グループごとに異なるということを把握すると、移民の両親をもつネイティブは、現居住国で生まれた親をもつネイティブより得点が高いのである。ネイティブに関しては親の学歴と子どもの学歴の差のあいだに0.25の相関があるが、これは移民の両親をもつネイティブに比べてかなり低い値である。相互作用については、表に示されたように0.12ポイントほど低い。移民の学歴については、このように、ネイティブの場合よりも移民の場合のほうが相関が小さい。この結果がイギリスのデータによってさらに支持されるどうかを分析するために、サンプルからイギリスを取り出した分析をおこなった。回帰分析からは類似の結果が得られている。

回帰分析の結果は表3.1に示したとおりである。ここから明白なように、移民の両親をもつネイティブは、親の背景を考慮に入れると、就学に関して不利な状況にはない。世代の進行による学歴の変化は、現居住国で生まれた親をもつネイティブよりも強く生じている。移民の両親をもつネイティブには有利な状況が生まれている。移民の両親をもつネイティブは、現居住国で生まれた親をもつネイティブと、学歴のうえで類似してゆく傾向にある。

表 3.2　教育機会と世代の進行にともなう不利の拡大

準拠集団：学歴が低く現居住国で生まれた親をもつネイティブ（第1列・第2列）

	中位・上位の学歴	中位・上位の学歴、40歳未満	大学での高等教育をめざすトラック
EU圏外で生まれた両親をもつネイティブ	**-0.046****	**-0.0174****	**-0.049***
EU圏内で生まれた親をもつネイティブ	0.0198	0.0040	0.0353
その他の調整要因	あり	あり	あり

注：この回帰分析には、オーストリア、ベルギー、スイス、フランス、スウェーデン、ノルウェー、イギリス、スペイン、イタリアが含まれている。サンプルには学歴の低い親をもつ人のみを含めている。調整要因としては、年齢、年齢の事情、性別、各国の固定効果が含まれている。第3列には親の学歴を調整要因として含めている。調査時点で教育や職業教育を受けていない人のみ、分析に含めている。
***$p<0.01$、**$p<0.05$、*$p<0.1$ である。
出典：EU 労働力調査（EU-LFS, 2014）。

世代の進行による学歴の変化は、親が達成した学歴のレベルをすべて検討してみると同様の変化を遂げているとは言い切れない。表3.1では、親の学歴に関する3つのレベル（下位・中位・上位）すべてを含めた平均の結果を示しているが、ここからは親の学歴ごとの変化のパターンを検討できるわけではない。ただし、修了した教育段階の分布の底辺に移民の両親が偏って集中していることにより、このグループに対してとくに教育による階層移動を分析すること、その変化をやはり下位の学歴にカテゴライズされる現居住国で生まれた親の階層移動と比較して検討することが重要である。言い換えれば、本節の主要な問いは、親の学歴がすべてのグループを通じて下位にとどまる場合、これを考慮したうえで、教育機会が親の移民背景によって異なっているのかどうか、というものであった。学歴が低くEU圏外で生まれた両親をもつ人びとにとって、中位ないし上位の学歴を達成する可能性は、学歴が低く現居住国で生まれた親をもつ人びとの場合と比べてどのようなものだろうか。さらに、親の学歴に関する背景を考慮に入れた場合、人びとの教育トラックの選択に変化はみられるのだろうか。すなわち、大学進学を志向するトラックと、技術・職業教育トラックのどちらを選ぶのか、という問いである。

表3.2からは、EU圏外で生まれ学歴の低い両親をもつネイティブが中程度から高い学歴を得る可能性が、現居住国で生まれ学歴の低い親をもつネイティブよりも5パーセントポイントほど低いことがわかる。興味深いことに、年齢の低いコーホート（40歳未満）をみると、依然として「エスニックペナルティ」（Heath and Cheun, 2006）が存在するが、ずっと弱まってもおり、この差が時間の経過のなかで解消されてきていることが示唆される。

どの高等教育のトラック（職業教育ないし一般教育）を選ぶかについて分析すると、EU圏外で生まれた両親をもつネイティブは、一般教育・学術の高等教育トラックを選ぶ可能性が4パーセントポイントほど低い。これはしかも親の教育背景を考慮した後の数値である（表3.2第3列）。EU圏内で生まれた親をもつネイティブに対する結果には有意な効果がみられない。

第2節　移民背景ごとにみたPISA調査の得点

前節では移民の両親をもつネイティブが現居住国で生まれた親をもつネイティブよりも平均して学歴が低いことを示した。ただし、この不利は親の背景を考慮に入れると大幅に縮小する。本節では主な方法としてPISA調査の得点を用い、学校での教育成果に焦点をあてる（付録3.Bでは、移民の両親をもつネイティブが将来達成する学歴を、PISA調査の得点がいかに予測しているかについての研究をまとめている）。本節の主な対象は、当該のネイティブのグループのPISA調査の得点が親の学歴によって多かれ少なかれ影響を受けているのかどうかという問題である。言い換えれば、本節では親の学歴がネイティブの各グループに対してPISA調査の得点に影響を与えているのかどうかを分析する。

図3.5では、PISA調査での数学的リテラシーの得点を親が移民かどうかに分けて示している。ほとんどすべての国で、EU圏外で生まれた両親をもつネイティブの得点は現居住国で生まれた親をもつネイティブの得点よりも低い。また、移民背景をもつ子どもの得点が国ごとに大きく異なっていることもまた明らかにされている。

図3.6では、ネイティブか移民かという背景に関して社会経済的背景にみられる差の平均をまとめている。さらに、数学的リテラシーや他の調査分野の得点に対する関連を示している。OECD（2015）で言及されているように、「各国でみられる得点差の約25％は、（移民とネイティブのあいだの）母親の学歴の差によって説明される」。この結果からは、ネイティブと移民とのあいだで社

図3.5　移民背景ごとにみた数学的リテラシーの得点（PISA2015年調査）

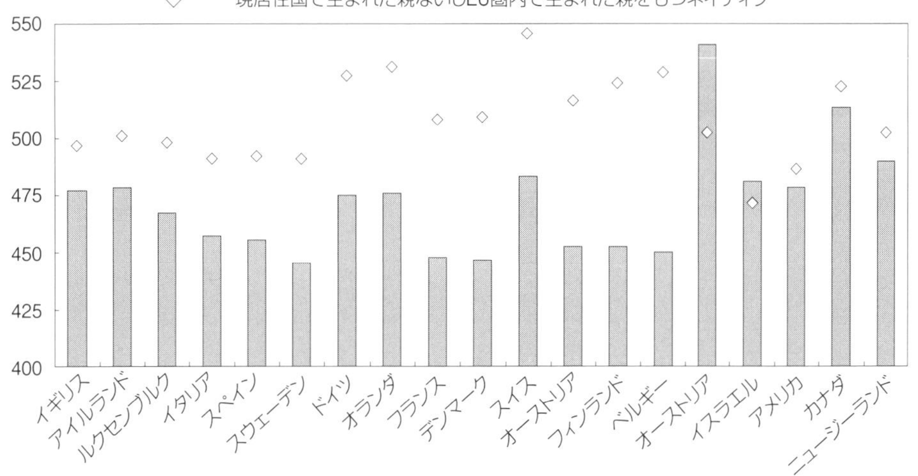

出典：OECD（2015）生徒の学習到達度調査（PISA）（http://dx.doi.org/10.1787/data-00365-en）。

図3.6　PISA 調査の得点差と平均の社会経済的背景の差

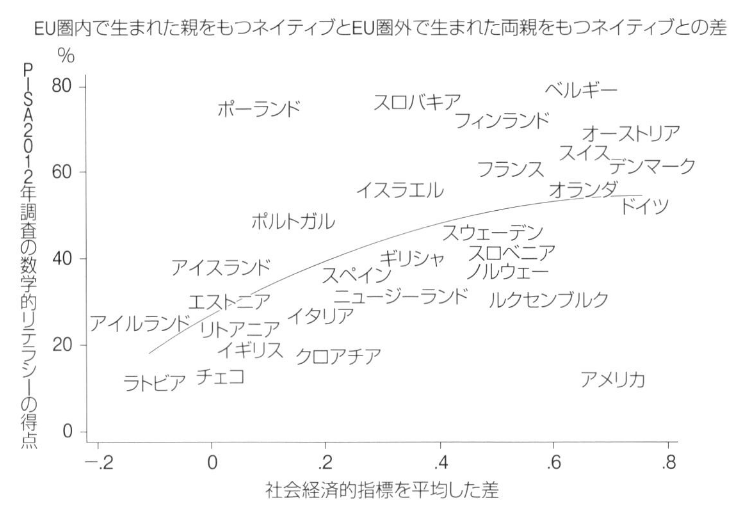

出典：OECD（2015）生徒の学習到達度調査（PISA）（http://dx.doi.org/10.1787/data-00365-en）。

会経済的な差が大きい国ほどPISA 調査の得点の差が大きくなっていることがわかる。ベルギー、ドイツ、フランスといった、移民の両親をもつネイティブを多く抱える西ヨーロッパの国でみられるリテラシーの得点差の大きさは、部分的にはこれらの国に広がる社会経済的な差の大きさから説明される。

親の学歴の高さはPISA 調査の得点にどの程度関連するか？

子どもの得点は、親の就学年数の長さに対応して上昇する。移民がネイティブよりも平均して学歴が低いのであれば、少なくとも子どもの得点差の一部については、親の学歴にみられる差に関連しているということができる。しかし、教育を受けた親がこの利点を子どもに伝達できるかどうかの程度は国によって異なっている。いくつかの国では、得点は親の背景によって決定されているとはいいがたい。以下では、親の学歴、国ごとの違い、移民背景が子どもの得点に反映される程度について検討する。

親の学歴と子どもの得点のあいだの関連をよりはっきりと示すために、図3.7では、現居住国で生まれた親をもつネイティブと移民の両親をもつネイティブのあいだの数学的リテラシーの得点差を、親の学歴を考慮する前後ともに提示している。平均すると、考慮する前の47ポイントという差は、母親の学歴と子どもの家族の広範な社会経済的背景を考慮した場合、30ポイントにまで縮小する。社会経済的背景に関するこの測定値は、PISA 調査から算出されており、親の学歴を含むものであるが、親の職業や自宅に本があるかどうかなどの観点も含めている。国ごとにみられる大きな違いは、親の社会経済的背景が子どもの得点の高低に反映される程度に照らして観察されているといえる。スウェーデンでは、母親の学歴が子どもの得点に与える影響は20ポイントほどであ

図3.7　移民の両親をもつ子どもと現居住国で生まれた親をもつ子どものPISA調査の得点差（母親の学歴を考慮する前と後）

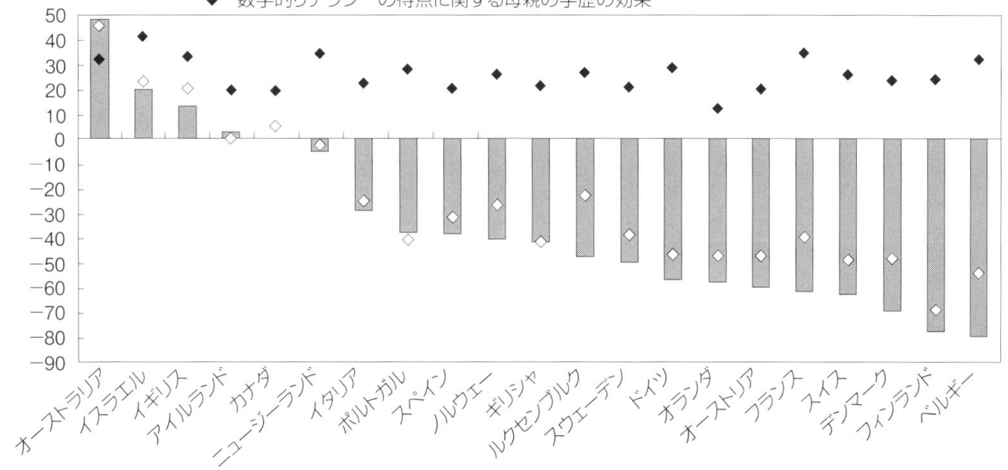

出典：OECD（2015）生徒の学習到達度調査（PISA）（http://dx.doi.org/10.1787/data-00365-en）。

るが、これはフランスの場合35ポイントになる。オランダでは、大学を卒業した母親をもつ子どもの得点は、高等学校を卒業した母親をもつ子どもの得点に比べて平均して12ポイントほど高くなる。この差は、他の国ではもっと大きくなる。30ポイントを超えるのは、ベルギー、フランス、イギリスである。

しかし、母親の学歴と得点のあいだの関連は、移民背景の有無に着目してネイティブの各グループを取り上げると、異なっている。母親が達成した学歴と子どもの得点のあいだの関連は、さらに図3.8で示すように移民背景からも分析される。EEA諸国の分析では、この図で異なる移民背景をもつ子どもに対して母親の学歴ごとに平均得点をまとめている。この分析から得られる主な結果は、得点と母親の学歴のあいだの関連が、EU圏外で生まれた両親をもつネイティブと比べたとき、現居住国で生まれた親をもつネイティブに対してのほうがずっと強くなるというものである。移民の両親をもつネイティブの得点は、他の移民グループと比べると、母親の学歴に照らしてみてもあまり上昇しない。この結果は、ブラツベルグら（Bratsberg, Raam and Røed, 2011）が示したものに非常に類似している。この研究では、得点と親の学歴のあいだの関連が、移民の両親をもつネイティブの場合よりも現居住国で生まれた親をもつネイティブに対して「予言者」の役割を果たしていることが示されている。

表3.3では、教育成果に関する世代間社会移動について、得点に対する計量経済学のモデルを用いてさらに分析した結果を示している。ここではEEA諸国（28か国）での子どもの得点を用いている。得点にはまず、移民のグループと個人の特徴に対して回帰分析をおこなった。表3.3で示し

図 3.8　EU/EEA 諸国における親の出生国と母親の学歴ごとにみた数学的リテラシーの得点（PISA2015 年調査）

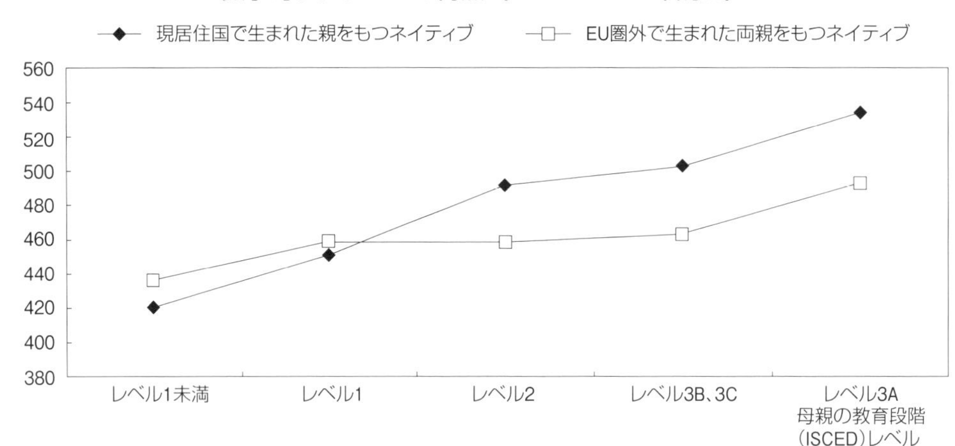

出典：OECD（2015）生徒の学習到達度調査（PISA）（http://dx.doi.org/10.1787/data-00365-en）。

表 3.3　親の学歴、出生国と子どもの数学的リテラシーの得点の関連

準拠集団：両親ともに現居住国で生まれたネイティブ

	1	2	3	4	5
親の一方が外国で生まれたネイティブ	**-7.675*****	**-7.746*****	**-7.769*****	**-8.578*****	**-7.984*****
両親ともに外国で生まれたネイティブ	**-47.48*****	**-35.51*****	**-15.53*****	**-26.88*****	**-26.11*****
母親の学歴		**28.21*****	**28.74*****		
母親の学歴との相関（移民背景をもつネイティブ）			-6.973***		
社会経済的背景指標				39.02***	33.37***
女性	-11.14***	-11.16***	-11.18***	-10.62***	-14.63***
学校の特徴					
学級規模の対数					69.02***
母親の学歴の平均					31.5***
移民背景をもつ子どもの割合（%）					-43.51***
対象者数	202 707	192 440	192 440	201 459	126 629
R二乗	0.073	0.147	0.147	0.215	0.259

注：***p<0.01、**p<0.05、*p<0.1 である。OLS 回帰分析アウトプット表。性別、年齢、社会経済的指標、母親の学歴、学級規模の対数、学校レベルでの調整（第 5 列のみ）。各国の固定効果を含める。
出典：OECD（2015）生徒の学習到達度調査（PISA）（http://dx.doi.org/10.1787/data-00365-en）。

ている結果では、移民である母親の学歴の低さにより、現居住国で生まれた親をもつネイティブと移民の両親をもつネイティブのあいだの得点差の3分の1が説明できることがわかる（第2列）。

表3.3の第1列では、現居住国で生まれた親をもつネイティブの得点を親の一方または両方が外国生まれであるネイティブの得点と比較している。EU圏外で生まれた両親をもつネイティブの得点は、現居住国で生まれた親ないしEU圏内生まれの親をもつネイティブの得点よりも平均して47ポイントほど低い。第2列と第4例では、母親が達成した学歴と社会経済的背景を検討に加えている。親の背景をあわせて検討すると、EU圏外で生まれた両親をもつネイティブに対して観察される差は、当初の47ポイントから約36ポイントへと縮小する。親の学歴が高いほど、得点に対する正の影響がみられる。これは選択された観点とは無関係である。それでも、第2列と第4列では、親の学歴の効果が現居住国で生まれた親をもつネイティブと移民の両親をもつネイティブ両方に対して同様である、という想定のもとに検討をおこなっている。

第3列ではこの想定が緩和される。また、世代の進行による学歴の変化が移民背景ごとに異なっているのかどうか、移民背景と母親の学歴のあいだの相互作用に関する条件を取り入れて検討する。移民の両親をもつネイティブと現居住国で生まれた親をもつネイティブとのあいだの学力差は、したがって、さらに16ポイントほどしか縮小しない。この相関は負であり有意である。また、両親が外国生まれであるとき、親の学歴が子どもの得点にあまり影響していないことを示唆している。この結果は読解リテラシーや科学的リテラシーの得点にもあてはまる。

レジリエンスの高い子ども

不利な背景にもかかわらず学校での学力の高い子どもは、「レジリエンスの高い子ども」とみなされる。こういた子どもはオッズに抗して成功してきたのである。ここでは、移民背景と国ごとに、レジリエンスの高い子どもになる可能性を比較している。各国の社会経済的指標の下位25%にある世帯で暮らす子どもが各国の上位25%の得点をとっている場合、この子どもをレジリエンスが高いとみなすこととする。この指標では、親の学歴、収入、その他の世帯の特徴がまとめられている。

レジリエンスの高さは、国ごとに、また移民背景ごとに大きく異なっている。親の社会経済的背景の低さを克服する可能性は、現居住国で生まれた親をもつネイティブに比べ、EEA圏外で生まれた両親をもつネイティブの場合、約半分である。平均すると、分析対象となったEEA諸国では、各国の社会経済的指標の下位4分の1に属する世帯に暮らす子どもは、レジリエンスの高い子どもである可能性が13%程度である（OECD, 2015b）。現居住国で生まれた親をもつネイティブとEU圏外で生まれた両親をもつネイティブのレジリエンスに関する差は、国ごとに大きく異なっている。平均したレジリエンスの割合は、人口に照らして比重をかけると、EU圏外で生まれた両親をもつネイティブの場合は8%、現居住国で生まれた親ないしEU圏内で生まれた親をもつネイティブの場合は14%になる。スイス、イギリス、ノルウェーでは、レジリエンスはEU圏外で生まれた両親

表 3.4　レジリエンスをもつ子どもである可能性

準拠集団：現居住国で生まれた親ないし EU 圏内で生まれた親をもつネイティブ

	1	2	3
EU 圏外で生まれた両親をもつネイティブ	**-0.026*****	**-0.0228****	**-0.0202***
学校での帰属意識に関する指標		0.00182	0.000469
教師との関係に関する指標		**0.0155*****	**0.0146*****
規律に関する指標		**0.0151*****	**0.0162*****
学級規模の対数			**0.158*****
女性	-0.0409***	-0.0508***	-0.0612***
対象者数	1 180 708	935 132	798 115

注：***p<0.01、**p<0.05、*p<0.1 である。年齢に対して調整している。各国の固定効果を含める。EU および EFTA 加盟国のみを対象。
出典：OECD（2015）生徒の学習到達度調査（PISA）（http://dx.doi.org/10.1787/data-00365-en）。

をもつネイティブに関して 12%ほどを占めるが、EU 圏内で生まれた親や現居住国で生まれた親をもつネイティブの場合は 20%以上にのぼる。この指標のもう一端では、EU 圏外で生まれた両親をもつネイティブがフランス、ベルギー、ドイツにおいて非常に低いレジリエンス（7%未満）しかもっていないことが示される。これに対して現居住国で生まれた親をもつ子どものレジリエンスは約 12%である。

表 3.4 では、レジリエンスがあることと相関する特徴に着目したモデルによって得られた結果を示している。現居住国で生まれた親をもつネイティブと EU 圏外で生まれた両親をもつネイティブのあいだの比較可能性を検証するために、また言語能力に依存して検討することを避けるために、数学的リテラシーの得点のみを検討している。準拠集団は現居住国で生まれた親ないし EU 圏内で生まれた親をもつネイティブである。このグループとの比較において、EU 圏外で生まれた両親をもつネイティブの子どもはレジリエンスの高い子どもである可能性が平均して 2.6 パーセントポイントほど低い。これは第 1 列で確認できる。レジリエンスの程度にみられる差は、教師と学校に関する特徴を含めると相対的に小さくなる（第 2 列、第 3 列を参照）。現居住国で生まれた親をもつ子どものほうがレジリエンスを獲得する可能性が高い学校システムでは、EU 圏外で生まれた両親をもつネイティブがレジリエンスをもつとみなされる可能性も上昇する。現居住国で生まれた親をもつ不利な状況にあるネイティブがレジリエンスを獲得する可能性の高い国では、EU 圏外で生まれた両親をもつネイティブも同様にレジリエンスを獲得する可能性が高いのである。EU 圏外で生まれた両親をもつネイティブのレジリエンスは、現居住国で生まれた親をもつネイティブのレジリエンスも高い国において高くなるとみなせる。

学校での教育成果に関連するその他の要因

移民の両親をもつネイティブの得点が他のネイティブのグループよりも低くなるのは、多くの異なる要因による。親の社会経済的背景に関連して生じる得点の低さについては、ここまでの検討で説明してきたとおりである。表 3.3 でみたように、親の教育に関する背景からは、EU 圏外で生まれた両親をもつネイティブと現居住国で生まれた親をもつネイティブのあいだの差の3分の1が説明される。これはまた、子どもの得点をあらかじめ決定するもっとも重要な要因である。しかし、親の学歴や社会経済的地位を合わせて検討した後ですらも、得点の差は依然としてみられる。そのため、現居住国で生まれた子どものさまざまなグループのあいだにある差を説明するには、他の要因があるとみなせる。以下では、親にあまり関連しない要因や、学校環境に関連する要因について検討する。2つの異なる次元がここでは取り上げられている。ひとつは、学校の特徴（教師、校則、独立性、親と学校の関係、規律に関する環境など）である。もうひとつは、子どものピアグループに関する特徴である。

学校環境

就学前教育機関に通っていなかった子どもと比較すると、質の高い学校や就学前教育機関に触れたことが、学歴の低い親をもつ子どもの学力を上昇させていることがわかる。クーニャとヘックマン（Cunha and Heckman, 2010）は、アメリカのペリー就学前教育プログラム（Perry Preschool Program）などいくつかのプログラムを無作為抽出して、そこから得られる一連のエビデンスを検討している。クーニャとヘックマンが導いた結果からは、就学前教育への参加により、子どもの学力、また不利な状況にある子どもの非認知的特性がとくに上昇することが明らかになった。就学システム自体の特徴――学校自治のレベル、教師の質、移民の親をもつ子どもの授業を担当する気持ちのうえでの準備状況――は、移民の両親をもつ子どもに対して観察される得点の低さと関連しているように見受けられる。

ピアグループの特徴と不利の集中

移民の両親をもつ子どもの得点の相対的な低さは、移民の家族が所得の低い地域に居住していたり、不利な子どもの割合が高い学校に子どもを通学させているときに生じる不利が蓄積した結果である可能性がある。しかし、ピアグループによる効果に関する経済学の研究からは、社会経済的な不利は、移民の両親をもつ子どもが集中していること自体よりも、学力に対してはるかに強く影響するということが示唆されている。付録3.Cでは子どもの不利な背景を克服することをめざす学校での取り組みから学べることをまとめているので参照されたい。

このピアグループによる効果を検討している経済学の研究では、二つのレベルについてまとめている。学級と近隣地域である。学級のレベルでは、家庭内暴力を受けたことのある子どもが、クラスメイトの得点に有意に影響を与えていることが確認された（Carrell, Hoekstra and Kuka, 2016）。さらに、数年後の労働による収入といった長期にわたる成果にも影響していた。また、学校での態度に関する問題から生じる影響についても確認がなされている（Carrell, Hoekstra and Kuka, 2016）。ブラックら（Black, Devereux and Salvanes, 2013）は、男子（女子にはあてはまらない）が、高所得の家族をもつピアに接することから利益を得ていることを示した。これは、ドロップアウトす

図 3.9　学校での不利と得点差

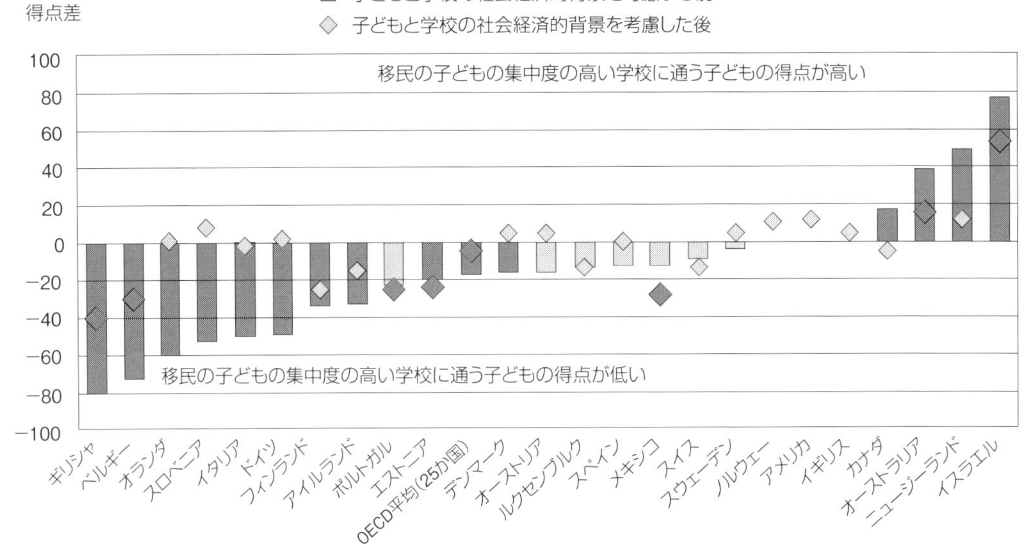

出典：OECD (2015) 生徒の学習到達度調査 (PISA) (http://dx.doi.org/10.1787/data-00365-en)。

る可能性の低さ、テストの得点の高さ、成人後の収入の多さなどの点で確認されている。近隣地区に関するレベルでは、高所得の地域に転居する低所得の家族が、テストの得点の高さ、ドロップアウトの可能性の低さ、そして将来の所得の高さといった点で利益を得ていることが示されている (Chetty and Hendren, 2015)。

それ単独では、特定の学校に通う移民の親をもつ子どもの集団は、教育成果に負の影響をもってはいない。「教育による隔離」は、ノルウェー、デンマーク、カナダ、イタリア、ギリシャで部分的にみられる。これらの国では、現居住国で生まれた場合でも外国で生まれた場合でも、親が移民であれば、全体の70%から80%が、生徒の半数以上が移民背景をもつ学校に通っている (OECD, 2015b)。ピアによる負の影響は、学歴の低い親をもつ子どもによってもたらされるが、とりたてて移民の親をもつ子どもからもたらされているわけではない。

多様な人口構成をもつ学校に通う子どもの得点の低さは、図3.9で示しているように、移民背景による産物というよりも、社会経済的不利の産物である。この図では、ほとんどの国で、移民の親をもつネイティブの割合の高い学校（ここでは学校での生徒数の25%より高い割合として定義）に通う子どもが、移民の親をもつネイティブの割合が低い学校に通う子どもに比べて得点が低いことを示している。ただし、これらの差は子どもの社会経済的背景を合わせて検討すると大きく縮小する。

図3.9からは、社会経済的な不利は、移民の親をもつ子どもの集中よりも、得点に対してもっと強く影響していることが示唆される。たとえば、ドイツ、イタリア、スロベニア、オランダでは、移民の子どもの集中度が高い学校に通う子どもの得点は平均以下にとどまる。ただし、この差は親

の社会経済的背景を考慮に入れると消失する。さらにデンマークでは、社会経済的背景を考慮に入れた場合、移民背景をもつ子どもの割合の高い学校において教育成果が高い。平均すると、得点差は18ポイントから5ポイントへと縮小する。ギリシャとベルギーでは、得点差は約半分にまで縮小するが、依然として大きいままである。フィンランド、ポルトガル、エストニアでは、最初の時点の差がいくぶん小さく、社会経済的背景によって実際上ほとんど影響を受けていない。

移民の子どもの学校での集中がかならずしも不利を構成しているわけではないという知見は、特定の国を対象とした研究からも支持される。ビルケルンドとハーマンセン（Birkelund and Hermansen, 2015）は、ノルウェーにおける子どもの教育成果を長期的に観察した。ここでは、750校以上の学校を網羅する登録データが利用されている。彼らは、移民のピアが多いコーホートに属す子どもほど、移民背景をもつピアに触れる機会のない子どもよりも後期中等教育を修了する可能性が高くなることを引き出した。この効果は、移民の親をもつ子どもに対してのほうが強くはたらく。ピアによるこういった効果は、主に学力の高い地域出身の移民のクラスメイトの存在を反映しているとみなせる。ただし、これと対応して達成度の低い地域出身の移民のクラスメイトに触れることによる負の影響は認められない。

言語能力

学校での子どものパフォーマンスを予測するもうひとつの重要な要因は言語能力である。このスキルは、PISA 調査に参加する 15 歳時点での得点を予測するのみならず、初等教育学校に在籍する子どもに対しても重要である。シュネップ（Schnepf, 2007）は、言語能力が移民の両親をもつネイティブと現居住国で生まれた親をもつネイティブのあいだの教育成果の差をどのように説明するのかに注目した。この分析に対し、シュネップはテストの得点として、PISA 調査、TIMSS 調査、PIRLS 調査の 3 つを取り上げ、OECD 加盟の 10 か国のあいだの違いを検討した。この結果として、家で用いる言語を考慮に入れると、移民の親をもつネイティブと現居住国で生まれた親をもつネイティブのあいだの差の一部が消失することが示された。これは、子どもの社会経済的背景や移民背景を考慮に入れた後ですらいえることである。この結果は、レベルズらの研究（Levels, Dronkers and Kraaykamp, 2008）によっても支持されている。

受け入れ国で用いられている言語に早くから触れることは、子どもが学校で成功するためにきわめて重要である。これは、驚くべきことに、移民の子どものテストの得点についても予測している。幼少期に現居住国にやってきた子どもや生活のうえで早いうちに言語に触れる恩恵にあずかっている子どもは、6 歳から 11 歳という時期に現居住国にやってきた子どもよりもテストの得点が高い。また、さらにそれよりも高い年齢で現居住国にやってきた子どもよりも得点が高いのである（OECD, 2015b）。0 歳から 3 歳までの年齢で保育施設に通うことは、別の言語が家で用いられている場合、移民の親をもつネイティブの言語能力を向上させる要因であるといえる。

移民背景をもつ子どもの多くが、家では異なる言語を用いている。EU 加盟の 15 か国を取り上げ

表 3.5　言語能力と得点差

従属変数：数学的リテラシーの得点差：
準拠集団：現居住国ないし EU 圏内で生まれた両親をもつネイティブ

	1	2	3	4
EU 圏外で生まれた両親をもつネイティブ	-47.86***	-36.23***	-14.45**	-2.72
EU 圏内で生まれた両親をもつ外国生まれの子ども	-19.04***	-19.66***	-19.72***	-15.7***
EU 圏外で生まれた両親をもつ外国生まれの子ども	-54.81***	-43.81***	-43.68***	-31.89***
母親の学歴		28.23***	28.8***	28.49***
母親の学歴*（移民の両親をもつ子ども）			-7.5*	-8.813***
家での外国語使用				-13.92***
対象者数	208 953	195 918	195 918	188 240

注：*** p<0.01、** p<0.05、* p<0.1 である。
出典：OECD (2015) 生徒の学習到達度調査（PISA）(http://dx.doi.org/10.1787/data-00365-en)。

てみると、EU 圏外で生まれた両親をもつネイティブの約 40% が家では別の言語を用いている。ただし、この割合は国によって大きく異なる。イギリスとアイルランドでは、このグループの子どもの約 25% が家では別の言語を用いている。フランスとドイツではこの割合はさらに高く、約 3 分の 1 である。デンマーク、スウェーデン、スイス、ベルギーでは、これらのネイティブの約半数が家では別の言語を用いている。家で用いられている言語を考慮に入れると、テストの得点差はさらに縮小する。表 3.5 からわかるように、EU 圏外で生まれた両親をもつネイティブは PISA 調査の得点が現居住国で生まれた親をもつ子どもよりも平均して 48 点ほど低い。親の背景を調整すると、得点差は約 3 分の 1、36 点ほどに縮小する。家で用いられている言語（第 4 列）を調整すると、これはさらに縮小し、有意な差がなくなる。

第 3 節　PIAAC 調査における成人スキル

日常生活や仕事で用いるスキルは、労働市場での統合や生産性にとって重要な関連をもっており、人びとの生活に直接関わるものである。先行研究では、特定の学歴の達成により必ずしも特定のスキルの獲得が代替されるわけではないことを指摘している。これは、外国で教育を受けた移民に対してとりわけあてはまる（OECD, 2016）。したがって、移民の教育背景を考慮に入れると、スキルを過大評価してしまうことがありうる。この知見から得られる示唆は、親の学歴を考慮に入れると、移民の両親をもつネイティブの学歴が過大評価される、ということである。このことはまた、親の学歴によるリターンが見合っていないという観察内容が、親のスキルの低さによって説明されることを示唆している。これは、移民の両親が現居住国で生まれた親と同程度に人的資本を転移させることができるという事例だといえるかもしれない。

以下では、数的思考力、読解力、問題解決の分野での成人スキルを、PIAAC 調査のデータを用

図 3.10　学歴ごとの国際成人力調査（PIAAC）における数的思考力の得点

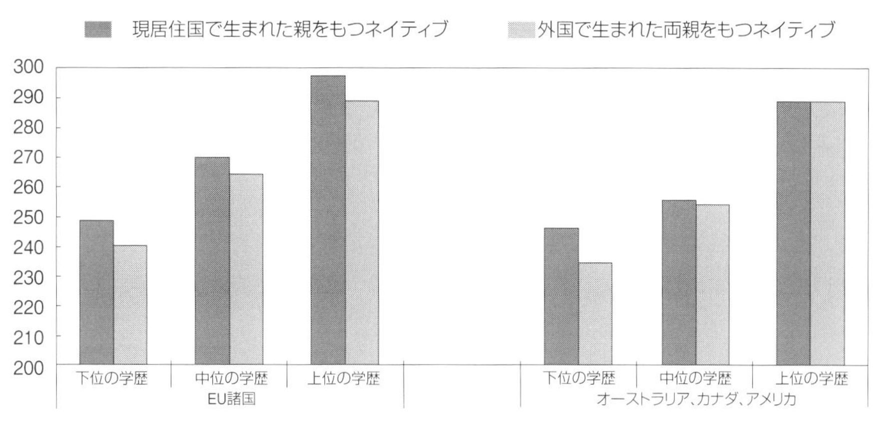

出典：OECD（2015a）国際成人力調査（PIAAC）。

表 3.6　国際成人力調査（PIAAC）による推計

PIAAC 調査の数的思考力習熟度レベル 1 の得点による推計、最初二乗法（OLS）

	1	2	3	4	5	6
	EU 諸国	EU 諸国	EU 諸国	アメリカ、カナダ、オーストラリア	アメリカ、カナダ、オーストラリア	アメリカ、カナダ、オーストラリア
外国で生まれた両親をもつネイティブ	-15.56***	-14.12***	-12.43***	-3.162***	-1.972**	0.336
現居住国の言語を用いる外国生まれ	-14.72***	-15.25***	-15.95***	1.834	-13.43***	-15.81***
外国語を用いる外国生まれ	-48.19***	-43.12***	-42.67***	-19.06***	-29.17***	-29.76***
学歴		23.56***	20.53***		29.11***	24.73***
親の学歴			9.247***			12.22***
対象者数	43,364	42,170	38,858	31,942	31,118	28,649

1. カッコ内は強い標準偏差。
2. 性別と年齢に対して調整している。各国の固定効果を含む。
3. EU 諸国には以下の国・地域が含まれる。ベルギー（フラマン語圏）、オランダ、デンマーク、フランス、オーストリア、イギリス、ドイツ。
4. 準拠集団は現居住国で生まれた親をもち、家で調査対象国の言語を用いるネイティブである。

出典：OECD（2015a）国際成人力調査（PIAAC）。

いながら、現居住国で生まれた親をもつネイティブと外国で生まれた両親をもつネイティブについて比較する。データに制約があるため、EU 諸国と非 EU 諸国とを区別しないこととする。

西ヨーロッパ諸国では、数的思考力と問題解決分野の成人スキルは、現居住国で生まれた親をもつネイティブに比べ、移民の両親をもつネイティブのほうが低い。図 3.10 からは、下位の学歴、中位の学歴、上位の学歴に関して、現居住国で生まれた親をもつネイティブが、両親がともに外国で生まれたネイティブよりも高い得点をとっていることがわかる。得点にみられる差のいくつかは、背景に関する特定の特徴から説明される可能性がある。しかし、年齢、性別、学歴、親の学歴、居住国を考慮に入れても、外国で生まれた両親をもつネイティブは、現居住国で生まれた親をもつネイティブよりも依然として得点が低い。これは、表3.6で示されている。同時に、アメリカ、カナダ、オーストラリアでは、移民の両親をもち、中位から上位の学歴をもつネイティブが、自身の学歴と親の学歴を考慮に入れた後ですらも、他のネイティブよりも顕著に低い得点をとっているとはいえない。これは図3.10で示されている。

結　論

本章では、EU諸国とOECD諸国を対象とし、学歴における世代間社会移動を検討してきた。分析の対象となったのは、3つの主要な調査結果である。学歴の達成度、PISA調査のデータを用いた学校でのテストの得点、そしてPIAAC調査のデータから得られた成人スキルの3つである。これにより、移民の両親をもつネイティブの教育上の不利が、ヨーロッパの国々について検討され、さらにヨーロッパ以外のOECD諸国と比較された。

ほとんどのヨーロッパ諸国では、移民の両親をもつネイティブは移民背景をもたないネイティブに比べて教育成果の点であまり良い成果を上げていない。しかし、教育成果にみられる差は、国ごとに大きく異なっている。ヨーロッパ大陸の西側に位置する国々では、この差はとくに大きいが、イギリス、またアメリカ、カナダ、イスラエル、オーストリア、ニュージーランドといった移民受け入れ国では、移民の両親をもつネイティブは現居住国で生まれた親をもつネイティブよりも同程度かまたはそれよりも高いパフォーマンスを発揮している。本章では、これらの差について、指標や国ごとに検討してきた。

ヨーロッパ大陸の西側では、EEA圏外で生まれた両親をもつネイティブが、下位の学歴に大きく集中しており、上位にはほとんどみられない。それゆえ、現居住国で生まれた親をもつネイティブと比べて、EEA圏外で生まれた両親をもつネイティブが親の世代よりも学歴の差がずっと小さくなるということは、まったく驚くにあたらない。このことは、世代が進むにつれ、学歴の差が小さくなっていくことを示唆している。同時に、とくにEU圏外で生まれた移民の両親をもつネイティブは、PISA調査のような標準化されたテストにおいて顕著に得点が低くなる。15歳までに、子どものスキルは平均して現居住国で生まれた親をもつ子どもよりも1年分ほど遅れを取ることになる。親の社会経済的地位を考慮に入れた後ですら、EEA圏外で生まれた両親をもつネイティブは依然として得点が低いのである。EEA圏外で生まれ、相対的に学歴の高い移民の両親をもつネイティブは、現居住国で生まれ学歴が高い親をもつネイティブよりも得点が低い。くわえて、学歴の低い親がもたらす成果として、現居住国で生まれた親をもつネイティブはEEA圏外で生まれた両親をもつネイティブよりもテストの得点が高くなる傾向にある。得点に関する結果からは、EEA圏外で生まれた両親をもつネイティブにとっては、現居住国で生まれた親をもつネイティブと比べ、教育システムにおいてかじ取りをし、成功することがより困難であることが示唆される。

イギリス、アイルランド、バルト三国では、これらの傾向が異なっている。親世代での就学状況の差が大陸ヨーロッパよりも小さく、EEA 圏外で生まれた両親をもつネイティブが親の低い学歴に関する背景を克服しているのである。このグループは、現居住国で生まれた親をもつネイティブと同じ学歴を達成しており、学校での試験の得点も同等のレベルにある。カナダ、アメリカ、オーストラリアといった移民受け入れ国では、この傾向はさらに強くなる。EEA 圏外で生まれた両親の就学年数が現居住国で生まれた親の就学年数に比べて数年ほど短いにもかかわらず、EEA 圏外で生まれた両親をもつネイティブは現居住国で生まれた親をもつネイティブに追いつき、同様の学歴を達成し、テストで得点を獲得しているのである。

調査対象国で生まれた人びとにとっては、教育システムは社会経済的な不利やその世代の進行にともなう変化を緩和する可能性をもつものである。学校がうまく機能し、質の高い教師を擁し、学校で自治が行われ、全員に対して的を絞った支援がおこなわれることにより、より良い学校環境がつくられてゆく（OECD, 2015）。学歴は重要な成果だと考えられているが、不利な背景をもつ子どもが直面する課題は、教育課程を修了するよりもずっと前にスタートしており、長期にわたる影響をもつと考えられる。言い換えれば、義務教育期間中、またはそれに先んじて社会経済的背景の影響を緩和できていない国では、子どもが労働市場に参入するときにすべての者に対して平等な機会を提供するために大きな課題に向き合うことになるといえる。

注記

1. これらの知見に対するデータは、まず EU 労働力調査（EU-LFS）で収集されたものであり、回答者ごとに6ポイントからなる教育段階（ISCED）の尺度を用いてコーディングした。回答者の親に対しては3ポイントからなる尺度を用いている。簡略化のために、これらの尺度は就学年数において等価となるように変換されている。

参考文献・資料

Angrist, J.D., P.A. Pathak and C.R. Walters (2013), "Explaining charter school effectiveness", *American Economic Journal – Applied Economics*, Vol. 5, No. 4, pp. 1-27.

Becker, R., F. Jäpel and M. Beck (2013), "Diskriminierung durch Lehrpersonen oder herkunftsbedingte Nachteile von Migranten im Deutschschweizer Schulsystem?", *Swiss Journal of Sociology*, Vol. 39, No. 3, pp. 517-549.

Behaghel, L., M. Gurgand and C. de Chaisemartin (2016), "Ready for boarding ? The effects of a boarding school for disadvantaged students", *American Economic Journal – Applied Economics*, Vol. 9, No. 1, pp. 140-164.

Bertschy, K., E. Böni and T. Meyer (2008), "Young people in transition from education to labour market: Results of the Swiss youth panel survey TREE, Update 2007" , TREE, Basel, www.tree.unibe.ch/e206328/e305140/e305154/files307441/Bertschy_Boeni_Meyer_2007_ Results_Update_en_ger.pdf (accessed 22 October 2017).

Bertschy, K., M.A. Cattaneo and S.C. Wolter (2009), "PISA and the transition into the labour market", LABOUR, Vol. 23, Issue 1, pp. 111–137.

Birkelund, G.E. and A.S. Hermansen (2015), "The impact of immigrant classmates on educational outcomes", *Social Forces*, Vol. 84, No. 2, pp. 615-646.

Black, S., P.J. Devereux and K.G. Salvanes (2013), "Under pressure? The effect of peers on outcomes of young adults", *Journal of Labor Economics*, Vol. 31, No. 1, pp. 119-153, www.jstor.org/stable/10.1086/666872 (accessed 22 October 2017).

Bratsberg, B., O. Raaum and K. Røed (2011), "Educating children of immigrants: Closing the gap in Norwegian schools" , IZA Discussion Paper 6138, Institute for the Study of Labor (IZA).

Carrell, S.E., M.L. Hoekstra and E. Kuka (2016), "The long run effects of disruptive peers" , NBER Working Paper Series No. 22042, www.nber.org/papers/w22042 (accessed 22 October 2017).

Cedefop (2015) "Stronger VET for better lives, Cedefop' s monitoring report on vocational education and training policies 2010-14", European Centre for the Development of Vocational Training, www.cedefop.europa.eu/en/publications-andresources/ publications/3067 (accessed 22 October 2017).

Chetty, R. and N. Hendren (2015), "The impacts of neighborhoods on intergenerational mobility : Childhood exposure effects and county-level estimates", May, https://scholar.harvard.edu/files/hendren/files/nbhds_paper.pdf (accessed 22 October 2017).

Crocker, R., T. Craddock, M. Marcil and J. Paraskevopoulos (2010) , *National Apprenticeship Survey, 2007: Profile of Participants*, Human Resources and Skills Development Canada, www.red-seal.ca/docms/nas_profiles_eng.pdf (accessed 22 October 2017).

Cunha, F. and Heckman J. (2010), "Investing in our Young People", NBER Working Paper Series 16201, http://www.nber.org/papers/w16201.pdf , (accessed on 6 November 2017).

Curto, V.E. and R.G. Fryer (2014), "The potential of urban boarding schools for the poor : Evidence from SEED" , *Journal of Labour Economics,* Vol. 32, No. 1, pp. 65-93.

Dobbie, W. and R.G. Fryer (2013), "Getting beneath the veil of effective schools: Evidence from New

York City", *American Economic Journal – Applied Economics*, Vol. 5, No. 4, pp. 28-60.

Diehl, C., M. Friedrich and A. Hall (2009), "Jugendliche ausländischer Herkunft beim Übergang in die Berufsausbildung: Vom Wollen, Können und Dürfen", *Zeitschrift für Soziologie*, Vol. 38, No. 1, pp. 48-67.

Dustmann, C., S. Machin and U. Schoenberg (2010), "Ethnicity and educational achievement in compulsory schooling", *The Economic Journal*, Vol. 120, Issue 546 (August), pp. 272-297, http://doi.org/10.1111/j.1468-0297.2010.02377.x.

European Union Labour Force Survey (EU-LFS) and its Ah-Hoc Module 2014.

Hadjar, A. and Hupka-Brunner, S. (2013), "Geschlecht, Migrationshintergrund und Bildungserfolg", Beltz Juventa publishing, Weinheim.

Heath, A. and Cheun S.(2006). "Ethnic penalties in the labour market: Employers and Discrimination", UK Department for Work and Pensions, Research Report Nr. 341, http://webarchive.nationalarchives.gov.uk/20130125104217/http://statistics.dwp.gov.uk/a sd/asd5/rports2005-2006/rrep341.pdf, (accessed 06 November 2017).

Levels, M., J. Dronkers and G. Kraaykamp (2008), "Immigrant children's educational achievement in Western countries: Origin, destination, and community effects on mathematical performance", *American Sociological Review*, Vol. 73, Issue 5, pp. 835-853, http://doi.org/10.1177/000312240807300507, (accessed 22 October 2017).

Liebig, T., S. Kohls and K. Krause (2012), "The labour market integration of immigrants and their children in Switzerland", OECD Social, Employment and Migration Working Papers No. 128, Directorate for Employment, Labour and Social Affairs, OECD Publishing, Paris.

Murdoch, J., C. Guégnard, M. Koomen, C. Imdorf and S. Hupka-Brunner (2014), "Pathways to higher education in France and Switzerland: Do vocational tracks facilitate access to higher education for immigrant students?", in G. Goastellec and F. Picard (eds.), *Higher Education in Societies: A Multi Scale Perspective*, Sense Publishers, Rotterdam/Boston/Taipei, pp. 149-169.

OECD (2016), *Skills Matter: Further Results from the Survey of Adult Skills*, OECD Publishing, Paris, http://dx.doi.org/10.1787/9789264258051-en.

OECD (2015), "PISA: Programme for International Student Assessment", *OECD Education Statistics* (database). http://dx.doi.org/10.1787/data-00365-en.

OECD (2015a), PIAAC: Programme for the International Assessment of Adult Competencies, *PIAAC Data Explorer* (database). http://piaacdataexplorer.oecd.org/ide/idepiaac/.

OECD (2015b), *Immigrant Students at School: Easing the Journey towards Integration*, OECD Publishing, Paris, http://dx.doi.org/10.1787/9789264249509-en.（『移民の子どもと学校：統合を支える教育政策』OECD 編著、布川あゆみ，木下江美，斎藤里美監訳、三浦綾希子，大西公恵，藤浪海訳、明石書店、2017 年）

OECD (2012) *Jobs for Immigrants (Vol. 3): Labour Market Integration in Austria, Norway and Switzerland*, OECD Publishing, Paris, http://dx.doi.org/10.1787/9789264167537-en.

OECD/EU (2015), *Indicators of Immigrant Integration 2015: Settling In*, OECD Publishing, Paris, http://dx.doi.org/10.1787/9789264234024-en.

Picot, G. and F. Hou (2013), "Why immigrant background matters for university participation : A comparison of Switzerland and Canada", *International Migration Review*, Vol. 47, No. 3, pp. 612-642.

Rangvid, B.S. (2012), "The impact of academic preparedness of immigrant students on completion of commercial vocational education and training", AKF, Danish Institute for Governmental Research.

Scharenberg, K., M. Rudin, B. Müller, T. Meyer and S. Hupka-Brunner(2014) "Education pathways from compulsory school to young adulthood: Results of the Swiss panel survey TREE, Part I", TREE, Basel, www.tree.unibe.ch/ergebnisse/e305140/e305154/files305155/Scharenberg_etal_2014_Synopsis_TREE_Results_Part-I_Education_en_ger.pdf, (accessed 22 October 2017).

Schnepf, V.S. (2007), "Immigrants' educational disadvantage: An examination accross ten countries and three surveys", *Journal of Population Economics*, Vol. 20, No. 3, pp. 527-45, http://doi.org/10.1007/ s00148-006-0102-y.

付録 3.A

ネイティブの各グループのあいだの
学歴の差の変化に関する検討

教育に関する差がどのように変化するのかを測定する最初の方法は、この変化について特定の年齢層（たとえば25歳から34歳）の状況を定点観測して比較するというものである。この変化を測定するには、2段階の作業が必要である。第1段階では、t年（たとえば2004年）に25歳から34歳であった人の教育に関する差を測定する作業がおこなわれる。第2段階では、その後、たとえば10年後（2014年）に25歳から34歳であった人の教育に関する差を測定する。ここでは、最初に測定対象となった人が次のコーホートにはもはや属していないことに注意する必要がある。この作業により、あるコーホートと次のコーホートのあいだの教育に関する差の変化［Evolution］が測定されることになる。これは、以下の数式であらわすことができる。

$$Evolution_1 = [S_{N,\ 2014} - S_{NIP,2014}] - [S_{N,2000} - S_{NIP,2004}]$$

上の数式では、Sが平均就学年数、下付き文字Nが現居住国で生まれた親をもつネイティブ、下付き文字NIPが移民の両親をもつネイティブをそれぞれ示している。最初の方法に対する代替的な方法としては、設定された時点で異なるコーホートを取り上げ、教育に関する差を測定するというものがある。たとえば、移民の両親をもつネイティブと現居住国で生まれた親をもつネイティブのあいだの教育に関する差について、18歳から24歳、25歳から34歳、35歳から45歳の層を取り上げ、検討する。この代替的な方法では、本質的に上述の異なるコーホートのあいだの差を比較している。本章では、最初にこの代替的な方法を用いている。

しかし、ここでとられる方法には不備がある。すなわち、コーホートの特徴を問うような調整はおこなっていない。仮定的にひとつの事例を取り上げてみよう。移民はかつて、高い教育を受けており、その結果として子どもも高い教育を受けていた。これに対し、近年では、移民はあまり教育を受けておらず、それゆえ子どもたちもあまり教育を受けていないとする。この仮定的な事例においては、現居住国で生まれた親をもつネイティブに関して教育に関する差が増大していることを観察できるだろう。この増大する差は、非常に異なった特徴をもつ2つのコーホートが比較されているという事実によって大部分もたらされる。教育システムが非常にインクルーシブであることがとても好ましく、教育に関する差を縮小するにあたっての効果を高めているといえる。しかし、この検討ではそれを確定することはできない。なぜなら、そのかわりに各コーホートの特徴に関する違いを確定することになるためである。

概算値は、それゆえ、親の学歴を考慮に入れた場合のほうが洞察的なものになる。想定よりも高い年齢になってから教育を受けることが多い文脈においては、それぞれの新しいコーホートは平均して親の世代よりも就学年数が長くなっている。問題は、それゆえ、移民の両親をもつネイティブが親の学歴よりも高い学歴を得ており、現居住国で生まれた親をもつネイティブよりもその割合が大きいかどうか、というものになる。移民の両親をもつネイティブが親の世代よりも就学年数が長いなら、親の就学年数からの伸びが他のネイティブのグループよりも小さいときに、教育に関する差が縮小しているということができる。この場合、教育に関する差の変化［Evolution］は、以下の数式によってあらわすことができる。

$$Evolution_2 = [S_{N,2014} - S_{Nparents,2014}] - [S_{NMB,2014} - S_{NMB\ parents,2004}]$$

この2つめの検証方法には2つの利点がある。第一に、この方法が親の学歴を考慮に入れたものであるということ、そして第二にこの方法によってのみ、特定の年に対するデータが得られるということである。これは、親と子どもの学歴に関するデータが同じ年から得られていることによる。EU労働力調査（EU-LFS）では、2008年と2009年に2つのアドホックなモジュールをとり、回答者の親について学歴に関する情報を収集した。2008年と2009年のEU-LFSデータを用いると、それゆえ、親の学歴と回答者の学歴との関係を検討することができる。また、教育に関する差がどのように変化しているかというこの第二の検討をおこなうことができる。

第三の方法は、計量経済学的なアプローチを用いるというものである。就学状況に関する回帰分析では、親の学歴と移民のグループを考慮に入れている。このアプローチをとると、親の受けた教育を踏まえながら、移民の両親をもつネイティブが学歴に関して不利な状況にあるかどうかという問いに答えることができる。回帰分析では、世代の進行による学歴の変化を示すのみならず、移民の両親をもつネイティブが現居住国で生まれた親をもつネイティブに比べ、特定分野で不利（ないし有利）な状況にあるかどうかを示すことができる。したがって、算出される回帰分析は以下のとおりである。

$$S_i = \alpha_i + \beta_1 S_{parents} + \beta_2 Mig_i + \beta_3 (S_{parents} * Mig_i) + \varepsilon_i$$

上の数式では、S_iは個人iの就学年数をさす。世代の進行による学歴の変化は、相関係数β_1で示される。また、β_2は、移民の両親をもつネイティブが、親の背景を考慮に入れた後、平均して学歴が低いかどうかを示している。親の学歴と移民の両親をもつネイティブの状況との相互関係により、親と子どもの学歴のあいだの関連が、現居住国で生まれた親をもつネイティブと比較して移民の両親をもつネイティブにとって異なっているかどうかを示すことができる。「優先されるべき」方法や「最善の」方法は存在しない。それぞれの方法が教育に関する差の変化について異なった側面を示すことができるため、本章ではこれら3つの方法を採用した。

付録 3.B

移民の親をもつネイティブの将来の学歴は PISA 調査の得点からどの程度予測できるか？

PISA 調査の得点は、一般的に子どものスキルや労働市場への準備ができている状態を厳密に測定するものとみなされている。しかし、PISA 調査の得点が移民背景をもつ若者の将来の学歴や労働市場での成果をどの程度予測するものなのかについては、長期的な証拠がほとんどない。「教育から就労への移行（Transition from Education to Employment, TREE）」によるデータセットは、まれにみる例外である。このデータセットには、スイスで PISA2000 年調査に参加した約 6,000 人の子どものデータがあり、義務教育から就労ないし進学への移行を追跡している。2007 年まで毎年 1 回合計 7 回の追跡調査ののち、さらに 2010 年と 2014 年にもフォローアップの追跡調査をおこなっている。TREE では、学歴や雇用をめぐる進路に関する詳細な情報が得られるのみならず、回答者と親がそれぞれ生まれた国が記録されている。こういった理由で、TREE はスイスにおいて移民背景をもつ若者の学校から就労への移行を研究するために幅広く利用されている。たとえば、差別の影響（Becker, Jäpel and Beck, 2013）、ジェンダー（Hadjar and Hupka-Brunner, 2013）、職業訓練（Murdoch *et al.*, 2014）が研究されてきた。

ベルチーら（Bertschy, Böni and Meyer, 2008）は、PISA 調査から 6 年後に得られた教育成果を観察し、一般的に、15 歳時点でのリテラシーと社会経済的背景が教育上の進路を強く予測する要因となっていることを引き出した。読解リテラシーが低いとドロップアウトの可能性が 2.8 上昇し、社会経済的地位が低いとドロップアウトの可能性が 2.7 上昇する。バルカン半島、トルコ、ポルトガル出身の父親をもつ子どもは、現居住国で生まれた父親をもつ子どもの場合（7%）に比べて後期中等学校をドロップアウトする可能性が約 3 倍（20%）になる。しかし、社会経済的地位と読解リテラシーの得点を考慮に入れると、父親の出生国は有意なものではなくなる。職業教育を修了した子どもに関しては、移民であること（ここでは両親がともに外国生まれの子どもとして処理されている）も、家で用いられる言語も、技能レベルに合致する職業を見つける可能性に関して有意な影響をもたない（Bertschy, Cattaneo and Wolter, 2009）。しかし、PISA 調査の読解リテラシーの得点は、就職先を探すにあたっては有意な要因であるとみなせる。就職先を見つけることのできたかつての PISA 調査参加者の得点は、就労していない人よりも平均して 30 点ほど高かった。

さらに別の研究でも、PISA 調査が外国で生まれた親をもつスイス生まれの子どもとスイスで生まれた親をもつスイス生まれの子どものあいだの大学進学率を説明する最大の要因であると述べている（Picot and Hou, 2013）。トルコ、旧ユーゴスラビア、コソボ、アルバニア出身の親をもつ子どものみに着目すると、PISA 調査の得点と家族の背景を考慮したとき、差はすでに有意なものではなくなるのだという。

同様に、低所得の国からやってきた移民の両親をもつスイス生まれの子どもは、スイス生まれの親をもつスイス生まれの子どもに比べ、後期中等教育を修了する可能性が25%ほど低くなる。PISA調査の得点を考慮に入れると、この差は有意でなくなる（Liebig, Kohls and Krause, 2012）。さらに、PISA調査の得点と社会経済的背景の特徴を両方検討に含めると、低所得の国出身の移民の子どもは移民経験のない子どもに比べ、後期中等教育を修了する可能性が20%ほど高い。この利点は、若い移民の女子にとくに多くみられるものである（35%、移民の男子の場合は11%）。しかし、低所得の国から来た移民の両親をもつ子どもは、PISA調査から7年後に教育、雇用、職業訓練のいずれかを受けている可能性が顕著に下がる。この差は、とりわけ男性にあてはまり、PISA調査の読解力の得点を考慮してもほとんど縮小しない（13%から12%へ）。しかし、低所得の国出身の両親をもつ女性の場合は、この差が半分以下になる（20%から8%へ）。

10年後の追跡調査では、他のすべての要因を同じものにそろえており、PISA調査の読解リテラシーの得点が中程度以上の子どもは、読解リテラシーの得点が低かった子どもよりも、大学の学位を取得する機会が有意に高くなっている（16%、18%）（Scharenberg *et al.*, 2014）。それ以上に、移民の両親をもつ子どもと現居住国で生まれた親をもつ子どものあいだの学歴の差は統計的には有意だとはいえない。

付録 3.C

子どもの不利な背景を克服する学校から学べること

近年発表された一連の研究では、アメリカにおける不利な背景ないしマイノリティの背景をもつ子どもが通うチャータースクールと全寮制寄宿学校の両方から学ぶことのできる教訓に焦点をあてている。チャータースクールのもつ2つの特徴により、子どもの不利な背景を克服するにあたって何がうまく作用するのかを学ぶための理想がみてとれる。ひとつはチャータースクールの多様性、もうひとつはくじ引きシステムにもとづいた選別である。チャータースクールは、当初、公立学校で失敗してしまうような子どもの避難所としてつくられたものであり、方法、カリキュラム、学校でのインプットに関して相対的な自由度が高かった。この自由により、学校のタイプを印象的なまでに多様化することが認められ、変化はより興味深いものになった。チャータースクールは、特徴がそれほど多様とはいえない公立学校に比べて大きな多様性を備えている。

いくつかのチャータースクールは、とくに強く求められ、登録希望者が殺到するようになり、くじ引きの原則にもとづいて生徒を受け入れた。これらの2つの特徴――授業実践においてこれほどまでに多様であるという事実、そして子どもがくじ引きを通じてある程度ランダムに選別されているという事実――により、どういったタイプの学校が子どもの短期・長期の成果を上げるために最善なのかを検討することができる。多くの著者が自然実験として入学に関するくじ引きからのデータを用いており、生徒の成果に関するチャータースクールの因果的効果を算出している。

近年の研究（Dobbie and Fryer, 2013）では、ニューヨーク市の39のチャータースクールのデータを集め、学校の特徴のうちどれが効果と関連しているのかを検討した。学校の特徴を測定するため、この研究では、校長、教師、生徒にインタヴューをおこない、できる限り多くの授業に出向いた。学校の効果は、標準化されたテストの得点を用いて算出された。この結果から、学級規模、教員資格、要請、生徒一人当たりの支出予算といった学校のインプットに関する伝統的な手段は、成功とは相関していないことが明らかになったのである。対照的に、以下の学校政策がテストの得点を非常に強く予測させるものであることが示されている。

- 教師へのフィードバックの頻度の高さ――半期ごとに10回以上のフィードバックを教師に与えている学校は、テストの得点に関する標準偏差が0.075ほど高い。
- 授業時間の長さ――チャータースクールは、学校に滞在する時間が日数および年数のうえで長く、一日当たりの授業時間も長い。平均して、授業時間が25%以上長い学校は、数学のテストの得点に関する標準偏差が0.084ほど高い。
- 学力や態度に関して高い期待を寄せる文化の存在――間断なく学力目標や規範に対して焦点をあ

てている学校は、他の学校よりも標準偏差が 0.066 ほど高い。

こういった一連のポリシーをもつチャータースクールに通う生徒は、在校数年以内に不利な背景に関連する差を縮小している。同様のポリシーは、アングリストらの研究（Angrist, Pathak and Walters, 2013）により、マサチューセッツ州の都市部にあるチャータースクールでも、テストの得点の高さと関連していることが明らかになった。アングリストらは、テストの得点が、規律、教員採用の際の選抜、長い授業時間、生徒に売り込みの電話攻勢をかけているチャータースクールのほうが高くなることを指摘した。さらに、生徒一人当たりの支出やその他の伝統的なインプット手段には効果が測定できないことを示した。アングリストら（Angrist, Pathak and Walters, 2013）は、チャータースクールのあいだを比べて、他のチャータースクールよりも成果の高い学校が「言い訳をしない」哲学と関連していることを引き出した。たとえば、「知識は力」プログラム（KIPP）をもつチャータースクールにおいてこの傾向がみられる。これらの学校には、主に、不利な背景やマイノリティの背景をもつ子どもが通っており、規律や参加に関して重点的に焦点をあてている。これらの学校ではまた、規律と無断欠席に関する効果もあげている。規律に関わる罰則をおこなうことも多く、子どもは正当化されない欠席をすることも少ないようである。もっとも重要なこととして、これらの学校は教師へのフィードバックを頻繁におこなっており、「アメリカのために教える（Teach for America）」プログラムの修了者を雇用していることが多い。

寄宿学校は、落第した子どもや、近隣での暴力や機能不全に陥った家族のなかで育てられていることの多い不利な子どもを支援するための効果のありそうな就学戦略とみなされている。こういった子どもが学校に持ち込む困難は、もっとも献身的で才能ある教育者にとってすら、克服することが難しい。

寄宿学校が不利な子どもの教育成果を向上させることができるという信念は、長期にわたって信じられており、19 世紀後半にまでさかのぼる。寄宿学校なら、より建設的な学校外での時間を提供できる。子どもの置かれた環境との負の社会的相互行為を減らすことができる。学校ではより適切で焦点を定めた授業をはっきりとめざしており、生徒の学力が向上するといった見方がこれにあたる。

近年の 2 つの研究では、寄宿学校が不利な子どもの教育成果を高めることができるのかどうかについて検討している。その最初の研究では、アメリカの寄宿学校に着目している。クルトとフライヤー（Curto and Fryer, 2014）は、SEED 寄宿学校のくじ引きシステムを取り上げている。ここでは、「言い訳をしない」教育戦略を 5 日間の寄宿舎プログラムと結びつけている。クルトらは、対象となった学校の入学のためのくじ引きを用い、特定の生徒グループと比較対象となる生徒グループを構成した。この結果として、寄宿学校が実際のところ子どもの成果を向上させるにあたってきわめて有効であることが示された。比較対象のグループと比べると、寄宿学校に通う子どもは、テストの得点が 1 年に対して標準偏差が 20%ほど高かった。この効果はさらに、女子のほうが高い。

寄宿学校の効果を検討した2つ目の研究では、フランスを事例としている。ベハーゲルら（Behaghel, Gurgand and de Chaisemartin, 2016）は、くじ引きを用いた入学方式をもつ選別的な寄宿学校に応募した不利な背景をもつ子どもを追跡した。選別を受けていない子どもは、インタヴューによって追跡されており、統制群を構成している。2年目までに、選別をおこなう寄宿学校に通っている子どもは統制群の子どもに比べて非常に多様である。選別を受けた子どもは活動時間が長く、勉強に対して高い本来的な関心を報告していた。子どもの幸福は、寄宿学校に在籍した1年目にはみられなかったが、後になって回復していた。ベハーゲルらは、非常に大きく、多様な効果を見つけだした。もともとテストの得点において上位3分の1に入っていた子どもには、入学するためのくじを獲得できなかった同学年の子どもに比べ、寄宿学校に通学することによって1年通学するごとに標準偏差が約57％上昇した。しかし、正の効果は、もともとテストの得点が高かった生徒や、下位3分の1に入っていなかった生徒にのみ確認される。

学校でのパフォーマンスの評価は、明確なメッセージを発している。効果に関する検証された記録をもつ教育モデルを携えたチャータースクールの数が増えれば、有利な状態にある親をもつ子どもと不利な背景をもつ子どもとのあいだの学力の差を小さくしていく有力なツールになるだろう。政策立案者は、場合によっては、これらの実践を伝統的に学力の低い公立学校で実施すべく試みるべきではないだろうか。また、少なくともこういった実践をおこなう学校の数を増やすべきであろう。

第 4 章

労働市場における世代間社会移動

本章ではヨーロッパにおける移民背景をもつ若者の労働市場の面からみた統合について、世代間社会移動の観点から分析する。まず、ネイティブ（子ども世代）を親の特徴によって3つのグループに分類しながら、労働市場の面における成果について検討するところから始める。3つのグループとは、1）現居住国で生まれた親、2) EU 圏内で生まれた親、3) EU 圏外で生まれた両親である。焦点をあてているのは親の学歴だが、個々の背景的特徴についても検討している。次に本章では、親が職場で求められるスキルよりも高いレベルが求められる仕事に就いているネイティブがどの程度いるのか、職業からみた世代間社会移動について分析する。続いて、移民の両親をもつネイティブが職業からみた世代間社会移動が多いのか少ないのかについて論じる。最後に、経済的最下層に焦点をあて、不利な立場がある世代から次の世代へといかに引き継がれるのか、世代間における経済的脆弱性の継承について論じる。

第4章

検討結果の要旨

- 親の学歴はネイティブ（子ども世代）の労働市場における成果に影響を与える。だが、集団別にみると現居住国で生まれた親をもつ子どもに比べて、移民の両親をもつ子どものほうがその影響が決定的な傾向にある。ヨーロッパではEU圏外で生まれた学歴の低い両親をもつネイティブは、現居住国で生まれた学歴の低い親をもつネイティブと雇用の可能性という点では大まかに同じである。しかし学歴が低い場合とは逆に、中程度の学歴に着目すると、現居住国で生まれた親をもつネイティブの場合、就業率が10パーセントポイント上昇する一方で、EU圏外で生まれた両親をもつネイティブの場合は5パーセントポイントの上昇にとどまる。高学歴の親をもつ場合についてみてみると、中程度の学歴をめぐる傾向とは異なり、親の出生国による違いはみえにくい。このことはEU圏外で取得した外国の学位や資格がEU圏内で取得した学位や資格に比べて労働市場で評価されにくいという、OECDをはじめとした先行研究の指摘とも重なる（Damas de Matos and Liebig, 2014）。本章では学位や資格を適切に認証していくことを課題として指摘している。

- 親の学歴の高低にかかわらず、EU圏内で生まれた親をもつネイティブは、現居住国で生まれた親をもつグループとEU圏外で生まれた両親をもつグループという2グループに比べて就業率が高い。もっとも大きな違いがみられるのは、親の学歴が低い場合で、移民背景をもつことは高学歴よりも低学歴の場合、大きな影響を及ぼす。

- しかし、親も自身も学歴が低いネイティブの場合、親の学歴は低いが自身は中程度の学歴をもつネイティブと比べると、EU圏外で生まれた両親をもつネイティブのほうが現居住国で生まれた親をもつネイティブよりも就業のチャンスが圧倒的に高い。

- 学歴の違いが、ネイティブのグループ別就業率の違いを説明する要因になる。一般的に、学歴が高くなると就業率をめぐる格差は縮小していく傾向にある。このことは、現居住国で生まれた親をもつ子どもよりも、EU圏外で生まれた両親をもつ子どものほうが、労働市場の統合において学歴の効用が大きいことを示唆する。EU圏外で生まれた低学歴の親をもつ低学歴のネイティブは、現居住国で生まれた親をもつネイティブに比べて就業率が8パーセントポイント低い。一方で、高学歴の場合にはその就業率の差はおおよそその半分にとどまる。

- 親の出生国別にみた就業率の差は国ごとに異なる傾向にある。オーストリア、スイス、スペイン、フランス、ノルウェー、イギリスでは親の学歴や年齢、ジェンダーを考慮しても、EU 圏外で生まれた低学歴の親をもつネイティブと現居住国で生まれた低学歴の親をもつネイティブとのあいだには－5パーセントポイントから 10 パーセントポイントの差がある。差がもっとも大きいのがベルギーで、EU 圏外で生まれた低学歴の親をもつネイティブの場合、現居住国で生まれた低学歴の親をもつネイティブに比べて就業率が 18 パーセントポイント低い。

➢低学歴の親をもつネイティブの場合、親の出生国別にみた就業率の差は 25 歳から 29 歳の年齢層で上昇し、より高い年齢コーホートではさらにその差が広がっていく。45 歳から 49 歳のコーホートでは EU 圏外で生まれた両親をもつネイティブのほうが、現居住国で生まれた親をもつネイティブよりも、就業率が8パーセントポイント高い。このことは、EU 圏外で生まれた両親をもつ若者のほうが現居住国で生まれた親をもつネイティブに比べて長期にわたって就業状態が安定していないことを示唆する。

➢親の学歴と、就業しておらず教育も訓練も受けていない人（ニート）の割合との相関は、EU 圏外で生まれた両親をもつネイティブのほうが他の2つのネイティブグループに比べて小さい傾向にある。一見すると、これらの知見は EU 圏外で生まれた両親をもつネイティブの高い世代間社会移動の結果と解釈することができるかもしれない。しかしこの知見は、移民の労働市場における成果からみると、移民が外国で受けた教育が十分に認知されていない結果としてとらえる必要がある。このことは OECD のこれまでの調査研究からも明らかになっている点である。

➢EU 圏外で生まれた両親をもつネイティブのうち 15％が、母親が義務教育を終えていない。EU 圏外で生まれた親をもつネイティブのうち、母親が義務教育を終えていない割合が高いことは、そもそもの「出発点」に課題があり、それが労働市場におけるパフォーマンスの低さを説明することにもつながる。

➢移民の母親の労働市場への参画は、現居住国で生まれた親をもつネイティブに比べて、子どもの将来的な成果に大きな影響を与える。この結果は男女ともにみられるが、関連性は女性の場合のほうがとくに強くみられる。14 歳時点で母親が働いていたネイティブのほうが就業していない母親をもつ場合に比べて、EU 圏外で生まれた両親をもつネイティブに関しては、就業率を9パーセントポイント引き上げる。現居住国で生まれた親をもつネイティブの4パーセントポイントに比べて、2倍以上の高さである。

➢EU 圏外で生まれた両親をもつネイティブは EU 圏内で生まれた親あるいは現居住国で生まれた親をもつネイティブに比べて、職業を通じた上方移動がみられにくい。後者2つのネイティブグループのうち3分の1のネイティブが職業上のスキルレベルに関して上方移動する。一方、EU圏外で生まれた両親をもつネイティブで、自身の父親が仕事で求められるスキルよりも高いレベルを必要とする仕事に就いているのは5人に1人にとどまる。

- 経済的脆弱性の継承からみた世代間社会移動のパターンは、ネイティブグループ間で違いはみられない（この分析は、14歳時点における家庭の経済的状況と成人した後の経済的状況に関する回答者の主観的な判断にもとづいている）。子ども期における経済的状況は貧困や剥奪の重要な予測変数であるが、この関連性は学歴を考慮に入れるとなくなる。このことは、子ども期における経済的状況がその後高い教育成果を得られるかどうか、子どもの人生のライフチャンスを左右するといえる。

はじめに

すべての人に平等な機会を保障し、上方の社会移動を促進することは包括的な社会を形成するうえで、欠かせない政策目標である。同時に、移民の両親をもつネイティブは、たとえ現居住国生まれであっても、教育や労働市場の成果という点では不利な状況にある（OECD/EU, 2015）。EU諸国やOECD諸国において、移民の親をもつネイティブの割合はこの数十年でかなり増加した。EU諸国では移民の両親をもつ15歳未満の子どもは1,000万人を超え、その年齢層において20％ほどを占める。移民の両親をもつネイティブの労働市場での高いパフォーマンスを促すことは、EU諸国やOECD諸国においてますます喫緊の政策課題となっている。

子ども期の生活環境が将来的な成果や人生に大きく影響することが先行研究から明らかにされている（たとえばLuo and Waite, 2005）。言い換えると、生活水準の高い親の場合、より良い教育や能力、非認知的スキルを子どもに継承させることができる。それはまた労働市場での成功や結果として高収入をもたらすことにもつながる（Blanden, Paul and Lindsey, 2006）。

本章の目的は移民の両親をもつ現居住国生まれの子どもと現居住国で生まれた親をもつ現居住国生まれの子どもとのあいだにみられる労働市場における成果の差が、親の社会経済的特徴による差によってどの程度説明できるのかを明らかにすることである。より端的に言えば、移民の親をもつネイティブを対象に、社会経済的不利の世代間連鎖について論じることである。これまで数多くの量的調査が移民の子どもの労働市場における成果について分析してきたが、世代間の観点、すなわち移民の両親と子どもの成果を比較するという視点は十分にもたれてこなかった。現居住国で生まれた親をもつネイティブと移民の両親をもつネイティブとを比較し、世代間社会移動に関するさまざまなパターンを明らかにすることが、本章の主たる課題である。

本章では主に3つのグループを対象に、労働市場における世代間社会移動について分析する。3

つのグループとは、1）現居住国で生まれた親をもつネイティブ、2）EU圏内で生まれた親をもつネイティブ、3）EU圏外で生まれた両親をもつネイティブである。親の学歴とネイティブの労働市場における成果との関連性を論じるには、3つのグループ間にみられる家族の背景的特徴の差に目を向けることが重要であり、このことが世代間社会移動のパターンをある程度説明することにつながる。一般的に移民の学歴が低いことを考慮すると、移民の両親をもつネイティブが現居住国で生まれた親をもつネイティブと同じように、うまくやっていると想定することは難しい。だからこそ、同じような家族の背景的特徴をもつ現居住国で生まれた親をもつ子どもと移民の子どもとを比較することが、不利の世代間連鎖について分析するにあたって重要である。この比較を通じて、成果をめぐる差が家族の背景的特徴とどの程度結びついているのかを論じることができる。あわせて本章では母親と娘とのあいだの就労に関する世代間社会移動の分析を通して、労働市場における女性の参画の世代間継承を論じることにも重点を置いている。

本章前半で労働市場への参画について論じた後は、ネイティブとかれらの親の職業とのあいだの関連について論じる。多くの国において世代間社会移動を理解するうえで職業は重要な要因であることを指摘する。本章後半では移民の両親をもつネイティブのほうが現居住国で生まれた親をもつネイティブに比べて、職業を通じた上方移動において不利であることを重点的に論じる。最後に、子ども期における家庭の経済的状況が成人期の経済的安定を決定づけることを明らかにする。本章では経済的脆弱性の世代間連鎖について親の学歴が左右する要因であると結論づける。

労働市場への参画や職業、経済的脆弱性における世代間社会移動について分析するにあたり、現居住国で生まれた親をもつネイティブと移民の両親をもつ現居住国生まれのネイティブとのあいだにみられる世代間社会移動に関する多様なパターンを明らかにする。この点を踏まえることで、世代間社会移動を促進する政策が多くの国で求められているという現状への理解を促す。

第1節　労働市場への参画における世代間継承

本節では3つのネイティブグループに関して、親の背景的特徴別に労働市場における成果について分析する。3つのグループとは現居住国で生まれた親をもつネイティブ、EU圏内で生まれた親をもつネイティブ、EU圏外で生まれた両親をもつネイティブである。親の背景的特徴は主に親の最終学歴を切り口に分析する[1]。親の学歴に関する情報は、2014年のEU労働力調査（EU-LFS）をもとに、EU加盟国、またノルウェーやスイスなど、移民やその子どもに関する特定目的モジュールから得られたものである[2]。本節では親の学歴とネイティブの労働市場における成果との関連について比較し、3つのグループ間における世代間社会移動のパターンについて明らかにしていく。より正確にいえば、親の出生国がネイティブ（子ども世代）の世代間社会移動に影響を与えているのかどうかを分析する。具体的には、経済的状況や社会的有利な状況（不利な状況）の継承が特定のグループで強くあるいは弱くみられるのかについて論じていく。

親の最終学歴について考慮すると、低学歴に移民グループが集中していることがわかる。移民の両親をもつネイティブは、平均して現居住国で生まれた親をもつネイティブと同程度の学歴をもつと想定することは難しい。不利に関する世代間連鎖について分析するにあたり、家族の背景的特徴が類似したネイティブ3つのグループを比較することが重要である。このことは、労働市場の成果をめぐる格差が家族の背景的特徴によってどの程度説明できるのかを明らかにする。

親の学歴からみた就業率

ネイティブの就業率に、親の学歴はどの程度影響を与えているのだろうか。図4.1は各ネイティブグループの親の学歴別にみた就業率を示している。予想されたとおり、すべてのグループに共通して、親の学歴が上がると就業率も上昇していることがわかる。EU圏内で生まれた親をもつネイティブが他の2つのグループに比べてもっとも高い就業率を示している。前期中等教育以下（ISCED 1-2）を修了した学歴の低い親の場合、現居住国で生まれた親をもつネイティブとEU圏外で生まれた両親をもつネイティブの就業率は70%を少し超えたところで、EU圏内で生まれた親をもつネイティブに比べて、8パーセントポイント低い。

学歴の低い親に対して、後期中等教育・中等後教育（ISCED 3-4）を修了した親と比べてみると、現居住国で生まれた親をもつネイティブの就業率の伸び率がもっとも高い。学歴の低い親と比較し、後期中等教育・中等後教育（ISCED 3-4）を修了した親の場合、現居住国で生まれた親をもつネイティブの就業率は10パーセントポイント程高くなり、EU圏内で生まれた親をもつネイティブと同程度（80%）の就業率にまで近づく。EU圏外で生まれた両親についてみてみると、後期中等教育・中等後教育（ISCED 3-4）を修了した親をもつネイティブのほうが、学歴の低い親をもつネイティブよりも6パーセントポイント就業率が高くなる。EU圏外で生まれた両親をもつネイティブの場合、親の学歴が前期中等教育以下（ISCED 1-2）を修了から後期中等教育・中等後教育（ISCED 3-4）を修了へと上がっても、他の2つのネイティブグループと同じような大きさで就業率を押し上げるわけではないことが明らかとなる。このことから、EU圏外で生まれた両親をもつネイティブは親から子へと有利さが継承されにくいことが示唆される。

高等教育以上（ISCED 5+）を修了した高学歴の親をもつネイティブの場合、就業率は80%から85%である。3つのネイティブグループのなかで、もっとも就業率が低いのはEU圏外で生まれた両親をもつグループであり、もっとも就業率が高いのはEU圏内で生まれた親をもつグループである。だが、もっとも重要な知見はEU圏外で生まれた高学歴の親をもつネイティブの就業率が、後期中等教育・中等後教育（ISCED 3-4）を修了した現居住国で生まれた親あるいはEU圏内で生まれた親をもつネイティブよりも就業率が低いという結果である。

興味深いことに、図4.1はOECDによる先行調査と同一の結果が得られている。同一の結果というのは、外国で取得した資格の場合、国内で取得した資格に比べて労働市場での評価が下がる

図 4.1　親の出生国と学歴別にみる就業率（2014 年）

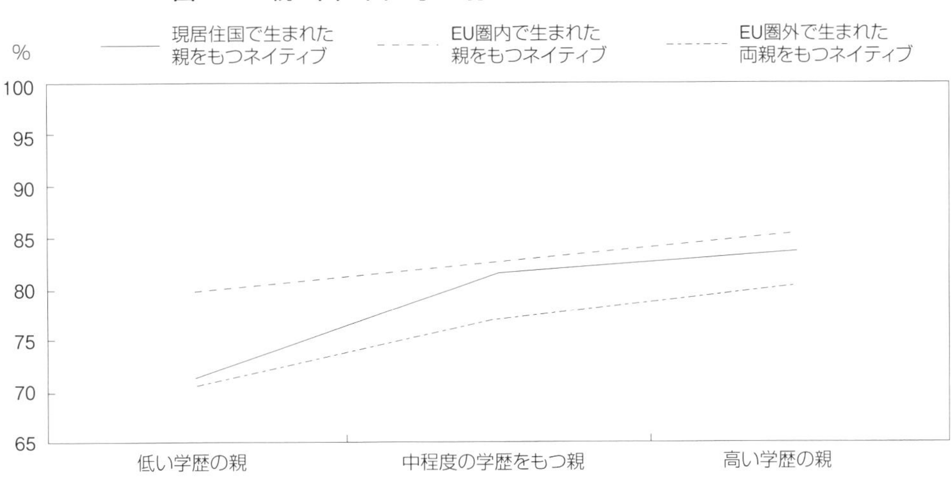

注：分析対象年齢は 25 歳から 54 歳。
出典：ヨーロッパ連合（EU）統計局（Eurostat）2014 年 EU 労働力調査特定目的モジュール（EU-LFS 2014 ad-hoc module, AHM）。

という結果である。そのため、国内で取得した資格に比べて、外国で取得した資格は就業や仕事の質と いう点でもリターンが低いものとなる。EU 圏外で取得した学位は EU 圏内で取得した学位に比べて圧倒的にその価値づけが下がる。その結果、EU 圏外で生まれた両親をもつネイティブの場合、学歴の高さにともなって就業率がそれほど上がらないのである（Damas de Matos and Liebig, 2014）。図 4.1 はこの資格をめぐる評価の低さが、結果として世代を超えて影響を及ぼすことを示している。

ネイティブの就業率を親の出生国別、親とネイティブの学歴別にみた場合、どのような傾向になるのだろうか。図 4.2 は親の出生国別、親とネイティブの学歴別にみた就業率をあらわしている。予想されたとおり、自身が低学歴の場合、親の出生国や親の学歴などの背景的特徴を考慮しても、就業率がもっとも低いままである。だが、EU 圏外で生まれた低学歴の親をもつネイティブの場合、EU 圏内で生まれた低学歴の親をもつネイティブに比べて 8 パーセントポイント就業率が低い。このことは、EU 圏外で生まれた低学歴の親をもつネイティブの世代間社会移動が少ないことを示唆する。

後期中等教育・中等後教育（ISCED 3-4）を修了したことによるリターンは大きく、それはもっとも脆弱なグループであってもその傾向があてはまる。EU 圏外で生まれた低学歴の親をもつネイティブに着目してみると、ISCED3-4 に相当する教育レベルを修了している場合、前期中等教育以下（ISCED 1-2）を修了の場合に比べて、就業率が 16 パーセントポイント高い。中程度の学歴をもつことによるリターンは、EU 圏内で生まれた親をもつネイティブのほうがさらに大きく、就業率が 21 パーセントポイント上がる。EU 圏内で生まれた低学歴の親をもち自身は中程度の学歴をもつネイティブの場合、就業率はおおよそ 80% であり、現居住国で生まれた低学歴の親および EU 圏外

図4.2　親の出生国と親と子どもの学歴別にみる就業率（2014年）

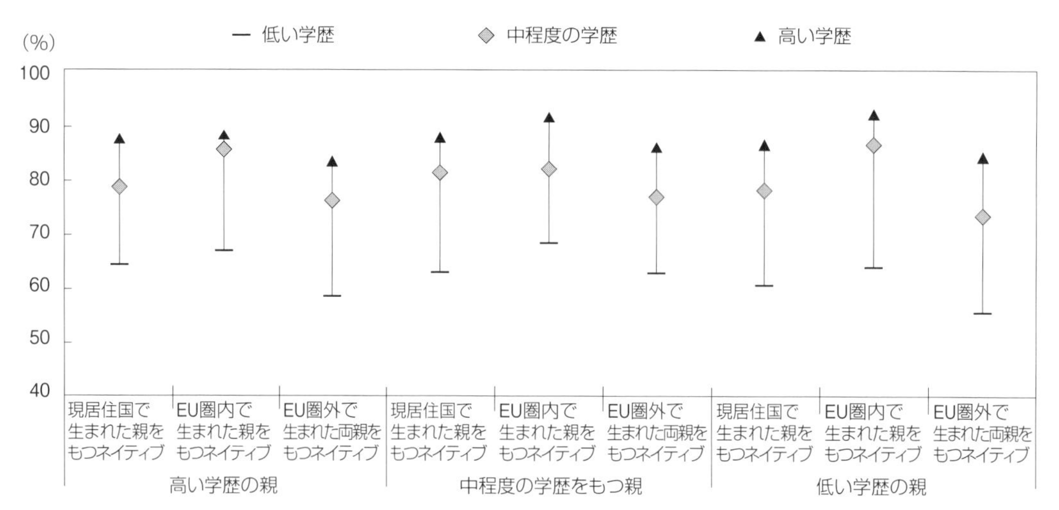

注：分析対象年齢は25歳から54歳。
出典：ヨーロッパ連合（EU）統計局（Eurostat）2014年EU労働力調査特定目的モジュール（EU-LFS 2014 ad-hoc module, AHM）。

図4.3　親の出生国、親の学歴、男女別にみる就業率（2014年）

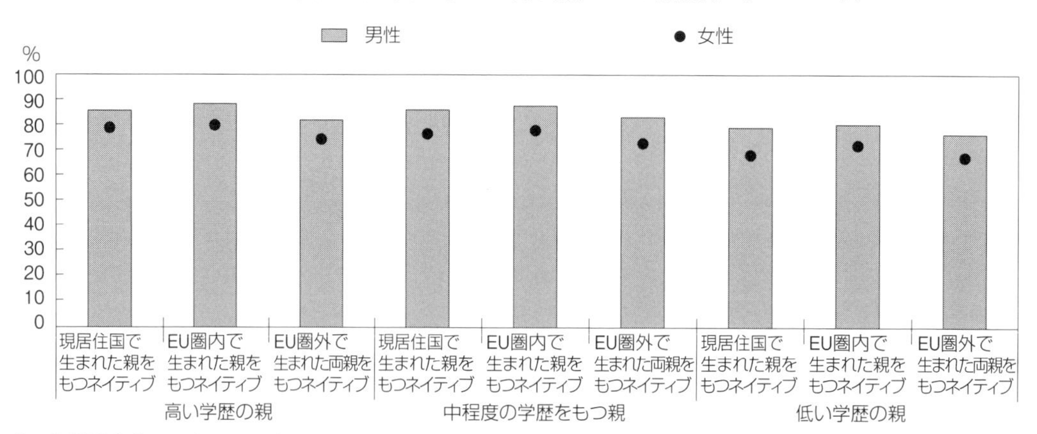

注：分析対象年齢は25歳から54歳。
出典：ヨーロッパ連合（EU）統計局（Eurostat）2014年EU労働力調査特定目的モジュール（EU-LFS 2014 ad-hoc module, AHM）。

で生まれた低学歴の親をもち自身は高学歴のネイティブ2つのグループと就業率が同程度である。

もっとも高いリターンが見込まれるのは、親が低学歴であっても自身が高い学歴をもっているネイティブである。EU圏外生まれで低学歴の親をもつ高学歴のネイティブは、現居住国で生まれた低学歴の親をもつ高学歴のネイティブと同程度の就業率で、80%を超える。

親の学歴が高く、自身も高学歴の現居住国で生まれた親をもつネイティブおよびEU圏内で生まれた親をもつネイティブの場合、就業率がおおよそ90%に達する。だが、親の学歴が高く自身も高学歴のEU圏外で生まれた両親をもつネイティブグループの場合、そのほかの2つの高学歴グループに比べて就業率が5パーセントポイント低い結果となっており、社会経済的有利さが継承されにくいことがみてとれる。

2008年の経済危機以降、3つのネイティブグループに共通して低学歴と高学歴の格差が広がっている。2008年から2014年にかけて、3つのネイティブグループすべてにおいて就業率が下がっている（付録4.A参照）。経済危機の影響は、EU圏外出身の移民にもっとも大きくあらわれた一方で、EU圏内出身者のほうはその影響が小さかった。EU圏外で生まれた低学歴の親をもつ場合、7.3パーセントポイント下がり、就業率は57%と低い。親が高学歴の場合、その減少はゆるやかで、EU圏外で生まれた両親をもつネイティブの場合は4.2パーセントポイントの低下であり、EU圏内で生まれた親をもつネイティブの場合は0.5パーセントポイントの低下にとどまっている。男女別に就業率をみてみると、3つのネイティブグループに共通して、親の学歴にかかわらず女性のほうが、就業率が低い傾向にある（図4.3）。親の出生国別に女性の就業率をみてみると、EU圏外で生まれた低学歴の親をもつ女性の就業率と男性の就業率の差がもっとも大きくみられ、11パーセントポイントである。一方で親が高学歴の場合、EU圏外で生まれた両親をもつ女性と男性との就業率の差がもっとも小さい（女性の就業率のほうが男性の就業率よりも2.5パーセントポイント低い）。

個別の背景的特徴を考慮する

ネイティブグループ間における就業率の違いは、個々の社会経済的特徴、たとえば自身の最終学歴、年齢、性別、親の学歴などを考慮することによっても説明することができる。より意味のある結果を生み出すために、ここでは、現居住国で生まれた親をもつネイティブとの比較から、EU圏内で生まれた親をもつネイティブおよびEU圏外で生まれた両親をもつネイティブの就業確率（失業者のうち就業する者の平均的な割合）について、個別の背景的特徴を考慮しながら分析する。

表4.1は移民の両親（EU圏内で生まれた親およびEU圏外で生まれた両親）をもつネイティブと現居住国で生まれた親をもつネイティブを男女別に比較した場合の就業確率をあらわしている。個別の背景的特徴を考慮した後も、EU圏外で生まれた両親をもつネイティブは、現居住国で生まれた親をもつネイティブに比べて就業確率が10パーセントポイント低い（第2列）。表4.1の第3列から第6列は女性（－11パーセントポイント）のほうが男性（－7.4パーセントポイント）よりも

表4.1　親の出生国と男女別にみる就業確率（2014年）

準拠集団（現居住国で生まれた親をもつネイティブ）とのパーセントポイント差

	男女計		男性		女性	
EU圏内で生まれた親をもつネイティブ	**0.019*** **	**0.017** **	**0.021*** **	**0.019*** **	0.005	0.002
EU圏外で生まれた両親をもつネイティブ	－0.13***	－0.1***	－0.098***	－0.074***	－0.156***	－0.11***
変数有無	なし	あり	なし	あり	なし	あり

注：*** p<0.01, ** p<0.05, * p<0.1。最小二乗法（OLS）回帰分析。統制変数は、年齢、回答者自身の学歴、親の学歴。ダミー変数は各国データ分析対象年齢は25歳から54歳。

出典：ヨーロッパ連合（EU）統計局（Eurostat）2014年EU労働力調査特定目的モジュール（EU-LFS 2014 ad-hoc module, AHM）。

第4章

表 4.2　親の出生国と学歴別にみる就業確率（2014 年）

準拠集団（現居住国で生まれた親をもつネイティブ）とのパーセントポイント差

	学歴		
	低い	中程度	高い
EU 圏内で生まれた親をもつネイティブ	0.013	0.011***	0.04
EU 圏外で生まれた両親をもつネイティブ	−0.121***	−0.106***	−0.06***
個別変数	あり	あり	あり
各国ダミー	あり	あり	あり

注：*** p<0.01, ** p<0.05, * p<0.1。最小二乗法（OLS）回帰分析。統制変数は、年齢、親の学歴。学歴のカテゴリは、低い学歴は前期中等教育以下（ISCED0-2)、中程度の学歴は後期中等教育・中等後教育（ICSED3-4)、高い学歴は高等教育以上（ISCED5-6）と分類している。分析対象年齢は 25 歳から 54 歳。

出典：ヨーロッパ連合（EU）統計局（Eurostat）2014 年 EU 労働力調査特定目的モジュール（EU-LFS 2014 ad-hoc module, AHM)。

就業確率の格差が広がることを示している。EU 圏内で生まれた親をもつネイティブ男性は、現居住国で生まれた親をもつネイティブよりも就業確率が若干高いことがわかる（第 3 列と第 4 列）。

表4.2は学歴を考慮すると就業確率の格差が小さくなることを示している。EU 圏外で生まれた両親をもつネイティブの場合、親の学歴が高くなるほど現居住国で生まれた親をもつネイティブとの就業確率の差が小さくなる。表 4.2 の第 1 列をみてみると、EU 圏外で生まれた両親をもつ低学歴のネイティブは、現居住国で生まれた親をもつネイティブに比べて就業確率が 12 パーセントポイント低い。この就業確率の差は中程度の学歴を取得した場合、その差は 10 パーセントポイントになり、高学歴の場合には 6 パーセントポイントにまで小さくなる。

低学歴の親をもつことによる影響

これまで述べてきたように、低学歴の親をもつ人は、労働市場での成功に困難を抱える傾向がある。このことを踏まえ、本節では社会経済的背景とスタートが不利な状況にある低学歴の親をもつネイティブに焦点をあて、労働市場における成果との関連について 3 つのネイティブグループを対象に分析する。

図 4.4 は低学歴の移民の両親をもつネイティブの就業確率について、現居住国で生まれた低学歴の親をもつネイティブと比較して重回帰分析した結果を国別に表している [3]。EU 圏外で生まれた低学歴の親をもつネイティブの場合、就業確率がもっとも低い傾向にあることがわかる。しかし、その関連性は多様な傾向にある。オーストリア、スイス、スペイン、フランス、ノルウェー、イギリスの場合、その関連性は5パーセントポイントから－10パーセントポイントまで幅がある。ベルギーにおいては、EU 圏外で生まれた低学歴の親をもつネイティブは、学歴や年齢、性別を考慮しても、現居住国で生まれた低学歴の親をもつネイティブと比べた場合、18 パーセントポイント就業確率が低い。

EU 圏内で生まれた低学歴の親をもつネイティブの場合、オーストリア、フランス、ノルウェー、スウェーデン、イギリスでは現居住国で生まれた親をもつネイティブと就業確率に有意な差はみら

図 4.4　両親がともに低学歴である場合の就業確率（親の出生国別）（2014 年）

準拠集団（現居住国で生まれた親をもつネイティブ）とのパーセント差

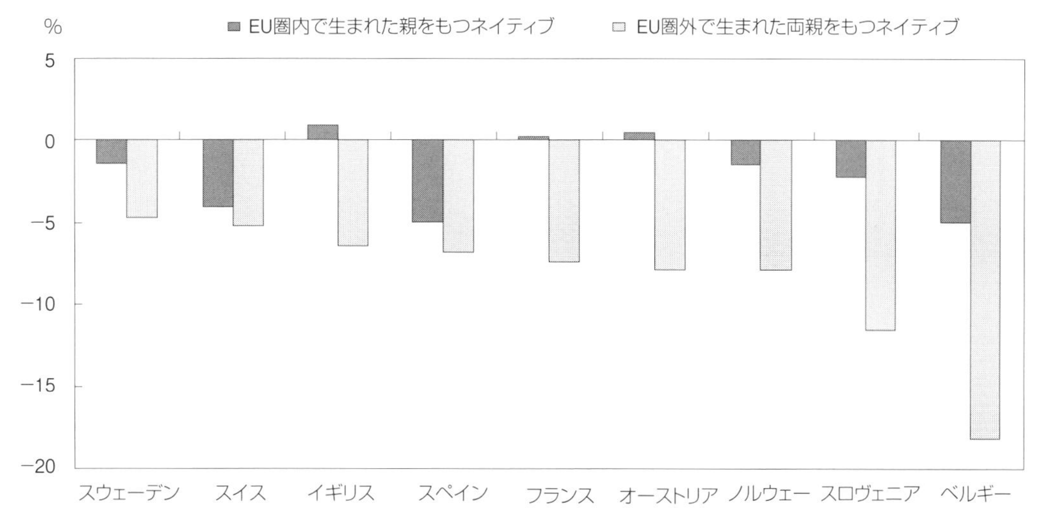

注：分析対象年齢は 25 歳から 54 歳。統制変数は、学歴、年齢、性別。
出典：ヨーロッパ連合（EU）統計局（Eurostat）2014 年 EU 労働力調査特定目的モジュール（EU-LFS 2014 ad-hoc module, AHM）。

れない。ベルギーやスイス、スペインでは、EU 圏内で生まれた低学歴の親をもつ場合、現居住国で生まれた低学歴の親をもつネイティブよりも就業確率が5パーセントポイント低くなる。

親の学歴の高さに伴う社会経済的な有利さが、どの程度就業確率に影響を与えるのか、移民の両親をもつネイティブと現居住国で生まれた親をもつネイティブとを比べて分析することも、同様に興味深い課題である。高学歴の親をもつネイティブの場合、サンプルサイズが小さくなるため、有意な結果を得られたのはベルギー（EU 圏内で生まれた親をもつ場合には－4パーセントポイント、EU 圏外で生まれた両親をもつ場合は9パーセントポイント）、イギリス（EU 圏内で生まれた親をもつ場合には、まったく影響がみられず、EU 圏外で生まれた両親をもつ場合は－8パーセントポイント）、スウェーデン（EU 圏外で生まれた両親をもつ場合は－7パーセントポイント）の3か国である。このことからは、有利さの継承も同様に課題として位置づく国もあることがわかる。

「低学歴」の幅――まったく教育を受けていない母親が与える影響

利用可能なデータの限界として、親の学歴に関して、非常に集約的なレベル（低いか、中程度か、高いか）でしか分析できないという事実がある。低学歴とは、前期中等教育以下（ISCED 1-2）を修了した人が該当する。したがって低学歴の親とは数年就学した経験をもつ親からまったく教育を受けていない親までを含んでいる。2011 年に親の最終学歴について調査した EU 所得・生活状況調査（EU-SILC）では、「まったく教育を受けていない（すなわち、親はいずれの言語でも読み書きができない）」というカテゴリを設けて、低い、中程度、高いというカテゴリとは別に分析している。

図4.5　親の出生国別にみる親の学歴の分散（2011年）

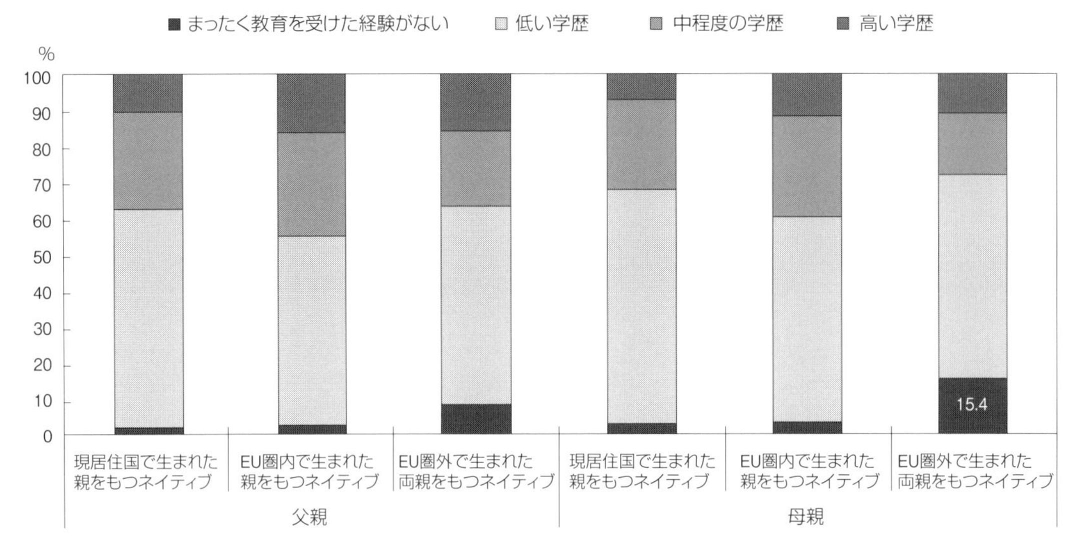

注：分析対象年齢は25歳から54歳。
出典：EU所得・生活状況調査2011年データ（EU-SILC data, 2011）。

このカテゴリの設定によって、ネイティブの労働市場における成果に対する親の学歴の影響について、より詳細な分析が可能となる。「まったく教育を受けていない」親のカテゴリには、移民の両親をもつネイティブグループが集中していることが考えられ、とくにこの点を世代間社会移動の文脈にひきつけて分析する。

図4.5は親の出生国別に親の学歴の分布をあらわしている。もっとも重要な結果はEU圏外で生まれた両親をもつネイティブのうち15%が、母親がまったく教育を受けた経験がないことである（まったく教育を受けた経験がない父親は9%）。他の2つのグループでは3%であった。実際、現居住国で生まれた親をもつネイティブ、またEU圏外で生まれた両親をもつネイティブのうち65%が、母親がまったく教育を受けた経験がない、あるいは少し教育を受けた経験があると回答している。EU圏外で生まれた母親の場合、まったく教育を受けていないと回答した人の割合がとくに多い。なお、「まったく教育を受けた経験がない」というカテゴリがない限り、必ずしも明らかにしたとはいえない点に留意する必要がある[4]。

まったく教育を受けた経験のない母親の影響を分析するために、2つのグループの重回帰分析がなされた。第一に、低学歴（ISCED 1-2）の母親をもつことの影響について分析し、第二に、低学歴の母親あるいはまったく教育を受けた経験のない母親の影響について分析した。EU圏外で生まれた両親をもつネイティブの場合、まったく教育を受けた経験のない母親が多いことは（図4.5）、このグループの就業率にとてもネガティブに影響していることが考えられる。

図4.6は、低学歴（ISCED 1-2）の母親（第1列、第3列、第5列）あるいは低学歴とまったく教育を受けていない母親（第2列、第4列、第6列）をあわせ、個々の背景的特徴について考慮しな

図 4.6　母親の学歴別にみる就業確率（2011 年）

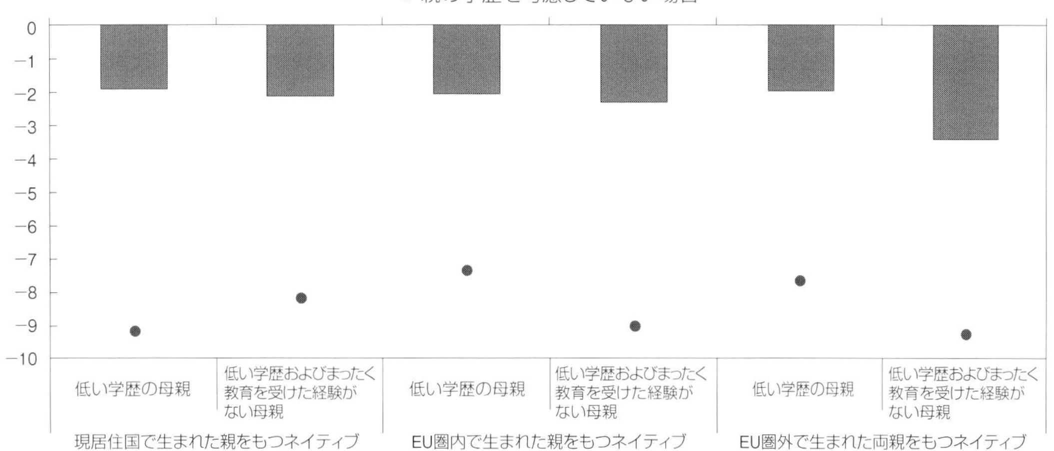

注：分析対象年齢は 25 歳から 54 歳。統制変数は、学歴、年齢、性別。
出典：EU 所得・生活状況調査 2011 年データ（EU-SILC data, 2011）。

がら、ネイティブグループに関して重回帰分析をおこなった。

学歴について考慮する前は、低学歴の母親の場合（すなわち、低学歴の母親とまったく教育を受けた経験がない母親を含んだ場合）、就業確率にネガティブな影響を最大で 10 パーセントポイント与えることが明らかとなった。親の学歴を考慮すると、すべてのグループでその影響は小さくなった。図 4.6 から、両親が EU 圏外生まれで、まったく教育を受けていない母親をもつネイティブを含んだ場合、就業確率に関して 2 倍のマイナスの影響があることが主に明らかとなった。他のグループに関しては、低学歴（まったく教育を受けた経験がない場合も含む）の母親の影響はごくわずかで あった。

年齢グループによる雇用格差

学校から仕事への移行は労働市場への統合に長期的な影響を及ぼす（OECD/EU, 2015）。そのため移民背景をもつ両親と移民背景をもたない親とのあいだに潜在的で長期的な雇用格差がみられることは、人生において大きな問題である。学校から仕事への移行に際し、移民の両親をもつネイティブは、自分の資格に見合った安定的な仕事を見つけることが難しく、相当の困難を経験している。

図 4.7 で示されているように、20 歳から 24 歳の低学歴の親をもつ低学歴のネイティブコーホートの場合、親の出生国にかかわらず、就業率は 45% をわずかに超える程度にとどまる。雇用格差については、25 歳から 29 歳の年齢グループであらわれ、年齢が上がるにつれ、その差が広がっていく傾向がみられる。45 歳から 49 歳の年齢グループでは、自身が低学歴で親も低学歴の現居住国で生まれた親をもつネイティブと EU 圏外で生まれた両親をもつネイティブとのあいだに 8 パーセン

図 4.7　年齢、学歴、親の出生国別にみる就業率（2014 年）

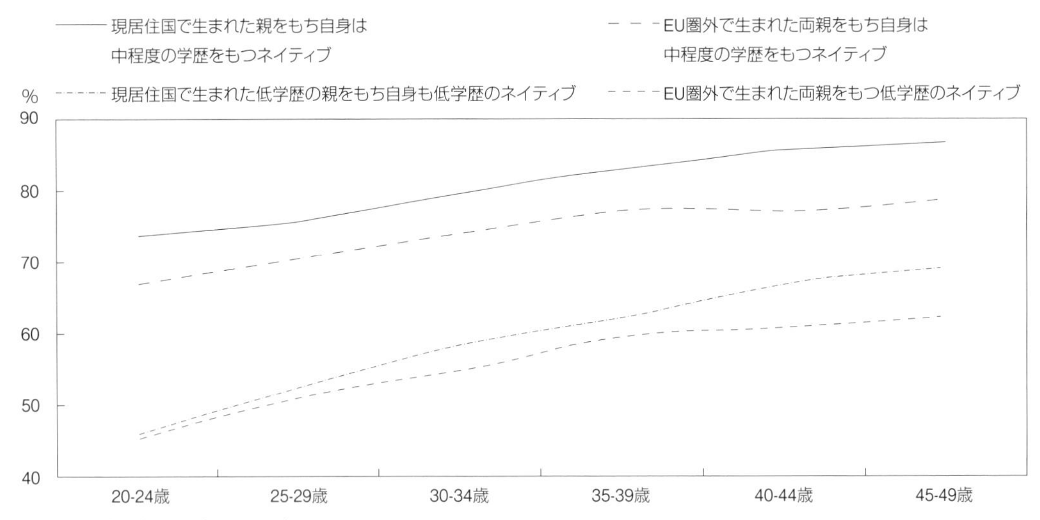

注：分析対象年齢は 20 歳から 49 歳。
出典：ヨーロッパ連合（EU）統計局（Eurostat）2014 年 EU 労働力調査特定目的モジュール（EU-LFS 2014 ad-hoc module, AHM）。

トポイントの差がみられる。このことは、EU 圏外で生まれた両親をもつネイティブの場合、20 歳から 24 歳の年齢グループと 25 歳から 29 歳の年齢グループは現居住国で生まれた親をもつネイティブに比べて、安定した仕事を得にくいことがわかる。

EU 圏外で生まれた低学歴の親をもつ 20 歳から 24 歳の中程度の学歴をもつネイティブは、現居住国で生まれた低学歴の親をもち自身は中程度の学歴をもつネイティブに比べて 8 パーセントポイントほど就業率が低い。親の世代の学歴によってみられた不利の連鎖が EU 圏外で生まれた両親をもつネイティブにおいて、より強くあらわれている。親の出生国別に 40 歳から 44 歳の年齢グループと 45 歳から 49 歳の年齢グループにおける雇用格差についてみてみると、キャリアを開始する若年層よりも格差が広がっていることが 明らかとなっている。

労働市場から排除されるリスク――親の学歴別にみるニート[5]の割合

親の学歴がどの程度、就業しておらず教育も訓練も受けていない若者（ニート）となる可能性と関連があるのだろうか。現居住国で生まれた親あるいは EU 圏内で生まれた親をもつネイティブよりも、EU 圏外で生まれた両親をもつネイティブの方がニート[6]の割合は高い。親の学歴別にニートの割合について分析してみると（図 4.8）、親の出生国にかかわらず、学歴の低い親をもつ若者が中程度の学歴、あるいは学歴の高い親をもつ若者に比べて、ニートとなる割合が高いことがわかる。図 4.8 は EU 圏外で生まれた学歴の低い親をもつネイティブの場合、4 人に 1 人がニートであることを示している。学歴の高い親の場合は、子どもがニートとならぬよう「予防」していることが分かる。現居住国で生まれた高い学歴をもつ親の場合は、ニートの割合はわずか 6.6% である。一方で、

図 4.8　親の出生国と学歴別にみるニートの割合（15 ～ 29 歳）（2014 年）

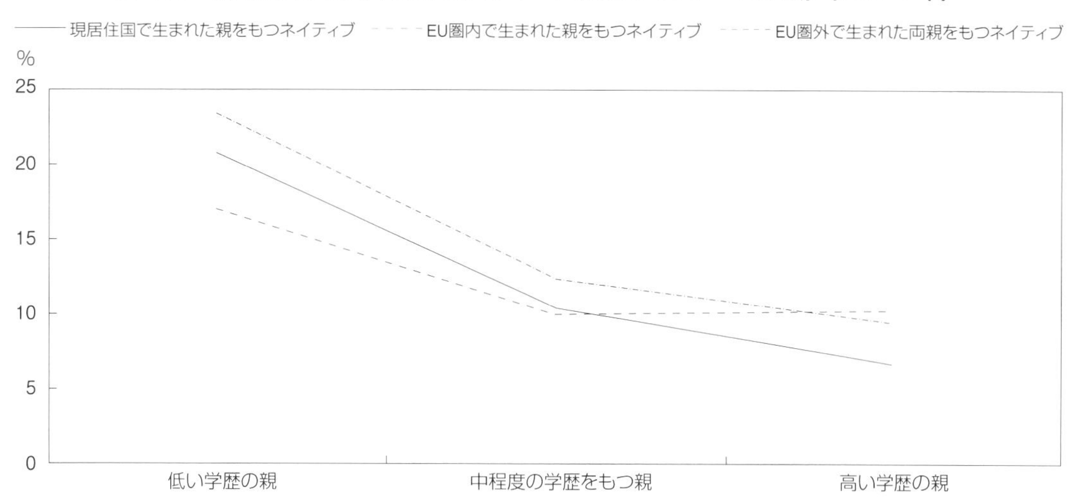

注：分析対象データは、オーストリア、ベルギー、スイス、フランス、オランダ、ノルウェー、スウェーデン、イギリスのもの。
出典：ヨーロッパ連合（EU）統計局（Eurostat）2014 年 EU 労働力調査特定目的モジュール（EU-LFS 2014 ad-hoc module, AHM）。

EU 圏外で生まれた学歴の高い親をもつネイティブの場合は、9.5%である。

ニートのうちおおよそ 40%が前期中等教育以下（ISCED 1-2）を修了、おおよそ 50%が後期中等教育・中等後教育（ISCED 3-4）を修了、おおよそ 10% 以下が高等教育以上（ISCED 5+）を修了している。15 歳から 29 歳のすべての年齢グループにおいて、学歴の低い若者がニートになるリスクが高いことがわかる。移民の両親――とくに、EU 圏外で生まれた両親をもつ――ネイティブが他のネイティブグループに比べてニートの割合が高い要因として、学歴の低い親の割合が高いことによって部分的に説明することができる（OECD/EU, 2015）。

このことは決して不思議な現象ではなく、親の出生国にかかわらず、学歴の低い親をもつネイティブの場合、ニートの割合が大きくなる。問題は、世代間社会移動の観点から分析した場合、他のグループに比べて、EU 圏外で生まれた学歴の低い親をもつグループに親の学歴が与える影響が、大きい点である。それゆえに、親の背景がこのグループにどのように影響を与えるのかを詳細に検討していくことが求められている。

図 4.9 は親の学歴が子どもがニートになる確率に与える影響について、重回帰分析した結果を、全 3 つのネイティブグループに関して示している。現居住国で生まれた親をもつネイティブの場合、ニートになる確率は親が前期中等教育以下（ISCED 1-2）を修了で、11 パーセントポイント上がることを示している（親が後期中等教育（ISCED 3-4）を修了、高等教育以上（ISCED 5+）を修了に比べて）。この分析においては、学歴や現居住地域（地方／都市）、年齢、性別を考慮している。EU 圏外で生まれた両親をもつネイティブの場合、ニートになる確率は親が前期中等教育以下を修了（ISCED 1-2）で、8.5 パーセントポイント上がる。このことから、EU 圏外で生まれた両親をもつネイティブの場合、親の（低い）学歴とニートになる確率に弱い関連がみられることがわかる。

図4.9　親の学歴と子ども（15～29歳）がニートになる確率（親の出生国別）（2014年）

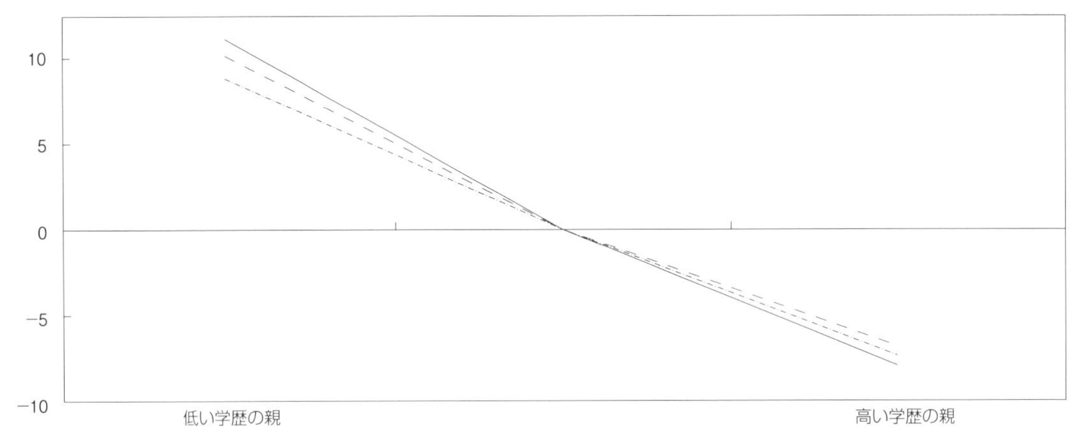

注：統制変数は、学歴、現居住地域（地方／都市）、年齢、性別。
出典：ヨーロッパ連合（EU）統計局（Eurostat）2014年EU労働力調査特定目的モジュール（EU-LFS 2014 ad-hoc module, AHM）。

親が高等教育以上（ISCED 5+）を修了していると、現居住国で生まれた親をもつネイティブの場合、ニートになる確率は8パーセントポイント小さくなる。EU圏外で生まれた両親をもつネイティブの場合、学歴との関連が弱いという結果がここでもまたみてとれる。EU圏外で生まれた両親をもつネイティブの場合、親が高等教育以上（ISCED 5+）を修了していても、ニートになる確率は7パーセントポイントしか小さくならない。したがって、EU圏外で生まれた両親をもつネイティブの場合、親の学歴とニートになる確率とのあいだには弱い関連しかみられず、このグループに関しては世代間社会移動がよく起きていることが示唆される。

就業からみる母親と娘の世代間社会移動

女性の就業率を向上させるにあたって、母親の就業の有無と娘の就業の有無との世代間継承について理解することが重要である。先行研究の多くは父と息子の関係のみに着目し、女性の世代間社会移動に関して捨象してきた。これには女性の労働市場への参加が低く、データ収集ができないという限界と父親の社会経済的特徴が家族の資本をあらわすという前提が関係していたといえる（Korupp, Ganzeboom and van der Lippe, 2002）。しかし母親の社会経済的背景は子どもの社会移動に大きな影響を与える。アメリカの事例からは、就労の有無にかかわらず、母親の社会経済的背景を考慮して分析すると、息子と娘の世代間社会移動が過大評価されると指摘されている（Beller, 2009）。

最新の研究からは、母親が働いている場合、とくに娘の労働市場への参加を高めることが明らかにされている。24か国を対象に実施した調査（McGinn, Lingo and Castro, 2015）からは、母親が働いている場合、成人した娘の就業率を高め、専業主婦の母親をもつ女性よりも長時間働き、給与も

図 4.10　14 歳時点における母親の就業別にみるネイティブの就業率（親の出生国別）（2011 年）

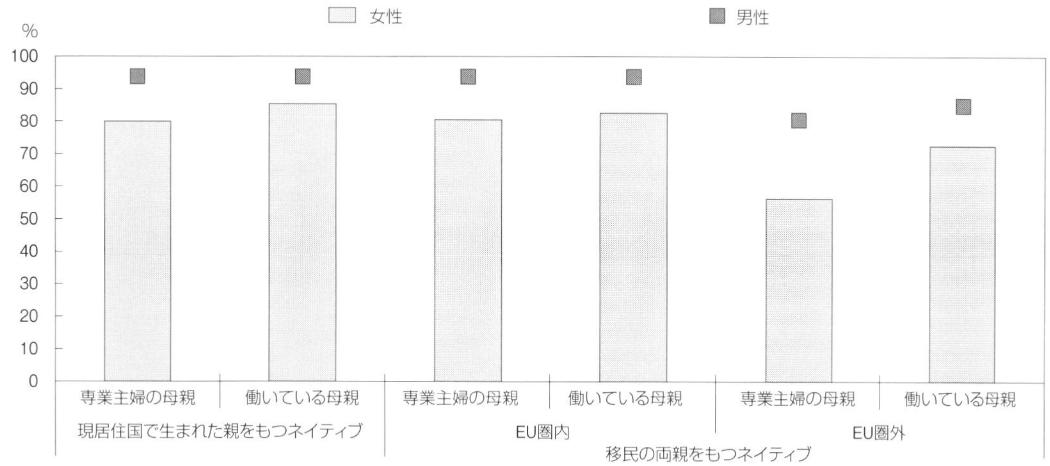

注：対象年齢 25 歳から 54 歳。14 歳時点の家庭の経済状況について聞いている。
出典：EU 所得・生活状況調査 2011 年データ（EU-SILC data, 2011）。

高い傾向にあることが明らかになっている。これは、ジェンダー規範などの文化が世代を超えて継承され、労働市場を形作っていくことを示唆している。学歴の高い働く母親をもつ娘の場合、学歴が低く、専業主婦の母親をもつ場合に比べて、ジェンダー規範に対して伝統的な態度がもたれなくなる。ジェンダー規範の世代間継承について論じた研究（Farré and Vella, 2013）では、家族や労働市場における女性の役割に関するとらえかたが母親から子どもへと継承されることが明らかにされている。

図 4.10 は回答者の 14 歳時点で母親が就労していたかどうかに関して、親の出生国別に分析した結果である[7]。それはたとえば家事を主たる仕事としていたか、ケア労働を担っていたか、以前は働いていたかなどの問いからなる。一般的に、現居住国で生まれた母親の 60%が働いているのに対して、EU 圏外で生まれた母親の 45%が働いている。図 4.10 は現居住国で生まれた親をもつネイティブと EU 圏内で生まれた親をもつネイティブとのあいだには、ほとんど違いがみられないことを示している。これらのグループにおいては母親の就業の有無にかかわらず、女性（男性）の就業率が 80%（90%）を超えている。ただし EU 圏外で生まれた両親をもつネイティブの場合、14 歳時点で母親が働いているほうが、女性の就業率を 16 パーセントポイント引き上げる。一方で男性の就業率はわずか 4 パーセントポイントの引き上げにとどまる。

表 4.3 は、回答者が 14 歳時点での母親の就業の有無とネイティブの就業率との相関を示している。主な結果は、母親が働いていた場合、EU 圏外で生まれた両親をもつネイティブ女性の就業率を 14 パーセントポイント引き上げている。年齢や自身の学歴、母親の学歴、14 歳時点および現在の経済状況などの変数を考慮しても、14 歳時点で母親が働いていた場合、就業率が 9 パーセントポイント高くなる。この正の相関は、他の 2 つのネイティブグループでは相当弱くなるものの、確認

表4.3　14歳時点で母親が働いていたネイティブと就業率との相関（親の出生国、男女別）（2011年）

	男性	男性	女性	女性
現居住国で生まれた親をもつネイティブ	**0.018****	0.009	**0.06****	**0.041****
EU圏内で生まれた親をもつネイティブ	0.019	0.012	0.04	0.015
EU圏外で生まれた両親をもつネイティブ	**0.057***	0.015	**0.14****	**0.09****
変数	考慮していない	考慮した	考慮していない	考慮した

注：$p<0.01$, ** $p<0.05$, * $p<0.1$。統制変数は、年齢、学歴、母親の学歴、現在の経済状況、14歳時点の経済状況。

される。EU圏外で生まれた両親をもつ男性の場合、個々の背景的特徴を考慮すると、5パーセントポイントほど高かった就業率の差もなくなる。現居住国で生まれた親をもつネイティブ女性の場合、個々の背景的特徴を考慮した後も、14歳時点で母親が働いていた場合は、就業率が4パーセントポイント上昇することがわかる。

母親の学歴を分析した結果を示したものが表4.3である。表4.3は主として学歴の低い母親をもつ女性の分析結果をあらわしている。自身が14歳のときに、学歴の低い母親が働いていた女性の場合、成人後の就業率が高くなることがわかる（14歳時点での家庭の経済状況と成人後の経済状況を考慮した後にもみられる）。中程度の学歴あるいは学歴の高い母親が働いていた場合、正の影響はみられるが、相関は弱まる。ただしサンプル数が少ないため、母親の学歴からみた回帰分析は有意な結果を確認することができないことから、この解釈には慎重であるべきだ。

これらの知見から、EU圏外で生まれた母親の労働市場での成果をより正確に把握し、向上させるためにも、世代間支出に関してさらなる分析が必要なことがわかる。現時点で分析可能なデータからは、EU圏外で生まれた母親の3分の2が家族移民として現居住国に移動してきており、統合を進めるためのアクセスが不足していることが示唆される。

第2節　職業からみた世代間社会移動

本節では職業からみた世代間社会移動について論じる。これは、親が仕事で求められる以上の高いスキルを必要とする仕事に現在就いているネイティブがどの程度いるのかを分析したものである。はじめに、移民の両親をもつネイティブの職業からみた世代間社会移動がどの程度なのかについて論じる。

ネイティブの職業と父親の職業との関連については、多くの国で世代間社会移動を考えるうえで重要な要因のひとつとして位置づけられてきた。個人の職業からは、経済的資本だけでなく、たとえば社会的地位や文化資本、社会的つながりなどの情報が明らかとなる。さらにこれらは収入と強く関連しているだけでなく、その人の経済生活などの面とも関連している。それは、収入の安定性と失業リスク、短期間の収入安定性、長期の収入の見込みなど、ライフコース上の収入を見通せるものである（Lucchini and Schizzerotto, 2010; Watson, Whelan and Maître, 2010）。方法論的な観点からは、職業にもとづいた分析のほうが、年齢にもとづいたバイアスのかかった分析より問題が少なく、生涯収入の特徴をより正確に安定した形でとらえることができる。

長い年月を経た後でも、親の職業が子どもの職業に影響を与えるという事実がこれまで十分に目配りされてこなかった。たとえば、職業のタイプによっては他の職業よりも継承されやすいことがある。それは、その仕事に必要とされる固有の人的資本が親から子へと継承されうるからである。職業からみた世代間社会移動は特定の仕事のアクセスを制限する障壁としても作用する。さらに、他のケースでは教育資格の結果として入り口が制限されることもある。最終的には、友達や家族などのネットワークを通じて、多くの仕事がこなされていることからも、その仕事を維持するうえで家族の絆を別の経路として位置づけることができる。

職業からみた世代間社会移動は国によって多様な傾向にある。国際比較による調査結果（Checchi and Dardadoni, 2002）によれば、アメリカとオランダがもっとも世代間社会移動が起きやすい国として位置づく一方で、オーストリアとドイツは職業からみた世代間社会移動は起きにくい。イギリスで生まれたヴィジヴル・マイノリティの場合、世代を通じて職業上に逆の流れがあることが明らかにされている（Li and Heath, 2016）。移民の両親をもちフランスで生まれた子どもの場合、現居住国で生まれた親をもつ子どもに比べて、親とその人自身の背景的特徴を考慮しても、採用時や職位、市民サービスにおける求職情報へのアクセスなどに関して圧倒的に不利な状況にあることを指摘した研究もある（Meurs *et al.* (2015)。北アフリカやサブサハラ、トルコにルーツをもつフランス人の場合、世代間社会移動がとくに少ない。

職業の分布

現在親が仕事で求められる以上の高いスキルを必要とする仕事に就いているネイティブの割合はどの程度だろうか。図4.11は親の出生国別に職業の分布を示している[8]。職業からみた世代間社会移動は、回答者の14歳時点の父親の職業（たとえばスキルのレベル）と回答者の今現在の職業（失業中あるいは活動していない場合は以前の仕事）で求められるスキルのレベルとを比較している[9]。上方移動とは、父親の職業で求められる以上のスキルを必要とする職業に今現在回答者が就いていることを示しており、下方移動とはその逆を意味する。上方移動も下方移動も見られない固定の状況とは、父親が仕事で求められるスキルと同等のスキルを必要とする仕事に回答者が就いていることをさす。

親の出生国やスキルレベルによって多少の違いはあるが、一般的には、ネイティブは父親が仕事で求められるスキルレベルと同等の職業に就く傾向がある。図4.11は親が高いスキルが求められる職業に就いている場合、現居住国で生まれた親をもつネイティブあるいはEU圏内で生まれた親を

図 4.11　ネイティブの職業分布（親の出生国別）

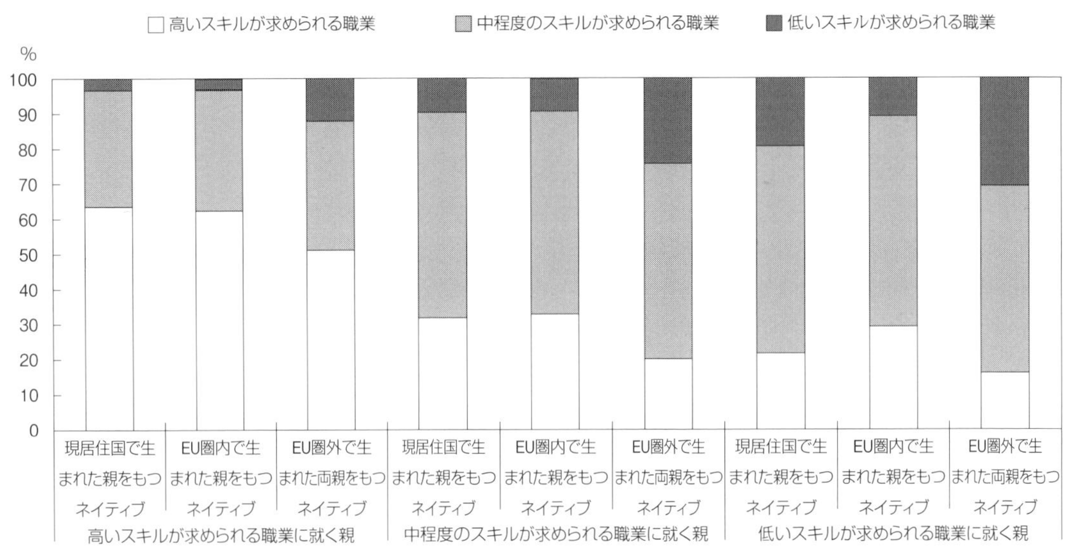

注：対象年齢は 30 ～ 49 歳。 世代間不平等について論じた先行研究（Haider and Solon, 2006）ではライフサイクルのバイアスを小さくするため、中間年齢層のみを対象としている。本分析においても、世代間社会移動の過程とその影響がもっともよく確認できる年齢層として 30 ～ 49 歳を対象としている。
出典：EU 所得・生活状況調査 2011 年データ（EU-SILC data, 2011）。

もつネイティブの60%が、自身も高いスキルが求められる職業に就いている。一方で、EU 圏外で生まれた両親をもつネイティブの場合、親が高いスキルが求められる職業に就き、自身も高いスキルが求められる職業に就いているのは50%である。高いスキルが求められる職業の場合、下方移動はEU 圏外で生まれた両親をもつネイティブにもっともみられることがわかる。

中程度のスキルが求められる職業に就いている親をもつ場合、3つのネイティブグループすべて同等の割合で、ネイティブの社会移動の「固定化」がみられる。上方移動あるいは下方移動はEU 圏外で生まれた両親をもつネイティブに一番よくみられる。たとえば、中程度のスキルが求められる職業に就いているEU 圏外で生まれた両親をもつネイティブのうち、20%以上が低いスキルが求められる職業に就いている。現居住国で生まれた親をもつネイティブやEU 圏内で生まれた親をもつ ネイティブの場合は10%未満にとどまる。同時に、EU 圏外で生まれた両親をもつネイティブの場合、上方移動する割合も20%にとどまるのに対して、後者の2つのグループの場合は30%にのぼる。

低いスキルが求められる職業に就いている親をもつネイティブの場合、親の出生国にかかわらず、3つすべてのグループに上方移動が確認される。すべてのスキルレベルにおいて、もっとも上方移動が多く確認されるのは、EU 圏内で生まれた親をもつネイティブである。一方で、EU 圏外で生まれた低いスキルが求められる職業に就く親をもつネイティブの場合、22%が自身も低いスキルが求められる職業に就いているのに対して、EU 圏内で生まれた親をもつネイティブの場合は10%である。したがって、EU 圏外で生まれた低いスキルが求められる職業に就く親をもつグループの世

図 4.12　職業からみた上方移動・下方移動・固定化（親の出生国別）(2011 年)

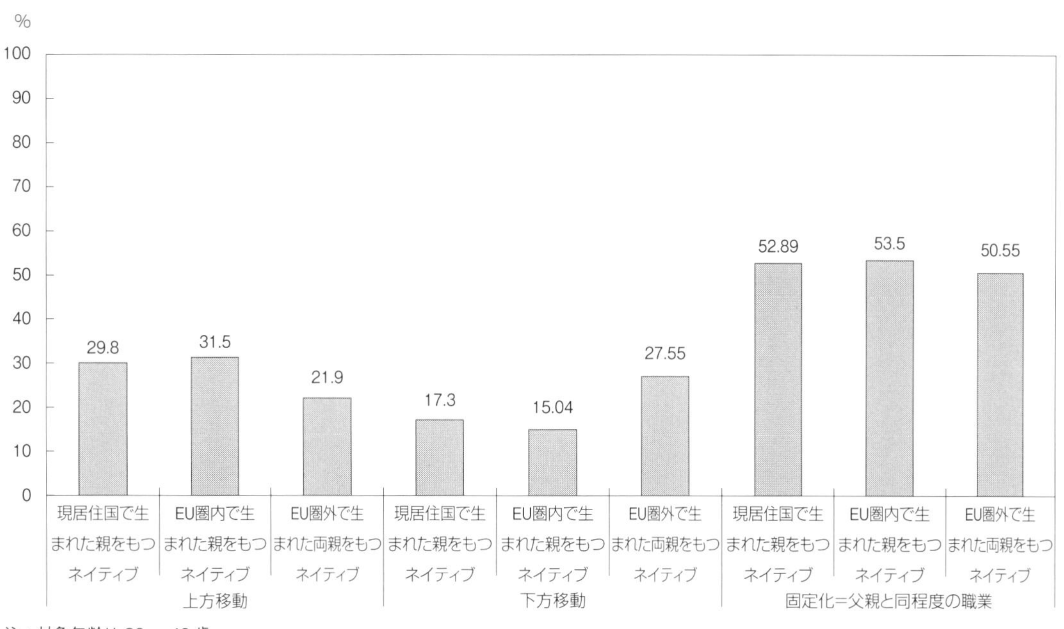

注：対象年齢は 30 ～ 49 歳。
出典：EU 所得・生活状況調査 2011 年データ（EU-SILC data, 2011）。

代間社会移動の固定化がみられる。EU 圏外で生まれた両親をもつネイティブの 16%がもっとも高い上方移動を成し遂げている。すなわち、自身の父親は低いスキルが求められる職業に就いているが、自身は高いスキルが求められる職業に就いている。もっとも高い上方移動を成し遂げているのはEU圏内で生まれた親をもつネイティブの30%で、現居住国で生まれた親をもつ場合には22%である。

図 4.12 は親の出生国別に職業からみた上方移動・下方移動・固定化を示している[10]。一般的に、親の出生国にかかわらず、ネイティブのうち約半分は世代間社会移動の固定化がみられる（すなわち、14 歳時点で父親が求められていたスキルと同程度のスキルが求められる職業に自身も就いている場合である）。しかし上方移動と下方移動について着目すると、現居住国で生まれた親をもつネイティブと EU 圏内で生まれた親をもつネイティブの場合、上方移動しているのは 30%であるが、EU 圏外で生まれた両親をもつ場合は 20%である。下方移動の割合は残りを反映する。EU 圏内で生まれた親をもつネイティブの場合は 15%、現居住国で生まれた親をもつネイティブの場合は 17%、父親が求められるスキルと同程度の低い職業に自身が就いている。EU 圏外で生まれた両親をもつネイティブの場合には 30%が下方移動を経験している。強調するならば、EU 圏外で生まれた両親をもつネイティブの場合、職業からみた世代間社会移動の上方移動を経験するのにより困難をともなうことが明らかとなる。

職業からみた世代間社会移動の分析

親の職業とネイティブの職業との相関はどの程度みられるのだろうか。表4.4は職業からみた世代間社会移動において上方移動（すなわち父親が職業で求められるレベル以上のスキルを要する職業にネイティブが就いている場合）を移民の両親をもつネイティブと現居住国で生まれた親をもつネイティブとの関連から示している。主な結果は、個別の背景的特徴を考慮した後でも、EU圏外で生まれた両親をもつネイティブのほうが現居住国で生まれた親をもつネイティブよりも上方移動の可能性が12パーセントポイント低い点があげられる。EU圏内で生まれた親をもつネイティブの場合、現居住国で生まれた親をもつネイティブと比べて上方移動の割合に関して有意な違いはみられない。

図4.13は回帰分析の結果を国別に示している（分析対象となったのは、データが得られ、かつ十分なサンプル数のある国である）。年齢や性別などの個別の背景的特徴を考慮した後でも、EU圏外で生まれた両親をもつネイティブの場合、上方移動の可能性はオーストリア、ノルウェー、スペイン、ベルギーでは低い（オーストリアの場合は20パーセントポイント低く、ベルギーの場合は

表4.4　職業からみた上方移動の可能性（2011年）

準拠集団：現居住国で生まれた親をもつネイティブ

EU圏内で生まれた親をもつネイティブ	0.05	0.014
EU圏外で生まれた両親をもつネイティブ	**−0.125******	**−0.116******
変数	なし	あり

注：*** p<0.01, ** p<0.05, * p<0.1。統制変数は、年齢、学歴、性別。各国のダミーも含む。
出典：EU所得・生活状況調査2011年データ（EU-SILC data, 2011）。

図4.13　職業からみた上方移動の可能性（親の出生国、国別）（2011年）

準拠集団：現居住国で生まれた親をもつネイティブ

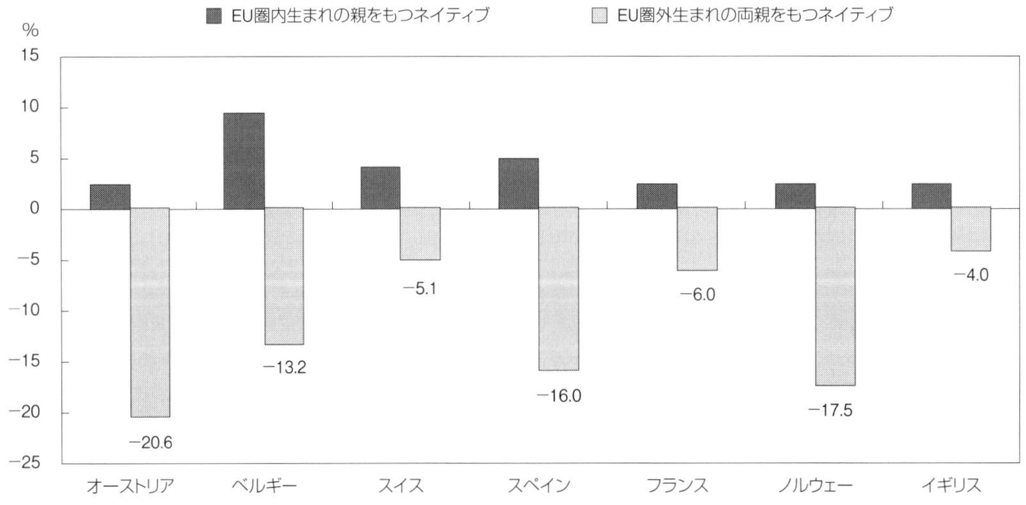

注：最小二乗法（OLS）回帰分析。統制変数は、年齢、性別、学歴。
出典：EU所得・生活状況調査2011年データ（EU-SILC data, 2011）。

13パーセントポイント低い）。フランス、スイス、イギリスの場合、上方移動の可能性はネガティブだが、それほどの差はみられない。EU圏内で生まれた親をもつネイティブの場合、現居住国で生まれた親をもつネイティブよりも、上方移動の可能性が高い。ベルギーでは上方移動の可能性が10パーセントポイント高く、オーストリア、スイス、スペインの場合5パーセントポイント低い。

移民の両親の場合、現居住国で就いている職業は資格過剰な傾向があり、職業が必ずしも出生国における社会的地位やスキルを反映したものではない。2012/13年度をみてみると、たとえ長期にわたって定住している者であっても、学歴の高い移民のうち平均して35%がOECD諸国では資格過剰であるのに対し、現居住国で生まれた親の場合は25%にとどまる（OECD/EU, 2015）。この点については出生国における親の社会経済的地位を考慮しながら論じてきた研究も多くある（Feliciano, 2005; Ichou, 2014; Feliciano and Lanuza, 2017）。外国で生まれた人（とくに親世代）の資格過剰の問題は、収入の分析を複雑にする。大卒資格をもっているが低いスキルが求められる職業に就く親をもち、自身は中程度のスキルが求められる職業に就いている場合、上方移動をしたとみなすか、下方移動したとみなすかは議論がある。

第3節　経済的脆弱性の継承

本節では、経済的脆弱性の世代間継承について、とくに経済的最下層に着目し、不利な状況がいかに次の世代へと継承されるのかについて分析する。経済的脆弱性の継承に関する分析は、回答者の14歳時点における家庭の経済状況について過去に遡って主観的評価をおこない、現在の経済状況についても主観的評価をおこなう[11]。現象の主観的性質を取り上げるため、国際比較分析にあたっては文化的違いや各国間における社会経済状況の変化について考慮に入れる必要がある。

過去（子ども期）の生活水準が将来（成人期）の生活水準に強く影響することは、これまで多くの先行研究が明らかにしてきたとおりである。親が貧困であった結果、子ども期に剥奪を経験した場合と若年期の貧困の経験には関連性があり、その後の人生における貧困を予測することが示唆されている。それは世代を超えた貧困の連鎖といえる。しかし、この現象は必ずしも一般化することはできない。なぜならば、家族構造や家庭、環境、社会的孤立などの複数の要因が、ライフサイクルを通してその人の生活条件に影響を与えるからである（Bird, 2007）。先行研究では、経済的脆弱性の継承は収入からみた世代間社会移動を分析することでなされてきた。具体的には、所得分布における所得五分位を算出し、親に関しても同様のカテゴリで分析をおこなう手法である。

子ども期における貧困は成人期にさまざまな形で（再）可視化される。先行研究では低収入家庭で育った子どもは後の人生において失業を経験する可能性が高まる（O' Neill and Sweetman, 1998）。また、貧困家庭で育った子どもは学校をドロップアウトする傾向も高いことが明らかにされている（Bukodi and Goldthorpe, 2013; Wiborg and Hansen, 2009）。

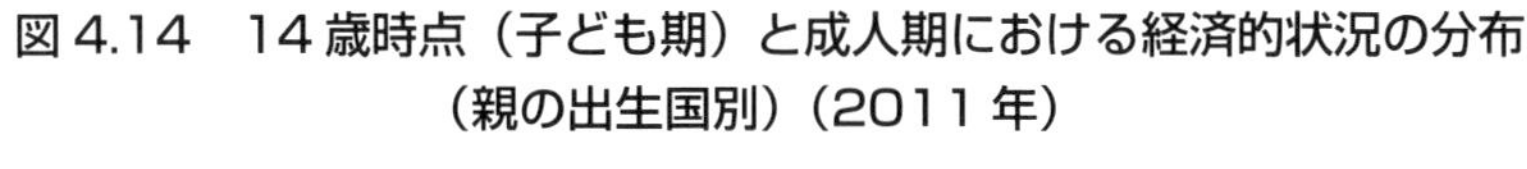

図 4.14　14 歳時点（子ども期）と成人期における経済的状況の分布（親の出生国別）（2011 年）

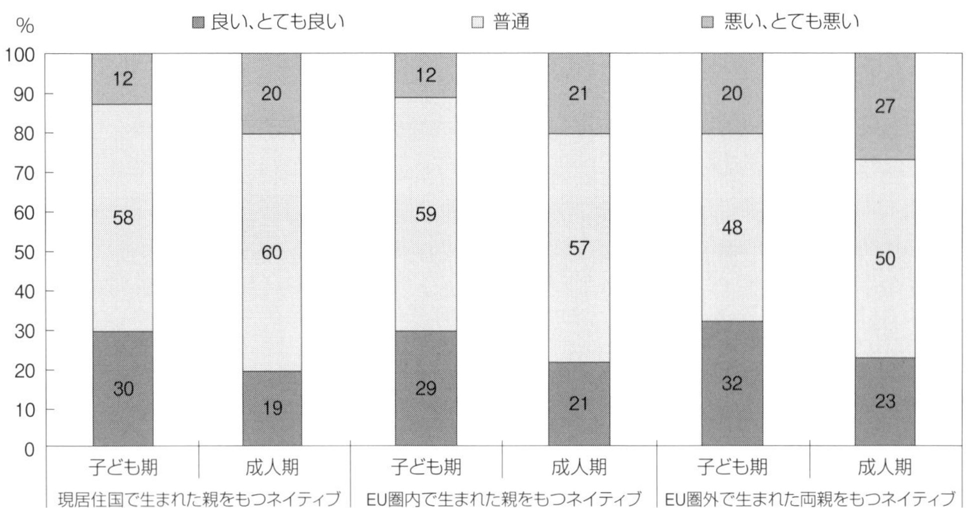

出典：EU 所得・生活状況調査 2011 年データ（EU-SILC data, 2011）。

さらに親の収入が低いことは、将来子どもが成人した際に社会保障を受給する可能性を高める（Kauppinen et al., 2014）。親に関する多様な要因を比較すると、（長期的）貧困が成人期の社会保障の受給に大きな影響を及ぼすことがこれまでの研究から明らかになっている（Bäckman and Nilsson, 2011）。すなわち、複数の要因を検討すると、親の貧困と子どもが成人した際の不利な状況とは強い関連があることを指摘できる。しかし、貧困そのものの影響の大きさと貧困に関連するその他の要因の影響の大きさについてはまだ明らかになっていない（Vauhkonen *et al.*, 2017）。

図 4.14 は 14 歳時点における家庭の経済的状況（親の収入）と成人後の経済的状況に関して、主観的な評価の分布を示したものである。全体的に、普通の経済的状況であったと回答した者の割合がもっとも高いが、EU 圏外で生まれた両親をもつネイティブの場合は、子ども期ならびに成人期ともに厳しい経済的状況にあると回答する傾向が強い。子ども期に比べて成人期のほうが、経済的状況が脆弱であると認識されている。EU 圏外で生まれた両親をもつネイティブのうち、子ども期の経済的状況が良かった、あるいはとても良かったと回答している割合は 32% だが、成人期の自身の経済的状況が良いあるいはとても良いと回答している割合は 23% にとどまる。現居住国で生まれたネイティブのうち 19% が、そして EU 圏内で生まれた親をもつ 21% が、自身の経済的状況が良い、あるいはとても良いと回答しているが、子ども期についてはその割合は 30% に及ぶ。

現居住国で生まれた親をもつネイティブと EU 圏内で生まれた親をもつネイティブの 5 人に 1 人が自身の経済的状況が悪い、あるいはとても悪いと回答しているが、14 歳時点での経済的状況が悪かった、あるいはとても悪かったと回答しているのは 12% にとどまる。EU 圏外で生まれた両親をもつネイティブの 27% が自身の経済的状況が悪い、あるいはとても悪いと回答しているが、子ども期の経済的状況に困難があったと回答している割合は 20% である。

表 4.5　14 歳時点（子ども期）の厳しい経済的環境と成人期の経済的環境との関連（2011 年）

準拠集団：現居住国で生まれた親をもつネイティブ		
EU 圏内で生まれた親をもつネイティブ	− 0.002	0.028
EU 圏外で生まれた両親をもつネイティブ	− 0.010	− 0.015
変数	あり	なし

注：*** p<0.01, ** p<0.05, * p<0.1。統制変数は、年齢、学歴、性別、父親の学歴。
出典：EU 所得・生活状況調査 2011 年データ（EU-SILC data, 2011）。

世代間社会移動における上方移動は家庭の経済的状況のポジティブな変化と関連がある。子ども期よりも成人期のほうが、経済的状況が良いと回答しているネイティブはごくわずかである。現居住国で生まれた親をもつネイティブと EU 圏内で生まれた親をもつネイティブの 8%が、子ども期の経済的状況よりも成人期の経済的状況が良いと回答している。この割合は EU 圏外で生まれた両親をもつネイティブの回答（10%）のほうが若干高い。

14 歳時点での経済的状況は成人期の経済的状況にどのように影響を与えるのだろうか。表 4.5 は回答者の 14 歳時点における経済的状況の困難さが今日の経済的状況に与えている影響について、回帰分析をおこなったものである。主な結果は、厳しい経済的環境で子ども期を過ごすことの影響は、現居住国で生まれた親をもつネイティブ（参照グループ）よりも、EU 圏外で生まれた両親をもつネイティブのほうが小さい。EU 圏外で生まれた両親をもつネイティブの現在の経済的状況は、子ども期の厳しい経済的環境からあまり影響を受けていない。だが結果は慎重に解釈する必要がある。サンプル数がごくわずかであることから、回帰分析からは必ずしも有意な係数を特定することができていない。

結　論

世代間社会移動は重要な経済的政治的社会的帰結である。それゆえに、親の社会経済的背景にかかわらず、それぞれの可能性を伸ばせる環境を整備していくことが EU 諸国や OECD 諸国の未来には不可欠である。本章では現居住国で生まれた親をもつネイティブ、EU 圏内で生まれた親をもつネイティブ、EU 圏外で生まれた両親をもつネイティブに関して、世代間社会移動を労働市場における成果、職業、経済的脆弱性の観点から論じてきた。本章ではこれらのグループにおける不利の継承に着目し、世代間社会移動に対する各国共通の理解をさらに促すことを目的としている。

親の社会経済的背景はネイティブの労働市場における成果に影響を与える。有利な状況は後の人生における成功を支える要因となることは疑いようもない。多くの国において、移民の親世代の学歴はもっとも低い層に集中する傾向がある。移民の親世代は低いスキルが求められる職業に就き、現居住国で生まれた親世代よりも経済的に脆弱な状況にある。成功を支えるうえで親の背景的特徴が重要になることを踏まえるならば、移民の両親をもつ子どものほうが、現居住国で生まれた親をもつネイティブよりも労働市場における成果が平均して低い傾向にあることは、決して驚く結果ではない。

しかし、同等の学歴で家族の背景的特徴が（同じく不利な状況）にあったときでも、EU圏外で生まれた両親をもつネイティブのほうが労働市場における成果が小さく、よりスキルレベルの高い職業に就くのが困難な傾向にある。このことは、とくにEU圏外で生まれた両親をもつネイティブは潜在的に他の要因を解決する必要があり、それが労働市場における成果（の小ささ）を説明することにもつながる。一方で、移民背景をもつあるいは移民背景をもたないネイティブのあいだで学歴からみた世代間社会移動に関しては逆の流れがみられ、学校教育を終えたあと、労働市場への円滑な移行を保障するために政策的努力が求められる。

学校から仕事への移行、あるいは労働市場への第一歩はその後の人生における労働市場での成功を一定程度決定づけることからも、きわめて重要なときである。現居住国で生まれた親をもつネイティブとEU圏外で生まれた両親をもつネイティブとのあいだにみられる雇用格差はキャリアの初期段階では比較的小さく、年齢が上がるにつれて、その差は広がっていく。移民背景に関連する不利な状況は学校から仕事への移行のときのみならず、それ以降においても作用することがわかる。移民の子どもが初めて就く仕事は安定しておらず、質も低いということが背景にあるが、この問題に関しては今後さらに詳細に検討していく必要がある。移民家庭、とくに学歴の低い移民家庭の機会の平等を保障することは、社会的統合をより促すために重要な役割を果たす。

重要な政策的示唆は、母親が働いている場合、子ども、とくに娘に大きな利益をもたらすという点である。このことは、移民の母親の労働市場への参加がしやすい環境を整備し、労働市場における成果を向上させることが、世代間社会移動の観点から付加的な還元があることが示唆される。移民の母親の3分の2が家族移民として現居住国に移動してきており、統合へのアクセスを十分にもっていないという分析結果を踏まえると、これはより重要な指摘だといえる。

世代間社会移動は各国の制度状況とも関連している。本章からは親とネイティブの成果がどの程度関連しているのか、OECD諸国のあいだでも多様な傾向にあることが明らかになった。移民背景をもつネイティブと移民背景をもたないネイティブとのあいだにある国際比較上の違いをより理解し、これらが各国の労働市場をめぐる制度や措置の状況とどの程度関連しているのかを把握していくことは、世代間社会移動のパターンについてより理解を進めるうえでも外すことのできない次なるステップである。

注記

1. 親の最終学歴については、国際標準教育分類（ISCED）にもとづいて、前期中等教育以下（ISCED 1-2）、後期中等教育・中等後教育（ISCED 3-4）、高等教育以上（ISCED 5-6）をそれぞれ、低い、中程度、高いに分類している。
2. 労働力調査（LFS）はEU加盟28か国で実施されている最大規模の世帯調査である。この調査は四半期ごとに匿名の15歳以上を対象として、雇用、失業、無業に関して実施している。2014年の特定目的モジュール（AHM）は親の学歴に関する情報を含んでいる。モジュールではデンマーク、アイルランド、オランダ、ドイツを対象としていない。そのため、これらの国は分析対象から除外している。また各ネイティブグループを構成するサンプル数がごくわずかの場合（200未満）も、分析対象から外している。該当国はブルガリア、チェコ、ハンガリー、マルタ、ルーマニア、スロバキアである。
3. データが利用でき、かつ分析に必要なサンプル数が十分にある国だけを対象とした。
4. 方法論上の観点から「まったく教育を受けていない」カテゴリがない場合、EU圏外で生まれた両親の教育レベルを過大評価している可能性が高く、この種の分析の解釈には留意が必要である。
5. 就業しておらず教育も訓練も受けていない人（ニート）の割合は失業率を補完する。無業で教育も訓練も受けていない人々を含むことで、15歳から24歳あるいは15歳から29歳の年齢グループからなる若者を排除している労働市場の状況に関して、より詳細なイメージをもつことができる。
6. 2014年EU労働力調査特定目的モジュール（EU-LFS AHM 2014）のサンプル数が限られているため、親の背景的特徴を学歴別に分析することはできない。
7. 母親の就業率には自営業やパートタイム労働も含む。
8. 回答者には主な職業について尋ねている。これは現在働いている人については、現在の主な仕事について尋ねており、現在無職の人については最後に働いていたときの主な仕事に関して尋ねている。回答者と親の職業データの分類については、各国間で共通の職業分類（ISCO-88）に基づいている。サンプル数が小さいため、職業コードはスキルレベル（低い、中程度、高い）によって大きくは分類されている。
9. 親の職業レベルに関しては、EU所得・生活状況調査（EU-SILC）ではおおよそ20%が欠損データである。欠損データは親の出生国およびスキルレベル別にランダムにみられる。欠損データは親の失業とは必ずしも関連していない。労働市場への参加については別途質問している。欠損データは父親の不在、死亡、対象年齢の不一致、無回答などからなる。
10. 移動はスキルレベルの基本線とは無関係である。すなわち、低いスキルレベルの職に就く父親から中程度のスキルレベルの職に就く子ども、あるいは中程度のスキルレベルに就く父親から高いスキルレベルの職に就く子どもと、それぞれが上方移動していく。
11. 経済的状況に関する評価は、「とても悪い」「悪い」「普通」「良い」「とても良い」の計5つのレベルからなされている。EU所得・生活状況調査（EU-SILC）2011年データにもとづく。

参考文献・資料

Bäckman, O. and A. Nilsson (2011), "Pathways to social exclusion: A life-course study", *European Sociological Review*, Vol. 27, No. 1, pp. 107-123.

Beller, E.(2009), "Bringing intergenerational social mobility research into the twentyfirst century: Why mothers matter", *American Sociological Review*, Vol. 74, Issue 4, pp. 507-528.

Bird, K. (2007) , "The intergenerational transmission of poverty: An overview", *CPRC Working Paper 99*, Chronic Poverty Research Centre, Manchester, United Kingdom.

Blanden, J., G. Paul and M. Lindsey (2006), *Accounting for Intergenerational Income Persistence: Non-Cognitive Skills, Ability and Education*, Centre for the Economics of Education, London School of Economics and Political Science, London.

Bukodi, E. and J.H. Goldthorpe(2013), "Decomposing social origins: The effect of parents' class, status, and education on the educational attainment of their children", *European Sociological Review*, Vol. 29, Issue 5, pp. 1024-1039.

Bukodi, E., M. Paskov and B. Nolan(2017), "Intergenerational class mobility in Europe: A new account and an old story", *INET Oxford Working Paper*, No. 2017-03, Institute for New Economic Thinking at the Oxford Martin School.

Checchi, D. and V. Dardanoni (2002), "Mobility comparisons: Does using different measures matter?", *Departmental Working Papers*, 2002-15, Department of Economics, University of Milan, Italy.

Cingano, F. (2014), "Trends in income inequality and its impact on economic growth", *OECD Social, Employment and Migration Working Papers*, No. 163, OECD Publishing, Paris, http://dx.doi.org/10.1787/5jxrjncwxv6j-en.

Corak, M.(2006), "Do poor children become poor adults? Lessons for public policy from a cross country comparison of generational earnings mobility", in *Research on Economic Inequality*, Volume 13: Dynamics of Inequality and Poverty, Elsevier Press, the Netherlands, pp. 143-88. Available in unabridged form as *IZA Discussion Paper* No. 1993, http://ftp.iza.org/dp1993.pdf.

d'Addio, A. (2007), "Intergenerational transmission of disadvantage: Mobility or immobility across generations?", *OECD Social, Employment and Migration Working Papers*, No. 52, OECD Publishing, Paris, http://dx.doi.org/10.1787/217730505550.

Damas de Matos, A. and T. Liebig (2014), "The qualifications of immigrants and their value in the labour market: A comparison of Europe and the United States", Chapter 6 in OECD/EU, *Matching Economic Migration with Labour Market Needs*, OECD Publishing, Paris, http://dx.doi.org/10.1787/9789264216501-en.

European Union Labour Force Survey (EU-LFS) and its Ad-Hoc Module (AHM) 2014.

European Union Statistics on Income and Living Conditions (EU-SILC) 2011.

Farré, L. and F. Vella (2013), "The intergenerational transmission of gender role attitudes and its implications for female labour force participation", *Economica*, Vol. 80, Issue 318, pp. 219-247.

Feliciano, C. and Y. Lanuza (2017), "An immigrant paradox? Contextual attainment and intergenerational educational mobility", *American Sociological Review*, Vol. 82, Issue 1, pp. 211-241.

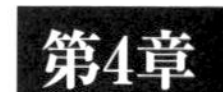

Feliciano, C. (2005), "Does selective migration matter? Explaining ethnic disparities in educational attainment among immigrants' children", *International Migration Review*, Volume 39, No. 4, pp. 841-871.

Ferguson, H., S. Bovaird and M. Mueller (2007), "The impact of poverty on educational outcomes for children", *Paediatrics and Child Health*, Vol. 12, No. 8, pp. 701-706.

Ichou, M. (2014), "Who they were there: Immigrants' educational selectivity and their children's educational attainment," *European Sociological Review*, Vol. 30, Issue 6, pp. 750-765.

Haider, S. and G. Solon (2006), "Life-cycle variation in the association between current and lifetime earnings", *NBER Working Papers*, No. 11943, National Bureau of Economic Research.

Heath, A., C. Rothon and E. Kilpi (2008), "The second generation in Western Europe: Education, unemployment, and occupational attainment", *Annual Review of Sociology*, Vol. 34.

Hellerstein, J.K. and M. Morill (2011), "Dads and daughters: The changing impact of fathers on women's occupational choices", *Journal of Human Resources*, Vol. 46, Issue 2, pp. 333-372.

Kauppinen, M., A. Angelin, T. Lorentzen, O. Bäckman, T. Salonen and P. Moisio (2014), "Social background and life-course risks as determinants of social assistance receipt among young adults in Sweden, Norway and Finland", *Journal of European Social Policy*, Vol. 24, Issue 3, pp. 273-288.

Korupp, S.E., H.B.G. Ganzeboom and T. van der Lippe (2002), "Do mothers matter? A comparison of models of the influence of mothers' and fathers' educational and occupational status on children's educational attainment", *Quality & Quantity*, Vol. 36, Issue 1, pp. 17-42.

Li, Y. and A. Heath (2016), "Class matters: A study of minority and majority social mobility in Britain, 1982-2011", *American Journal of Sociology*, Vol. 122, No. 1, pp. 162-200.

Long, J. and J. Ferrie (2013), "Intergenerational occupational mobility in Great Britain and the United States since 1850", *American Economic Review*, Vol. 103, No. 4, pp. 1109-1137.

Luo, Y. and L.J. Waite (2005), "The impact of childhood and adult SES on physical, mental, and cognitive well-being in later life", *Journals of Gerontology*: Series B, Vol. 60, Issue 2, pp. S93-S101.

Lucchini, M. and A. Schizzerotto (2010), "Unemployment risk in four European countries: A validation study of the ESeC", in D. Rose and E. Harrison (eds.), *Social Class in Europe: An Introduction to the European Socio-economic Classification*, Routledge, pp. 235-244.

McGinn, K.L., E.L. Lingo and M.R. Castro (2015), "Mums the word! Cross-national effects of maternal employment on gender inequalities at work and at home", *Harvard Business School Working Paper*, No. 15-094.

Meurs, D., P.A. Puhani and F. von Haaren (2015), "Number of siblings and educational choices of immigrant children: Evidence from first- and second-generation immigrants", CREAM Centre for Research and Analysis of Migration, *University College London Discussion Paper Series*, No. 08/15.

OECD (2010), *Equal Opportunities? The Labour Market Integration of the Children of Immigrants*, OECD Publishing, Paris, http://dx.doi.org/10.1787/9789264086395-en.

OECD/EU (2015), *Indicators of Immigrant Integration 2015: Settling In*, OECD Publishing, Paris, http://dx.doi.org/10.1787/9789264234024-en.

O' Neill, D. and O. Sweetman (1998), "Intergenerational mobility in Britain: Evidence from unemployment patterns", *Oxford Bulletin of Economics and Statistics*, Vol. 60, No. 4, pp. 431-447.

Solon, G.(2004) "A model of intergenerational mobility variation over time and place," Chapter 2 in M. Corak (ed.), Generational Income Mobility in North America and Europe, Cambridge University Press, pp. 38-47.

Vauhkonen, T., J. Kallio, T. Kauppinen and J. Erola (2017), "Intergenerational accumulation of social disadvantages in young adulthood", *Research in Social Stratification and Mobility*, Vol. 48, pp. 42-52.

Watson, D., C.T. Whelan and B. Maître(2010), "Class and poverty: Cross-sectional and dynamic analysis of income poverty and lifestyle deprivation" , in D. Rose and E. Harrison (eds.), *Social Class in Europe: An Introduction to the European Socioeconomic Classification*, Routledge, pp. 191-215.

Wiborg, O. and M. Hansen (2009), "Change over time in the intergenerational transmission of social disadvantage", *European Sociological Review*, Vol. 25, Issue 3, pp. 379-394.

付録 4.A

親の出生国と学歴別にみる就業率

表 4.A.1　親の出生国と学歴別にみる就業率（2008 年・2014 年）

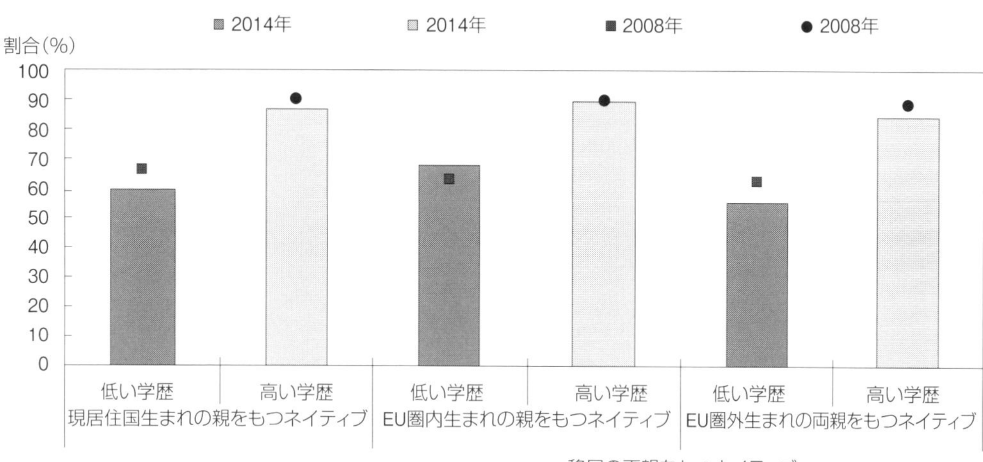

注：分析対象年齢は 25 歳から 54 歳。
出典：ヨーロッパ連合（EU）統計局（Eurostat）2014 年 EU 労働力調査特定目的モジュール（EU-LFS 2014 ad-hoc module, AHM）。

訳者あとがき

従来 OECD の報告書では外国生まれの両親をもち、自身は現居住国生まれの人びとを「移民2世」として位置づけてきた。しかし本書では現居住国で生まれた人びとをすべて「ネイティブ」として位置づけるという、大きな変化がみられる。このグループ設定のもとで、本書では親世代から子ども世代にかけての世代間社会移動を主たるテーマとし、統合の問題を重点的に論じている。

「訳者あとがき」では、訳者それぞれの問題関心から本書をどう読み解いたのか、簡単にではあるがまとめている。多様な背景をもつ人びととその統合の問題に関心をもつ多くの人びとと本書の問題提起を共有し、今後の社会のあり方を議論する一助となれば幸いである。

移動の経験から場所を見る、その先を展望する

国境を越えた人の移動が活発になり、トランスナショナルな生きかたが珍しくなくなった一方、移動する人びとを受け入れる社会や制度の側では、その安定や維持がこれまで以上に論じられ、ときに紛糾すらするようになってきたように見受けられる。わたしが暮らすドイツでも、メルケル政権の統合政策や積極的な難民受け入れ、これに対する批判的な運動や政党、党派の躍進が報じられてきた。移民、とくに難民をめぐる論点は、時間がたつにつれて現政権の存続を揺るがす要素となっている。「統合」が起こる舞台としての「国」の様相の変化はチャンスとみなされたり、反対に「想像の共同体（アンダーソン）」に由来する「国」の姿が固持されようとしたりする。移民背景をもつ人びと、移民経験のある人びとのなかでも、その「姿」に貢献してきた自分、接続すべく努力してきた自分、そうではない新規来訪者、というかたちで線引きがなされ、拒絶や分断が会話の中で生じたことも少なくない。

2000 年代半ばに人口統計で採用された「移民背景」という語は、日常生活でもあっという間に浸透した。これは、わたしにとっては当初、「ありがたい」ものとして感じられた。その理由は、「日本人」としてそのステレオタイプに照らして「わたし」が理解されるような事態が緩和されたことにある。「移民背景」、すなわち自分じしんの生活の場の組み立てやそれに関わる生きかたに関心をもたれているような感覚、まず生活者として受け入れられているような感覚がそこにはあった。本書で採用された「ネイティブ」というカテゴリにも、多様性を包摂するような感覚を覚えた。

こういった感覚はそれでも、何度も揺らぐ。「移民背景」がラベリングのように感じられることも多々ある。わたしにとって、この問題を解決に近づけてくれたのは、いろいろな政治・社会・生活上のテーマを扱う議論や意見交換の場であり、こういったさまざまな論点や自分の生きかたをもちこみながら進めていく仕事の現場である。移動を重ねた自分のバイオグラフィをもって、今暮ら

している場所について、その場所から将来を展望し、世界を見渡すような議論をする、つまり移動する経験から場所を見る。そういった瞬間、わたしは「移民」でもあり、「日本人」でもあり、「女性」でもあり、属性や経験だけではなく、それにかかわるたくさんの趣味趣向や政治的関心、職業も総動員して友人や仲間、同僚と一緒に課題に向き合うことができるように感じる。自分が自分をステレオタイプに押し込めていたのではないか、と気づくこともある。一方、そういった場への接続は偶然からもたらされたものだったし、なにより長い時間を要した。接続したらしたで、また新たな課題も浮上している。接続の回路をどう用意できるか、またどのように回路の多様性を認めることができるかという社会的な課題も多い。運動や共同体を通じた社会参加についてはすでに多くの研究で論じられているが、「移民」「統合」といった概念についてもこの観点から検討したい。

木下 江美

「働く」母親の姿とは

本書の知見の一つとして、働く母親の姿を見せることは子ども世代の労働市場での統合を促進させることが導き出されている。特にEU圏外生まれの移民の母親と娘の場合には、その影響が大きく、専業主婦であることは統合を阻害する要因だと指摘されている。膨大な統計データを処理した上でのこの結論は、雇用や労働に強い関心をもつOECDの真骨頂とも呼べるかもしれない。しかし、私はこの知見に対して違和感を覚えたことを、ここに記しておきたい。それはなぜか。

私はこれまでドイツでの調査過程で、移民の母親に少なからず出会ってきた。私の調査はなぜ移民の親は、子育てや教育の問題に「関心のない親」として否定的なまなざしを向けられがちなのかという問いから出発しており、移民が集中して暮らす地域が調査対象地となってきた。その上、私が調査に入る時間帯（多くが平日の午前）と場所（多くが学校）に規定される形で、私が出会ってきた移民の親の多くがEU圏外出身の専業主婦の母親であった。彼女らの姿を思い浮かべながら本書の知見を目にすると、違和感を抱かざるをえなかったというのが正直なところである。

平日午前に学校で開催されるプロジェクトや催し物に、定期的に参加できる親の多くは、「専業主婦」であることが多い。彼女らは、たとえば学校開催のバザーやクリスマス会に、学校サポーターとして参加し、事前の準備から当日の運営など、子どもの日常をより豊かなものにすべく、尽力している。またある時は授業時間中に子どもと一緒に母語とドイツ語を使って演劇を行う「ファミリー・リテラシー・プロジェクト」に参加し、子育て上の悩みや子どもにみられるポジティブな変化などを参加者同士（子ども、母親、父親、ファシリテーター、教師）で共有する。この共有の機会をもつことで、子どもとの関係を見つめ直したり、教師との関係を（再）構築することにつながる。また親同士のネットワーク化がなされ、学校生活に関してのみならず生活上のありとあらゆる情報交換が進んでいく。

本書の評価軸に沿えば、専業主婦の母親の存在は、労働市場における統合という観点からは「失敗」という評価が下される。だが社会への統合というより広い観点からみれば、さまざまな形で社会とかかわる母親の姿を見せることは、むしろ統合を支える要因になるのではないだろうか。子どもの側からみれば、学校行事のために一生懸命取り組む母親の姿であり、またドイツ語・母語を用いて懸命に学ぶ姿勢をみせる母親である。賃金労働以外の社会への参加の仕方に、もっと目が向けられてもいいのではないかと考える。

そう考えたうえで、「統合の駒」として移民の母親を位置づけるそのまなざしを批判的に問うことが、私自身の今後の大きな研究課題として立ちはだかることも、また確かである。

布川 あゆみ

先入観が問われるドラマ

本書の翻訳もようやくゴールが見えてきた。この訳者グループによる翻訳もすでに7冊目。順調な滑り出しで翻訳に着手し、大きな難所はないかのように見えた。ところが、随所に「どんでん返し」が待っていた。そのドラマを記して、あとがきに代えたい。

まず第1幕は、「移民」(immigrants) とはだれかをめぐる議論である。OECDの従来の研究では、「移民」とは、国境をこえた移住経験をもつ「外国生まれの人びと」のことを指している。しかしこれとは別に、「外国生まれの人びと」の子ども世代で、本人が移住を経験していない場合でも「移民第2世代」「移民2世」等と呼んできた。さて、こうした第2世代は、「移民」なのだろうか、「ネイティブ」なのだろうか。本書の定義に従えば、「ネイティブ」である。本書第1章の注3を見てほしい。これまで、OECD編著の三つの報告書『移民の子どもと学力』(2007年)、『移民の子どもと格差』(2011年)、『移民の子どもと学校』(2017年) の中で 'second-generation immigrant student' を「移民2世の子ども」と訳してきた訳者グループには、少なからず衝撃であった。ここに、OECDの課題意識の大きな転換を見た。

続く第2幕は、「外国生まれの親をもつネイティブ」(natives with foreign -born parents) とはだれかをめぐる議論である。ここでは親の出生国が重要である。そうならば、父親と母親の出生国が異なる場合はどう位置づけるのか。その謎は、'native-born persons with two foreign -born parents' という表現 (原著14頁) で解けた。原著は、父親も母親もともに外国生まれの人びとを主な分析対象として取り上げるという。また原著は、親のうちいずれか一人でも現居住国生まれであれば「現居住国生まれの親をもつネイティブ」として分類している。訳者グループはこの点に着目し、翻訳作業後半になってから方針を転換して「外国生まれの両親をもつ子ども」と訳すことにした。「現居住国生まれの親」の存在は、子どもを見る視点にかくも大きな影響を与えている。

そして最後の第3幕は、「世代間社会移動」という視点である。たとえ「外国生まれの両親をもつネイティブ」であっても、親のいずれかが「EU圏内で生まれた親」であれば、子どもの世代間社会移動における不利は小さいという。このことは、両親ともに「EU圏外で生まれた親」であれば、世代間社会移動で不利が引き継がれることを意味する。たとえば、本書にあげられた先行研究によれば、応募の際に本名を記さず匿名にした履歴書を試験的に導入した結果、差別的雇用慣行の抑制に効果があったという。本書のいう「世代間社会移動」の視点に立つと、こんな社会実験の重要性があらためてよくわかる。

つまるところ翻訳というしごとは、自らの先入観が問われる作業である。自らの中になかった概念や視点に触れるたび、新しい言葉を紡ぎださなくてはならない。それが翻訳に携わる者にとってのドラマであり感動でもある。

斎藤 里美

本書の翻訳にあたっては、明石書店の安田伸氏に大変お世話になった。訳者の作業が予定どおり進まぬことが度々あったが、安田氏による迅速な編集作業のおかげで、毎回その遅れを補うことができた。こうして本書を刊行することができたのも、安田氏による献身的なサポートのおかげである。

訳者グループが安田氏のもとに翻訳をおこなうのは、本書で7冊目になる。1冊目の訳書『移民の子どもと学力』に照らせば、「移民2世の子ども」と置いてきた移民の子どもを「ネイティブ」として位置づける本書から、「移民の子ども」に対するまなざしが大きく変わろうとしていることがわかる。安田氏と驚きをもってこの変化を共有できたのも、この間、継続的に議論する機会をいただいたからである。

末尾になってしまったが、訳者一同、この場を借りて心からお礼申し上げたい。

◎訳者紹介

木下 江美（きのした・えみ） KINOSHITA Emi　――序文・要約・第3章 訳

2010年一橋大学大学院社会学研究科博士後期課程修了（社会学博士）。現在、ライプツィヒ大学教育科学部研究員、東洋大学アジア文化研究所客員研究員。専門は、教育思想史、比較教育学、質的研究。主な論文・訳書に、「移民背景をもつ教師の自伝を読む：アフガニスタン出身ムスリム女性にとってのドイツにおける多様性の問題」（東洋大学アジア文化研究所編『アジア文化研究所研究年報』第51号、2016年）、「移民の子どもの教育からみるドイツの統合と多文化社会」（園山大祐編著『岐路に立つ移民教育：社会的包摂への挑戦』ナカニシヤ出版、2016年）、『21世紀型学習のリーダーシップ：イノベーティブな学習環境をつくる』（共監訳、OECD教育研究革新センター編著、2016年、明石書店）、『移民の子どもと学校：統合を支える教育政策』（共監訳、OECD編著、2017年、明石書店）など。

布川 あゆみ（ふかわ・あゆみ） FUKAWA Ayumi　――第2章・第4章 訳

2016年一橋大学大学院社会学研究科博士後期課程修了（社会学博士）。現在、東京外国語大学世界言語社会教育センター特任助教。専門は、比較教育学、教育社会学。主な著書・論文・訳書に、『ドイツにおける学校制度改革と学力問題：進む学校の終日化と問い直される役割分担のあり方』（晃洋書房、2018年）、「教育をめぐる学校・家庭・学校外の関係性の変容：ドイツ・ブレーメン州における移民集住地域の終日学校を事例に」（日本教育社会学会編『教育社会学研究』第102集、2018年）、『移民の子どもと学校：統合を支える教育政策』（共監訳、OECD編著、2017年、明石書店）、『21世紀型学習のリーダーシップ：イノベーティブな学習環境をつくる』（共監訳、OECD教育研究革新センター編著、2016年、明石書店）など。

斎藤 里美（さいとう・さとみ） SAITO Satomi　――第1章 訳

1990年一橋大学大学院社会学研究科博士後期課程満期退学。現在、東洋大学文学部教授。専門は教育社会学、教育目標・評価論。主な著訳書に、『多様性を拓く教師教育：多文化時代の各国の取り組み』（監訳、OECD教育研究革新センター編著、明石書店、2014年）、『OECD教員白書：効果的な教育実践と学習環境をつくる〈第1回OECD国際教員指導環境調査（TALIS）報告書〉』（監訳、OECD編著、明石書店、2012年）、『移民の子どもと格差：学力を支える教育政策と実践』（監訳、OECD編著、明石書店、2011年）、『移民の子どもと学力：社会的背景が学習にどんな影響を与えるのか〈OECD-PISA 2003年調査 移民生徒の国際比較報告書〉』（監訳、OECD編著、明石書店、2007年）、『シンガポールの教育と教科書：多民族国家の学力政策』（編著・監訳、明石書店、2002年）など。

移民の子どもと世代間社会移動
連鎖する社会的不利の克服に向けて

2018年10月11日　初版第1刷発行

編著者：OECD
訳　者：木下江美
　　　　布川あゆみ
　　　　斎藤里美
発行者：大江道雅
発行所：株式会社 明石書店
〒101-0021
東京都千代田区外神田6-9-5
TEL　03-5818-1171
FAX　03-5818-1174
http://www.akashi.co.jp
振替　00100-7-24505

組版・印刷・製本：モリモト印刷株式会社

（定価はカバーに表示してあります）　ISBN978-4-7503-4717-2